외국인과 함께하는

한국사 탐험

외국인과 함께하는

한국사 탐험

송규진

KU PRESS
고려대학교
출판문화원

고려대학교에 입학한 후, 나는 당시 '교양한국사' 과목의 교재로 사용된 《세계사에 비춘 한국의 역사》를 읽으며, 세계사라는 거대한 흐름 속에서 한국사가 가진 독특한 위치를 깨달았다. 기존에 내가 읽었던 한국사 통사와는 달리 이 책은 한국사를 세계사적 관점에서 조망하며 나의 사고방식을 근본적으로 변화시켰다. 그러나 대학원에 진학하면서 나는 점차 일제강점기 경제사에 몰두하게 되었고 처음 품었던 큰 꿈은 서서히 희미해졌다. 연구의 범위 역시 점점 좁아져 갔다.

이러한 상황에서 '20세기 동아시아 역사의 쟁점과 한반도'라는 연구과제에 참여하게 되었다. 이는 단순한 학문적 시도가 아닌, 한반도의 역사를 동아시아의 전체적 맥락에서 이해하려는 새로운 시도였다. 16명의 연구자들이 세미나를 통해 서로의 관점을 교환하며 역사적 사건들을 다각도로 분석하는 과정은 잃어버린 열정을 다시 불러일으켰다. 하지만 연구 과제가 중간 평가에서 탈락하며 팀은 해체되었고 이는 나에게 깊은 좌절을 남겼다.

몇몇 연구자들은 이에 굴하지 않고 비교역사연구소를 설립하며 학문적 이상을 이어 나가기로 결심했다. 정기적인 학술 모임과 출판 활동은 연구의 방향을 지속시키는 데 중요한 기반이 되었으며 이는 학문적 공동체가 개인의 한계를 넘어설 수 있음을 보여 주었다.

한국연구재단의 인문한국사업(HK사업)에 고려대학교 아세아문제연구소(현재 아세아문제연구원)가 선정되었고 나는 이 사업을 수행하며 비교사연구센터를 설립했다. 이를 통해 '비교사세미나', '비교사콜로키움', '비교사강좌'를 운영하며, 한국사를 세계사적 맥락에서 분석하는 연구를 본격적으로 추진했다.

그즈음, 나는 외국인을 대상으로 하는 '한국사 입문' 강의를 맡아 비교사연구센터의 활동을 바탕으로 한국사를 세계사적 맥락에서 설명하는 강의를 진행했다. 이 강의에서 한국사를 단순히 지역적 사건의 나열로 보지 않고 세계사의 큰 흐름 속에서 조망하는 새로운 접근을 제시하고자 했다.

그 이야기를 들은 몇몇 분들의 권유로 강의 내용을 책으로 출간하기로 결심했지만 연구가 충분하지 않다는 사실을 깨달았다. 더 깊은 학습과 숙고가 필요하다는 점을 인정하지 않을 수 없었다. 그러나 부족함을 느끼면서도 나는 한국사가 외부 세계와 긴밀히 연결되어 변화하고 발전해 온 사실을 확인하는 것을 목표로 삼아 집필을 시작했다.

역사는 단순한 사실의 나열이 아니라 시대와 인간이 만들어 낸 거대한 흐름의 기반이라는 점에서 나는 인권, 평화, 교류라는 핵심 가치를 책의 중심에 두기로 했다. 인권은 인간의 존엄성을, 평화는 갈등을 넘어선 조화를, 교류는 상호작용과 공동의 발전을 상징한다. 이러한 가치는 한국사의 주요 사건과 그 흐름을 해석하는 데 중요한 틀이 되었다.

《외국인과 함께하는 한국사 탐험》이라는 제목은 단순한 호기심을 자극하기 위한 것이 아니다. 이 책은 외국인 독자들에게는 한국사를 새로운 시각으로 탐험하게 하고, 한국인 독자들에게는 익숙한 역사 속에서 새로운 통찰을 발견하게 하기 위한 것이다. 한국사의 주요 사건들과 현대의 삶이 어떤 관련을 가지는지 함께 살펴보며 독자들이 이를 통해 보다 넓은 시각에서 한국사를 이해할 수 있기를 바란다.

이 책은 선사시대부터 2000년까지의 한국사를 다루었으며 그 이후의 역사는 객관성을 유지하기 어렵다는 판단과 학문적 한계로 인해 제외되었다. 특히 북한의 역사는 충분히 탐구할 시간과 연구의 깊이가 부족하여 다루지 못했다. 또한 일제강점기 이후 새로운 문화의 수용과 변용을 다루려면 이 시기의 복잡성과 다양한 사회적 변화들을 충분히 설명해야 했기에 분량상 한계를 느꼈다. 이에 따라 핵심 흐름을 중심으로 내용을 구성하고, 그 이후의 서술은 생략하기로 결정했다. 이러한 선택은 한국사의 주요 사건과 흐름에 집중하기 위한 의도에서 비롯했다.

외국인 독자들에게 익숙하지 않은 부분은 상세한 설명을 추가하여 그 중요성을 부각하려 노력했다. 이를 위해 고려대학교출판문화원의 협조를 받아 다양한 이미지를 삽입하고, 독자들이 고유명사와 역사적 사실에 대한 추가 정보를 손쉽게 얻을 수 있도록 관련 온라인 사이트를 안내했다. 이 같은 방식은 한국사의 복잡한 흐름을 보다 쉽게 이해하고 흥미를 느낄 수 있도록 돕기 위한 것이다.

객관성을 유지하려 노력했음에도 불구하고 주관적인 견해가 강하게 드러난 부분이 있을 것이다. 특히 기존에 일반적으로 사용되던 용어들을 나름의 원칙에 따라 다르게 정의한 바가 많다. 이는 기존 역사 해석의 틀을 넘어 신선한 시각을 제시하려는 시도의 결과로, 탐험의 의지를 담고 있다. 다만 다소 과감하게 느껴질 수 있는 해석이라도 한국사를 새로운 관점에서 재조명하려는 노력의 일환으로 받아들여지기를 바란다.

강의 중에 나는 학생들에게 각자의 의견을 자유롭게 표현할 수 있는 분위기를 조성하고 이를 적극적으로 격려했다. 이는 학문적 자유와 창의적 사고가 학문 발전의 본질적인 동력이라는 믿음에서 비롯되었다. 이 책을 마무리하며 나의 부족함과 한계를 뛰어넘어 후학들이 보다 깊은 통찰과 혁신적인 성과를 이루어 내기를 희망한다.

한국사를 넓은 시각으로 살펴보는 과정에서 나는 자연스럽게 내 삶을 돌아보게 되었다. 과거를 되돌아보며 의도했든 의도하지 않았든 많은 이들에게 잘못을 저질렀음을 깨달았다. 이 기회를 빌려 그들에게 진심으로 사과드리며 용서를 구하고자 한다.

내가 은혜를 입은 분들은 너무나 많아 그 이름들을 모두 열거하기에는 지면이 부족할 정도다. 특히 이을우 선생님, 은현대 선생님, 강만길 선생님은 나의 삶과 학문적 여정을 새로운 방향으로 이끌어 주신 분들이다. 그들의 가르침은 나에게 깊은 통찰력을 심어 주었고 학문과 삶을 바라보는 새로운 시각을 열어 주었다. 나의 할머니와 어머니는 한없는 사랑과 지혜로 나를 지탱하게 해 주셨고, 그분들의 헌신은 내 삶의 든든한 버팀목이었다. 이 모든 분께 도리를 다하지 못한 것이 늘 마음에 걸린다. 비록 은혜를 직접 갚을 수는 없지만 가르침과 사랑을 가슴 깊이 새기며 나의 삶과 행동으로 죽는 날까지 그 뜻을 이어 가고자 한다.

2024년 8월

송규진

차 례

근현대

일러두기

- '백성', '봉기' 등의 일부 전근대 용어는 독자의 이해를 위하여 '민중', '항쟁'과 같은 현대어로 표기했다.
- '대한제국' 이후의 국명은 '한국'으로, '조선민주주의인민공화국'은 '북한'으로 표기하되 근대 시기 전체를 다룰 때에는 '조선', 해방 직후 '한국'은 '남한'과 혼용했다.
- 중국의 인명과 지명은 국문 표기를 원칙으로 하되 일제강점기 이후에는 국립국어원 외래어표기법에 따라 적었으며 중국 지역의 경우 특정 왕조가 아닌 일반 통칭은 '중국'으로 했다.
- 독자의 이해를 위하여 과거 지명에 현재 지명을 괄호로 병기할 때 가급적 광역을 단위 기준으로 했다.

탐험을 시작하며

1 역사를 넓은 시각으로 이해하며 새로운 길을 찾아가다

한국의 역사는 다양한 매체를 통해 우리에게 새겨지고 있다. 책과 드라마, 소설, 영화 그리고 다큐멘터리와 유튜브에 이르기까지 한국의 아름답고도 찬란한 과거가 선명하게 그려진다. 이를 통해 한국인들은 자신의 뿌리에 대한 자부심을 키운다. 그러나 과도한 자부심은 때때로 다른 나라의 역사를 불필요하게 왜곡하거나 과소평가하는 편향을 낳는다. 이러한 편견은 결국 세계사를 보다 넓은 맥락에서 이해하는 능력을 저해할 수 있다.

역사를 더 넓은 관점에서 바라보면 우리는 한국사의 맥락을 세계사와 자연스럽게 연결하게 된다. 역사는 독립적인 섬이 아니라 서로 얽힌 이야기의 그물망이다. 한국의 역사적 사건들은 주변 국가들과의 상호작용 속에서 의미를 지니며 세계적 관점에서 바라볼 때 그 진정한 가치를 찾을 수 있다. 이러한 맥락에서 한국사를 바라보면 인류사의 일환으로서 깊이 있는 통찰을 얻게 된다. 역사는 시간의 물결처럼 우리를 지나쳐 가지만 그 물결 속에는 언제나 인간의 삶이 담겨 있다.

역사학자들이 '역사란 무엇인가'라는 질문을 던질 때, 그들은 단지 과거의 사실을 나열하는 것이 아니다. 그들의 진정한 목적은 현재와 미래를 이해하기 위한 거대한 서사를 구축하는 것이다. 역사가들은 다양한 경험과 관점을 바탕으로 이 질문에 답하지만 모든 논의는 결국 다시 하나의 근본적인 질문으로 돌아간다. '우리는 어디에서 왔고, 어디로 가고 있는가.'

역사를 뜻하는 영어 단어 '히스토리(history)'는 본래 '조사를 통하여 얻은 지식'이라는 의미의 그리스어 '히스토리아(ιστορια)'에서 비롯된 말로, 이처럼 인간이 끊임없이 지식을 탐구하고 축적하는 행위를 의미한다. 과거를 탐구한다는 것은 단순히 사건을 기록하는 행위가 아니라 인간의 문명과 문화가 어떻게 발전하고 변화해 왔는지를 깊이 이해하려는 시도이다. 역사는 지식을 그대로 축적하는 것을 넘어 인류가 어떻게 변화해 왔는지에 대한 통찰을 제공한다.

그리스의 헤로도토스(Herodotus of Halicarnassus)는 '역사의 아버지'로 불린다. 그는 저서 《역사》를 통해 단순한 사건의 나열을 넘어 다양한 문화와 관점을 포괄하며 사건의 원인과 결과를 체계적으로 분석하려 했다. 이러한 접근 방식은 역사학의 초석을 다지는 데 기여했다.

중국에서는 사(史), 감(鑑), 통감(通鑑), 서(書), 기(記)와 같은 다양한 용어들이 역사 기록에 사용되었다. 그중에서도 '사(史)'라는 단어는 특히 중요한 위치를 차지하고 있다. '사'는 중(中)과 수(手)가 합쳐져 만들어진 글자로, 역사를 객관적이고 정확하게 기록하는 것을 의미한다. 이는 또한 역사를 기록하는 학자나 역사학자를 지칭하는 데에도 사용된다.

중국의 사마천은 《사기》라는 걸작을 남겼다. 이 책은 단순히 사건을 나열하는 연대기적 기록을 넘어서 복잡한 서사 구조를 통해 역사를 흥미롭게 풀어낸 시도가 돋보인다. 사마천은 방대한 자료를 섬세하게 분석하여 개인의 삶을 사회적 맥락 속에서 생동감 있게 기록했다. 《사기》는 오늘날까지도 중요한 역사적 자료로 인정받고 있다.

우리는 에드워드 카(Edward Hallett Ted Carr)의 《역사란 무엇인가》를 통해 역사에 대한 깊은 통찰을 얻을 수 있다. 카는 케임브리지대학에서의 강의를 바탕으로 이 책을 저술했으며 그는 역사를 "현재와 과거 사이의 끊임없는 대화"라고 정의했다. 이 정의는 역사가 과거의 기록과 현재의 해석 사이에서 이루어지는 지속적인 상호작용임을 강조한다. 과거란 단지 기록된 사건들이 아니라 인류의 다양한 행동과 사건들이 축적된 것이며 현재는 그 기록을 해석하고 이해하는 과정이다. 따라서 역사는 과거와의 끝없는 대화 속에서 현재를 비추는 거울이라 할 수 있다.

한국의 역사학자 강만길은 "역사는 이상의 현실화 과정이다"라고 주장하며 역사를 단순히 과거의 기록이 아닌, 인류가 더 나은 미래로 나아가기 위한 노력의 과정으로 바라보았다. 그의 관점은 역사가 단순한 과거의 사건들이 아니라 이상을 실현하기 위한 인류의 끊임없는 노력임을 보여 준다. 따라서 역사는 미래를 위한 교훈을 얻는 중요한 과정이며, 현재의 이상을 실현하기 위한 방향성을 이러한 시각을 통해 역사 속에서 찾을 수 있다.

오늘날 세계는 80억 명의 다양한 개인들로 구성되어 있다. 각기 다른 시각을 가지고 있기 때문에 같은 역사적 기록을 보더라도 그 해석은 다양할 수밖에 없다. 이는 역사를 단일한 관점에서 이해하려는 시도가 얼마나 큰 한계를 가질 수 있는지를 나타낸다. 따라서 한국사를 연구할 때에도 다른 나라의 역사와 문화적 맥락을 이해하는 열린 자세가 필요하다. 다양한 관점들이 공존할 때 역사는 단순한 과거의 사건을 넘어서 현재와 미래를 새롭게 바라보는 시각을 펼치게 된다. 이러한 넓은 시각은 한국사뿐만 아니라 세계사 속에서 한국의 위치와 역할을 깊이 이해하는 데 중요한 역할을 할 것이다.

2 역사 속에서 나를 발견하며 미래를 향해 발돋움하다

인류의 역사를 깊이 들여다보면 그 시작점은 우리가 상상하는 것보다 훨씬 더 멀리까지 이어진다. 우리는 과거를 탐구할 때 지구와 인류의 역사를 넘어 우주라는 거대한 맥락 속에서 우리 자신을 보아야 한다. 우주의 기원과 진화를 생각하지 않고서는 인류의 본질을 완전히 이해할 수 없다. 그렇다면 우주에 대해 생각해 보자. 천문학자 칼 세이건(Carl Sagan)은 그의 저서 《코스모스》를 통해 우주의 복잡한 신비와 그 안에 담긴 다양한 사실들을 우리에게 제시했다. 이 책은 인류의 존재와 그 의미에 대한 탐구를 중심에 두고 전 세계 수많은 언어로 번역되어 사람들에게 강력한 영향을 미쳤다.

이 책은 우리 존재가 기적적이며 더없이 소중하다는 것을 일깨운다. 우주의 생성 과정은 수많은 우연이 겹친 결과이며, 그 속에서 태양계와 지구가 형성되고 인류라는 경이로운 존재가 탄생했다. 이는 거의 불가능에 가까운 확률을 넘어선 결과이다. 우주의 거대한 역사 속에서 인류의 역사가 펼쳐졌고 그 흐름의 일부로 한국이라는 국가도 등장했다. 한국인이 이 땅에서 살아가고 있는 것은 그 우주적 흐름의 연장선상에 있다.

빅뱅 이론은 거대한 에너지가 폭발하며 우주가 시작된 순간에 관한 설명이다. 이 이론은 과학적 증거에 기반하여 입증되었지만 그 내용은 우리의 상상을 초월한다. 과학자들은 우주의 팽창 속도를 분석하여 빅뱅이 약 138억 년 전에 일어났다고 주장한다. 우주가 계속해서 팽창하고 있다는 것을 역추적하면 우주는 결국 아주 작은 점으로 모여들게 된다. 이 작은 점에서의 폭발 사건이 바로 우주 탄생의 시작점이었다.

빅뱅 이후로 우주는 계속 팽창했고 그 속에서 태양계와 지구가 형성되었다. 지구는 약 45억 년 전에 탄생했으며 그 당시 지구는 매우 가혹한 환경 속에 존재했다. 하지만 약 30억 년의 세월 동안 생명체들이 지구에 나타났고 다양한 진화 과정을 거치며 우리가 지금 보는 동식물들이 존재하게 되었다.

우주는 그 오랜 시간 동안 우리를 준비해 왔다. 태양계가 만들어지고 지구가 형성된 후에도 수십억 년이 지나고서야 비로소 우리는 이 땅에 태어났다. 우리의 존재는 그 자체로 자연의 산물이며 오랜 시간의 기다림 속에서 꽃핀 하나의 기적이다. 그렇기에 우리가 존재하는 의미는 그저 물리적 현상에만 국한되지 않는다. 우리 자신이 누구인지, 이 거대한 우주 속에서 우리가 어떤 존재로 남을지 성찰하는 것은 끝없이 이어지는 과제이다. 인간은 그저 생명체일 뿐만 아니라 스스로를 성찰하고, 자신이 서 있는 자리를 깨닫는 존재이다. 그 속에서 우리는 인생의 의미를 탐구하게 된다.

우리가 역사를 배우는 이유는 단순히 과거를 기록하기 위해서가 아니다. 역사는 우리에게 정체성을 형성하는 도구이면서 또한 미래를 설계할 수 있는 지침을 제공한다. 역사는 과거에 대한 기록일 뿐만 아니라 우리 자신이 누구인지에 대한 끊임없는 탐험이다. '나는 누구인가?'라는 질문은 짧지만 그 답을 찾기 위한 여정은 길고 복잡하다. 많은 사람은 자신을 잘 안다고 믿지만 실제로 자신의 깊은 내면을 이해하지 못하는 경우가 많다. 역사를 통해 우리는 인간 존재의 복잡성을 이해하게 되고 타인과의 관계를 더욱 풍부하게 만들 수 있다.

이 과정에서 우리는 끊임없이 자신에게 질문을 던진다. 때로는 미처 알지 못했던 잠재력을 발견하게 되어 스스로를 새롭게 보게 될 것이다. 그러나 스스로의 한계나 부족함을 깨달을 때, 우리는 그 깊은 성찰의 바다에서 길을 잃은 듯한 기분을 느낄지도 모른다. 그러나 이 모든 과정은 필수적이다. 역사를 통해 우리는 자신을 더 깊이 이해하고 인류가 어떻게 발전해 왔는지 깨달을 수 있다. 그것은 우리가 살아가면서 겪는 자기 성찰과 다르지 않다.

젊은 시절을 돌아보면 나는 나 자신이 누구인지 정확히 알지 못했다. 그러나 역사를 통해 나의 정체성에 대해 더 깊이 성찰할 수 있었다. 역사 속 인물들이 겪었던 도전들을 통해 나는 '앞으로 어떤 사람이 될 것인가?'라는 질문을 스스로에게 던졌다. 역사 속 인물들의 선택과 실패, 그리고 성공을 분석함으로써 나는 다른 사람과의 관계에서 더 깊은 공감을 느끼게 되었다. 이런 공감은 국경이나 민족적 차이를 넘어서 모든 인간이 공유하는 보편적인 연결로 이어진다.

정체성을 찾아가는 여정은 미래로 향하는 발걸음이다. 앞으로 어떤 사람이 될 것인지 어떤 세상을 만들어 갈 것인지에 대한 답은 역사 속에서 찾을 수 있다. 역사를 배우는 것은 단순히 과거를 이해하는 것이 아니라, 우리 삶의 방향을 설정하고 타인의 소중함을 깨닫는 일이기도 하다. 역사는 우리 모두의 이야기다.

제 1 부

전근대

The Pre-Modern History of Korea

?-1875

한국사의 기원 · '조선'과 여러 국가 · 사국의 발전과 영향
한민족 공동체의 형성 과정 · 신라에서 고려로의 한반도 재구성
고려의 국가 체제 확립과 위기 극복 · 무신 정권과 몽골 침략
성리학의 수용과 고려 정치 재편 · 조선의 통치 체제와 성리학적 사회 질서
대규모 전쟁 이후 조선 왕조의 존속 이유 · 조선 후기 정치체제의 변질과 부분적 개혁
조선 후기의 국제교류와 경제변화

한국사의 기원 1

1 아프리카에서 한반도로 이동한 인류의 발자취를 따라가다

인류는 지구에 존재하는 생명체들 중 하나일 뿐이다. 그러나 인류만큼 스스로를 문제 삼고 그 존재를 끊임없이 탐구하는 생명체는 없다. '우리의 기원이 어디에서 시작되었는가'에 대한 질문은 오랫동안 답을 찾아 탐구되고 있다. 수많은 연구를 통해 인류가 어떻게 지금의 모습에 이르렀는지에 대해 중요한 실마리를 얻었으나 우리가 알아낸 것은 여전히 빙산의 일각에 불과하다.

찰스 다윈(Charles Robert Darwin)이 《종의 기원》(1859)을 출간했을 때, 그의 주장은 당시 사람들에게 충격을 주었다. '인간은 유인원에서 진화했다'라는 이 과감한 선언은 창조론에 입각한 기존의 사상을 정면으로 거스르며 사회에 큰 파장을 일으켰다. 많은 이들의 불신과 거부감 속에서 다윈의 진화론은 쉽게 수용되지 못했다. 그러나 이 혁명적인 주장은 시대를 거쳐 서서히 받아들여졌고 인간의 기원에 대한 새로운 이해를 제공했다. 이 이론은 생명의 역사를 바라보는 새로운 창을 열었다.

그렇지만 진화론을 둘러싼 논쟁은 여전히 지속되고 있다. 심지어 과학이 발달한 미국에서도 진화론을 부정하는 이들이 많다는 것은 놀라운 일이다. 이는 단지 과학적 사실에 대한 거부감이 아니라 인간의 사고와 신념 체계가 얼마나 복잡한지를 보여 주는 방증이다. 다윈의 이론을 받아들이면 우리는 모든 생명체가 공통의 조상으로부터 진화해 왔다는 사실을 인정해야 한다. 이러한 통찰은 인간과 자연을 바라보는 우리의 시각을 근본적으로 변화시킨다.

나 역시 이 거대한 이야기 속에서 인류 역사의 의미를 찾고 있다. 학문적 탐구는 끝이 없으며 새로운 증거가 나올 때마다 우리의 이해는 확장된다. 진화론은 이 지구에서 인간의 위치를 묻는 중요한 질문을 던진다. 우리는 어디에서 왔는가? 이 질문은 단순한 기원이 아닌, 존재 자체에 대한 근본적 성찰을 요구하는 물음이다.

오스트랄로피테쿠스는 약 420만 년 전에 출현하여 약 200만 년 전까지 아프리카에서 생존한 것으로 추정된다. 이들은 인간과 원숭이 사이의 진화적 연결 고리로, 인류가 어떻게 오늘날의 모습을 갖추게 되었는지에 대한 귀중한 단서를 제공한다. 오스트랄로피테쿠스 이후 여러 진화 단계를 거쳐 호모 하빌리스가 나타났고, 이어서 호모 에렉투스가 출현하면서 인류의 역사는 새로운 국면을 맞이하게 된다. 특히 직립보행을 하게 된 것은 인류 진화의 결정적인 이정표이다. 팔과 다리가 분명하게 구분된 이러한 진화는 호모속을 다른 포유류와 구별 짓는 중요한 특징이다.

호모 에렉투스는 불을 다루는 법을 터득하면서 생존의 새로운 차원을 열었다. 불은 단순히 추위와 야생 동물의 위협으로부터 보호하는

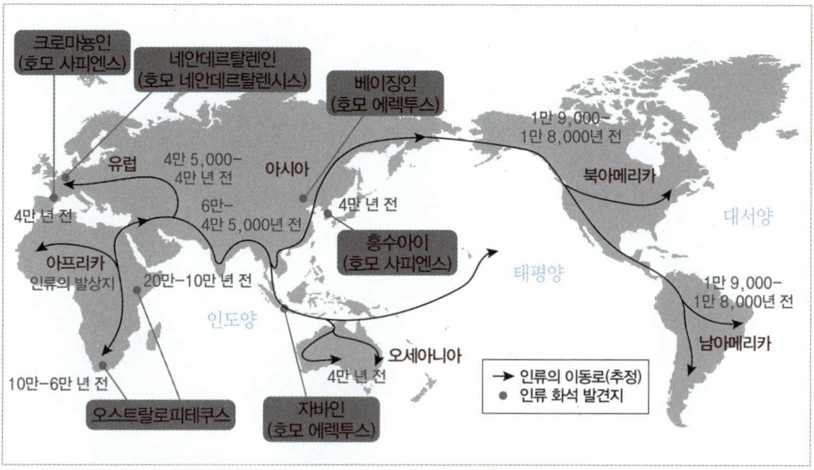

인류의 진화와 호모 사피엔스의 확산

오스트랄로피테쿠스 이후 진화 단계를 거쳐 호모 사피엔스가 약 7만 년 전, 아프리카를 기원으로 전 세계로 확산된 경로이다. 이를 통해 초기 인류가 다양한 환경에 어떻게 적응하며 전 세계로 퍼져 나갔는지 이해할 수 있다.

것뿐만 아니라, 음식을 익혀 먹을 수 있게 하여 영양 섭취를 보다 효율적으로 만들었다. 이는 뇌의 발달에 필수적인 에너지를 제공하며 인류 지능의 진화에 중요한 역할을 했을 것이다. 호모 에렉투스의 흔적은 아프리카를 넘어 중국의 베이징과 인도네시아 자바에서도 발견되었으며 이들의 넓은 분포는 인류 진화의 복잡성을 증명해 준다. 그러나 이들이 현생 인류의 직접적 조상은 아니라는 사실은 우리가 아직도 인류의 기원에 대해 많은 것을 파악하지 못하고 있음을 시사한다.

호모 네안데르탈렌시스는 약 40만 년 전 나타났으며 한때 우리의 조상으로 여겨졌지만 DNA(디옥시리보핵산) 분석을 통해 그들의 유전적 차이가 밝혀졌다. 하지만 고고학적 증거는 이들이 호모 사피엔스와 상호작용했음을 보여 준다. 특히 호모 네안데르탈렌시스의 장례 문화는 초기

알타미라 동굴벽화
약 18,000년 전 스페인 알타미라 지역의 동굴벽화로, 들소와 사슴 등 동물을 생동감 있게 묘사했다. 인류는 사냥의 성공을 기원하거나 삶을 기록하고 전승하기 위해 약 4만 년 전부터 동굴에 그림을 그리기 시작한 것으로 알려져 있다.

인류가 이미 심오한 감정과 상징적 사고를 발달시켰음을 시사하며 인간 문화의 기원을 이해하는 데 중요한 단서를 제공한다.

약 20만 년 전 호모 사피엔스가 아프리카에서 등장하면서 인류 역사의 새로운 장이 열렸다. 그들의 출현은 단순히 생물학적 사건에 그치지 않고 인류의 존재와 정체성에 중대한 영향을 미쳤다. 호모속의 여러 종 중에서 오직 호모 사피엔스만이 오늘날의 인류로 진화했으며 그들의 지능과 창조적 능력은 인류 미래를 위한 기반을 마련했다. 이들은 인류 문명의 기초를 세우고 이후 우리가 공유하게 될 인류사의 첫 장을 열었다.

호모 사피엔스는 약 7만 년 전에 아프리카를 넘어 세계로 확장해 나갔다. 그들의 이주는 인류 역사에서 가장 중대한 사건 중 하나로 평가된다. 당시는 인구가 매우 적었으나 그들은 멸종의 위험을 이겨 내며 새로운 기회를 찾았다. 새로운 환경에 적응하는 과정에서 인간은 단순한 생물학적 변화를 넘어 문명과 사회 구조의 기초를 형성했다. 이는 인류가 탐험을 통해 새로운 세계를 개척해 가는 역동적인 존재임을 증명한다.

유발 하라리(Yuval Noah Harari)는 그의 저서 《사피엔스》에서 약 7만 년에서 3만 년 사이에 일어난 DNA 변이가 호모 사피엔스에게 인지 혁명을 일으키게 했으며 그로 인해 지구상의 지배적 종으로 자리 잡는데 결정적인 역할을 했다고 주장한다. 이 혁명이 새로운 사고와 의사소통 방식을 가능하게 했다는 그의 설명은 매우 설득력이 있다. 호모 사피엔스는 호모 네안데르탈렌시스와 같은 다른 호모종들과의 생존 경쟁에서 승리했다. 그 결과 호모 네안데르탈렌시스는 멸종했고 호모 사피엔스가 그 자리를 차지했다. 이 과정에서 다른 호모종들이 사라졌지만 이는 인간의 본성을 평가할 수 있는 단일한 척도가 되지는 않는다. 시간이 흐르면서, 호모 사피엔스는 인권과 평화를 중시하는 방향으로 진화해 왔고 다른 생명체의 권리를 존중하는 사회적·문화적 진보를 이루어 냈다.

호모속의 여러 종들, 예를 들어 호모 에렉투스도 불과 도구를 사용했지만, 호모 사피엔스는 더욱 정교한 도구를 개발하고 농업혁명을 이끌었다. 농업의 발전으로 대규모 곡물 재배와 동물의 가축화가 가능해지면서 인간 사회는 보다 안정적이고 풍요로운 삶을 누리게 되었다. 그러나 이러한 발전은 전쟁과 전염병의 확산과 같은 부정적인 결과도 초래했다. 연구에 따르면, 농업이 시작된 이후 인간의 평균 수명이 감소하고 폭력의 발생 빈도가 높아졌다. 이는 문명의 발전이 항상 긍정적인 결과만을 가져오는 것은 아니며, 때로는 부정적인 측면도 동반한다는 것을 의미한다.

이러한 변화를 겪으며 인류는 역사시대로 접어들었다. 기원전 3500년경 티그리스강과 유프라테스강 유역의 대규모 관개 사업이 문명의 초기 발전을 이끌었다. 이는 농업을 발전시키고 대규모 노동을 조직하는 데 큰 기여를 했으며 부족 간 통합을 촉진했다. 이러한 변화 속에서 사회는 강력한 지도자들에 의해 재편되었고 신분제가 나타나며 국가가 형성되었다.

문자의 사용과 청동 기술의 발달은 당시 문명의 눈부신 발전을 보여주며 철의 사용 또한 큰 변화를 가져왔다. 철은 청동보다 더 쉽게 얻을 수 있었고 풀무 기술의 발달로 대량 생산이 가능해졌다. 철제 농기구는 농업 생산성을 급격히 높였으며, 전쟁에서 철제 무기는 매우 중요한 역할을 했다. 이러한 변화는 인류 역사의 중요한 분기점이 되었다.

인류는 아프리카에서 출발해 전 세계로 퍼져 나가면서 문명 간의 교류와 충돌을 경험하게 되었다. 그 과정에서 권력과 자원을 둘러싼 경쟁은 필연적으로 전쟁으로 이어졌다. 전쟁은 파괴적이었지만 동시에 문명을 확산시키는 계기이기도 했다. 하지만 전쟁이 문명의 발전을 촉진했다는 사실이 그 비극을 덜어 주지는 않는다. 전쟁은 여전히 우리 본성의 어두운 측면을 드러내며, 진화의 과제로 남아 있음을 상기시킨다. 21세기에도 전쟁은 존재하지만 역사의 긴 흐름에서 전쟁의 빈도는 감소하고 있다. 이러한 변화는 인류가 평화를 추구하는 방향으로 서서히 진화하고 있다는 희망을 품게 한다.

약 7만 년 전 호모 사피엔스는 아프리카를 떠나 전 세계로 퍼져 나갔다. 그들의 후손이 바로 오늘날의 현생 인류다. 한국인도 이 긴 여정을 거쳐 한반도에 정착해 지금의 모습을 이루게 되었다. 오랜 시간 동안 다른 지역의 사람들과 교류하고 융합하면서 한국인은 독특한 정체성과 문화를 형성했다. 한국인은 단일한 뿌리에서 비롯된 것이 아니라, 복잡한 역사와 다양한 영향이 어우러져 이루어진 존재이다.

2 인류의 도구 사용과 정착이 문명의 기초가 되다

호모 사피엔스가 등장하기 이전에도 한반도는 이미 인류의 터전이었다. 역사 속에서 흔히 간과되지만 기존 연구들을 통해 한반도에 호모 속의 여러 종이 살았다는 것을 추정할 수 있다 이 초기 인류들은 간단한 도구로부터 시작하여 점차 복잡하고 정교한 도구들을 만들어 냈다. 이 도구들은 단순한 생존 수단을 넘어선, 그들의 삶에서 필수적인 요소였다. 그들은 주로 동굴에서 살았으며 채집과 사냥을 통해 생존을 유지했다. 자원이 부족하거나 환경이 변할 때마다 그들은 새로운 터전을 찾아 떠나야만 했다.

미국 학자 할램 모비우스(Hallam Leonard Movius)는 초기 구석기 문화를 아프리카와 유럽의 주먹도끼 문화권, 그리고 인도 동쪽의 찍개 문화권으로 나누었다. 아시아에서 주먹도끼가 발견되지 않았다는 이유로 이 지역의 인류가 주먹도끼를 사용하지 않았다는 그의 주장은 오랫동안 널리 받아들여졌다. 그러나 한반도에서 주먹도끼가 발견되면서 구석기시대에 대한 우리의 인식은 완전히 바뀌게 되었다. 이 발견으로 우리는 인류의 초기 문화와 이동 경로에 대한 이해를 새롭게 할 수 있었다.

경기도 연천군에서 출토된 주먹도끼는 약 30만 년에서 50만 년 전 사이에 제작된 것으로 추정되며 이는 이것을 제작한 사람들이 현재 한

주먹도끼
1978년 경기도 연천군 전곡리에서 주한 미군으로 복무 중이던 고고학자 그레그 보언(Greg Bowen)이 동북아 지역에서 최초로 발견한 아슐리안 주먹도끼이다. 이 도끼는 구석기시대의 다목적 석기로, 끝이 뾰족하고 양면이 정교하게 다듬어진 좌우대칭 형태를 갖추고 있다.

국인의 조상과 직접적인 관련이 없다는 것을 의미한다. 하지만 이 발견은 호모 사피엔스가 한반도에 언제 정착했는지에 대한 궁금증을 자극한다. 대략 4만 년 전 일부 호모 사피엔스가 몽골을 거쳐 한반도에 도착했으며 그들이 일본으로 이동했을 가능성도 있다. 이 과정은 한반도가 인류의 이동과 문화적 융합에서 중요한 역할을 했음을 시사한다.

약 1만 년 전부터 시작된 신석기시대는 기후 변화와 맞물려 인류 사회에 거대한 변화를 가져왔다. 한반도에서는 오랫동안 구석기시대를 살아온 집단과 새로운 이주민들이 결합하여 농업을 발전시켰고, 정착 생활이 본격화되었다. 이 변화는 한반도의 문화가 크게 발전하는 계기가 되었으며 역사적으로 중요한 시점으로 여겨진다.

패총, 즉 조개더미는 신석기시대 인류의 일상생활을 연구하는 데 중요한 유적이다. 해안가에서 살던 사람들은 조개를 수확해 먹고, 남은 껍질을 쌓아 올렸는데 여러 세대에 걸쳐 형성된 이 유적들은 당시 사람들의 생활 방식을 구체적으로 복원하는 데 유용한 자료를 제공한다. 특히 동삼동에서 출토된 배 모양 토기는 이 시기의 해상 교류를 상징하는 유물이다. 일본 규슈의 흑요석과 성분이 동일한 흑요석이 발굴되었는데 이는 한반도와 일본 간의 활발한 교류가 있었음을 보여 준다. 더불어, 한반도 남해안에서 서식하는 투박조개로 만든 팔찌가 일본 쓰시마섬에서 발굴된 점 역시 두 지역 간 교류가 이루어졌음을 뒷받침한다.

청동기시대에 들어서면서 청동을 다루는 기술이 발전하고, 이는 새로운 문화적 변화를 촉발시켰다. 청동기시대에는 청동이 사용된 청동검, 청동거울, 청동방울 같은 유물들이 만들어졌으며, 이는 당시 사회에서 중요한 역할을 했다. 특히 중국 동북 지역에서 발굴된 비파형 동검은 한반도 남부에서도 발견되었고 철기시대로 이어지는 과정에서 세형 동검으로 발전했다.

이러한 유물들은 단순한 도구나 장신구가 아니라 당시 지배 계층의 권위와 사회적 지위를 상징하는 물건이었다. 청동을 다루는 기술은 복잡했으며 이는 곧 권력과 지배 계층의 특권을 나타내는 상징으로 사용되었다. 이와 같은 현상은 현대에도 유사한 형태로 나타나며 희소하고 고가인 물품을 소유하고 과시하는 것이 여전히 사회적 지위를 드러내는 데 활용되고 있다.

농업 역시 청동기시대에 이르러 훨씬 더 체계적이고 발전된 형태로 자리 잡았다. 이 시기 유적지에서 발견된 다양한 작물, 특히 조, 피, 수수 외에도 벼가 주목할 만하다. 벼는 따뜻한 남부 지방에서 재배되기 시작했으며 점차 북상하여 한반도 전역에서 재배되었다. 이는 농업 기술의 발달과 함께 지역 간 교류가 활발히 이루어졌음을 나타내는 증거이다. 벼 경작의 기원에 대해서는 다양한 설이 존재하지만 그 기원이 어디에 있든 간에 벼농사의 발전은 한반도 사회의 경제적 기반을 강화하고, 더 나아가 인구 증가와 사회적 변화를 이끌어 냈다.

농업과 관련된 대표적인 유물 중 하나는 농경문 청동기이다. 이 유

농경문 청동기
청동기시대 말기에서 초기 철기시대에 의례용으로 제작된 것으로 추정되는 농경문 청동기이다. 청동기는 구리와 주석을 합금하여 만든 금속이다.

물에는 밭을 갈기 위해 따비를 사용하는 모습과 수확물을 담기 위해 항아리를 든 장면, 괭이를 든 농부의 모습이 조각되어 있다. 이러한 묘사는 당시 사람들의 농업 활동을 전달해 주며 청동기시대 농경문화의 중요한 특성을 반영한다.

당시 농업 도구들은 괭이, 반달 모양의 돌칼, 돌낫, 갈돌, 돌판과 같은 다양한 형태로 존재했다. 이러한 도구들은 농업 기술이 발달함에 따라 세분화되고 전문화된 모습을 보여 준다. 하지만 그 시기에도 채집과 사냥은 여전히 중요한 생존 수단이었다. 울산 지역에서 발견된 당시 바위에 새겨진 고래 그림을 통해 고래 사냥이 중요한 식량 확보 수단이었을 것으로 추정되며, 이는 고래가 이 지역 사람들의 삶에서 중요한 역할을 했음을 시사한다.

암각화는 바위나 절벽, 동굴 벽면에 새겨져 있으며, 동심원과 같은 기하학적 무늬는 당시 사람들의 자연관이나 우주관을 반영한 것으로

암각화
울산 대곡리 반구대 암각화로, 고래, 사슴, 호랑이 등 동물과 사냥 장면을 보여 준다. 암각화는 신석기부터 청동기시대에 걸쳐 선사인들의 생활과 신앙을 나타내는 바위에 새겨진 그림이다.

보인다. 더욱 흥미로운 점은 한반도에서 발견된 암각화가 스칸디나비아, 시베리아 등지에서 발견된 선사시대 암각화와 유사하다는 점이다. 이는 선사시대 인류가 멀리 떨어진 지역들 사이에서도 문화적 교류가 있었고, 서로 영향을 주고받았다는 중요한 증거로 해석된다. 이를 통해 우리는 인류가 끊임없이 이동하고 상호작용하면서 문화를 공유하고 발전시켰다는 사실을 다시금 확인할 수 있다.

청동기시대에 제작된 토기류는 민무늬토기라는 명칭으로 불려 왔다. 이 용어는 신석기시대의 빗살무늬토기와 대비되며, 처음에는 뚜렷한 장식이 없는 토기의 특성을 나타내기 위해 만들어졌다.

그러나 청동기시대에도 장식된 무늬를 가진 토기들이 다수 발굴되면서 민무늬토기라는 용어는 그 시대의 다양성과 복잡성을 충분히 반영하지 못함이 밝혀졌다. 괭이형 토기, 미송리식 토기, 구멍무늬토기 등 다양한 종류의 토기들이 있으며 이는 그 시대의 지역적 특성과 문화적 다양성을 잘 드러낸다. 각 토기 유형은 특정 지역 또는 문화적 특성을 반영하며 이를 통해 우리는 당시의 문화 교류와 사회 구조를 엿볼 수 있다.

신석기시대에 나타났던 움집은 청동기시대에 이르러 반움집이라는 형태로 발전했다. 이러한 변화는 그 시대 사람들이 더 발전된 목재 가공 기술과 건축 지식을 사용하여 주거 환경을 개선해 나갔음을 보여 준다. 당시 사람들은 점차 농업에 종사하며 정착하게 되었고, 주거 환경의 변화는 이를 반영하는 중요한 지표였다. 더 큰 규모의 주거지는 사회 구조가 더 복잡해지고 공동체가 확대되었음을 나타내며 이러한 변화는 청동기시대의 사회가 한층 발전하고 있었음을 의미한다.

한반도와 그 주변 지역에서 발견된 고인돌(지석묘)은 약 30,000-40,000여 개에 이르며, 이는 전 세계 고인돌의 약 40%를 차지하는 것으로 추정된다. 이처럼 높은 집중도는 한반도와 그 주변 지역을 고인돌 문화의 중심지로 자리 잡게 한다. 고인돌을 통해 우리는 인류의 과거 생활 양식과 사후 세계에 대한 생각을 엿볼 수 있다. 흥미로운 것은 모든 고인돌이 무덤으로 사용된 것이 아니라는 점이다. 일부 고인돌은 의례적 목적으로 세워졌을 가능성이 있으며, 이는 고인돌이 당시 사람들에게 복합적인 의미를 지닌 중요한 구조물임을 나타낸다.

거대한 돌로 구성된 고인돌은 단순히 죽은 자들의 혼령에게 평안을 주는 장소를 넘어 살아 있는 공동체를 보호하는 상징적 역할도 했을 것이다. 나아가 고인돌은 부족 간의 연대를 강화하는 중심지로, 공공 집회나 마을 모임, 제례 의식 등이 열리는 장소로 활용되었을 가능성이 크다.

이러한 다목적 기능은 고인돌이 그 사회에서 중요한 문화적·사회적 구심점으로 작용했음을 보여 준다. 특히 고창, 화순, 강화 지역의 고인

고인돌
청동기시대의 탁자식 고인돌인 강화 부근리 지석묘이다. 고인돌은 청동기시대를 대표하는 거석문화 유물로, 무덤과 의례적 목적을 위해 만들어졌으며 한반도가 가장 밀집된 분포를 보이는 중심지로 평가된다.

돌이 유네스코 세계유산으로 등재된 것은 고인돌이 단순한 묘지 이상의 사회적 의미를 지닌 중요한 유산임을 의미한다.

청동기시대에 들어서면서 농경과 목축이 본격적으로 발전했고, 이로 인해 사회의 생산력이 크게 증가했다. 그러나 이 생산력의 증가는 사회 전반에 고르게 분배되지 않았다. 농업 기술의 발전과 새로운 작물의 도입이 이루어졌음에도 불구하고 재화의 상당 부분은 지배 계층에게 집중되었으며 이는 사회 내 불평등을 심화시켰다. 생산력이 증대되었음에도 대부분의 사람들은 여전히 어려운 생활을 이어 갔으며, 이는 청동기시대 사회가 점차 계층화되고 복잡해지는 과정을 나타낸다. 이러한 변화는 이후 국가 형성의 기반이 되었고 지배 계층이 권력과 자원을 독점하는 모습을 보여 준다.

‘조선’과 여러 국가 2

1 ‘조선’이 한국의 역사에 첫발을 내딛다

한국 최초의 국가로 알려진 ‘조선’의 기원에 관한 이야기는 대다수 한국인에게 친숙하다. 대개 고조선이라고 부르지만, 사실 조선이라는 명칭이 역사적으로 더 적합하다. 이는 사마천이 집필한 《사기》와 고려시대 일연이 쓴 《삼국유사》에서 조선으로 기록하고 있다는 사실에 근거한다. 그러나 이성계가 고려를 멸망시키고 새로운 나라 이름을 조선으로 정하면서 원래의 조선이 고조선으로 불리기 시작했고, 이 명칭은 현재까지 이어져 오고 있다. 이러한 역사적 사실을 고려하면 본래의 조선이라는 이름을 되살려 한국의 역사적 정체성을 확립하는 것이 필요하다. 다만 이성계가 건국한 조선과 구분하기 위해 따옴표를 붙여 ‘조선’이라 표기할 것을 제안한다.

한국의 고유 신화인 단군신화는 모든 한국인이 알고 있는 중요한 이야기다. 이 신화는 처음 《삼국유사》에 기록되었으며, 이는 일연이 구전되어 내려온 전통을 정리한 것이다. 신화의 핵심을 간략히 살펴보면

단군
대종교 신도이자 항일운동가인 강우가 황해도에서 가져와 아들에게 물려준 것으로 전해지는 단군 초상이다. 단군은 오랫동안 한민족의 시조로 평가받았던 인물이다.

하늘의 신 환인의 아들 환웅은 인간 세상에 관심을 가지게 되었고 3,000명의 신하와 함께 태백산 아래로 내려왔다. 환웅은 바람, 비, 구름의 신들을 거느리며 농업, 생명, 질병, 법과 질서를 비롯한 다양한 사무를 관리했고 그 과정에서 곰과 호랑이가 인간이 되고 싶어 했다. 곰이 인간으로 변신하는 데 성공하자 환웅은 그녀와 결혼해 단군을 낳았는데 단군은 평양에 수도를 세우고 나라 이름을 '조선'이라 지어 약 1,500년간 통치했다.

이 신화는 비현실적으로 보일 수 있지만 당시 사람들의 세계관과 사회적 믿음을 반영한 중요한 기록이다. 이 신화를 분석함으로써 우리는 기록이 부족한 시기의 사회적·문화적 상황을 유추할 수 있다. 예를 들어 환웅이 다룬 360가지 사무는 사회가 농업, 의료, 법률 등 여러 분야에서 발전하고 있었음을 암시하며 곰과 호랑이의 이야기는 토템 신앙을 상징하고 당시 사회의 종교적 믿음을 나타낸다. 이를 통해 우리는 그 시대 사람들의 삶과 문화를 더 깊이 이해할 수 있다.

단군신화는 당시 곰을 숭배하는 종족과 호랑이를 숭배하는 종족 사이에 경쟁이 있었음을 의미한다. 이 경쟁 속에서 외부에서 이주해 온

단군릉
1993년 평양시 강동군 문흥리에 피라미드 형태로 복원했다는 단군릉의 전경이다. 북한은 이를 '조선'의 시조 단군과 부인의 무덤으로 주장하나 남한에서는 고구려 시대의 무덤으로 보는 견해도 있다.

환웅의 종족과 결합하여 곰을 숭배하는 종족이 주도적인 세력으로 떠올랐을 가능성이 크다. 이러한 현상은 동북아 전역에 곰을 숭배하는 문화가 널리 퍼져 있었음을 보여 주며 일부 학자들은 이들을 고아시아족으로 부르는 것이 적절하다고 주장한다.

한반도와 주변 지역에서 토착 세력과 이주 세력이 융합되어 국가를 형성하는 과정이 활발하게 이루어졌으며, 이 과정에서 곰을 숭배하는 종족이 주도하여 '조선'이라는 국가를 세운 것으로 추정할 수 있다. 또한, 환웅이 농업을 주관한 이야기는 이 시기가 농경사회로 전환되는 중요한 시기였음을 암시한다. 이는 당대 사회의 경제적 및 문화적 변화를 나타내는 것이다.

단군신화와 관련된 고고학적 증거 중 하나로 주목받는 것이 평양에서 발견된 단군릉이다. 이 무덤은 그 규모와 구조로 보아 지도자급 인물의 것으로 보인다. 북한의 학자들은 방사성 동위원소 분석을 통해 이 무덤이 기원전 24세기에 조성된 단군릉이라고 주장하지만, 이 분석의 정확성에 대한 논란이 있다. 더욱이 이 무덤이 실제로 단군의 것이라는 확실한 증거는 아직 발견되지 않았다. 당시 그와 같은 지위의 인물은 여러 명 존재했을 가능성이 있으며 단군이 실존 인물이었다는 주장을 정치적으로 이용하려는 경향은 역사 왜곡의 우려를 낳는다. 그러므로 역사적 사실과 신화적 이야기를 분명히 구분하는 것이 중요하다.

청동기시대가 시작되면서 '조선'뿐만 아니라 다른 여러 국가도 존재했을 가능성이 있지만, 구체적인 기록이 남아 있지 않아 이를 단정하기는 어렵다. 중국의 역사 기록에 따르면 은(銀)이 멸망했을 때 기자라는 현명한 인물이 동쪽으로 이주했다고 한다. 이 동쪽이라는 표현은 명확하지 않으나 한때 이를 '조선'으로 해석하여 기자가 '조선'을 통치했다는 주장이 있었다. 《삼국유사》에도 기자가 '조선'을 다스렸다는 기록이 남아 있다. 이를 토대로 한국이 고대부터 문명국가였다는 주장을 뒷받침하기 위해 기자와 관련된 상징물이 만들어졌다.

고려 시대에는 평양에 기자릉이 건립되었으며, 기자가 정전제를 도입하고 기자정이라는 우물을 파서 농업을 촉진했다는 믿음이 퍼졌다. 조선 시대에는 소중화(小中華) 개념을 통해 기자를 더욱 부각시켰다. 그러나 기자가 살았던 시기는 청동기시대로 추정되지만 고고학적 연구에 따르면 한국의 청동기 문화는 중국과 다르다. 이는 기자와 관련된 이야기가 명확한 근거가 부족하며 논리적으로도 받아들이기 어려운 부분이 많음을 보여 준다.

청동기시대의 대표적인 무덤 형태인 고인돌은 한반도뿐만 아니라 중국 동북 지역에서도 발견된다. 이렇게 넓은 지역에 고인돌이 분포한다는 사실은 당시 문화적 교류와 인구 이동이 활발했다는 뜻이다. 이는 먼저 정착한 고아시아족과 같은 농경민을 흡수하거나 정복한 이주민들이 자신들의 청동기 문화를 해당 지역에 전파했다는 가설이 크게 무리가 없음을 시사한다.

한반도, 중국 동북 지역에서 발견된 비파형 동검은 이들 지역이 공유하는 문화적 특징을 잘 보여 준다. 이러한 증거들은 이 지역들 간의 문화적 연관성을 강하게 뒷받침한다. 특히 비파형 동검과 고인돌의 분포 지역은 한국사 연구자들이 주장하는 '조선'의 세력 범위와 대체로 일치한다.

그러나 문화는 지역 간의 교류와 상호 영향을 통해 발전하는 것이므로 동일한 청동기 문화와 무덤 형태를 사용했다는 이유만으로 이를 같은 국가의 영역으로 단정하는 것은 논리적 비약일 수 있다. 대신 '조선'을 중심으로 한 문화권이 존재했고 그 문화적 영향력이 한반도 남부까지 미쳤다고 해석하는 것이 더 합리적일 것이다. 이러한 접근은 문화적 공통성과 지역적 다양성을 모두 고려하는 균형 잡힌 관점을 제공한다.

'조선'의 건국과 문화적 성장은 중국 춘추전국시대의 혼란과 맞물려 있다. 주(周)가 은(殷)을 정복한 이후 봉건 제후들을 통해 통치를 확장했으나 왕권이 약해지며 수도를 낙양으로 옮기게 된다. 이때 춘추시대의 다섯 패자와 전국시대의 일곱 강국이 힘을 키우며 끊임없이 전쟁을 벌였다. 하지만 이러한 분열의 시기는 진(秦)의 진시황이 중국을 통일하면서 종결되었다.

진시황은 만리장성을 연결하여 북방의 침략을 막으려 했지만 그의 혹독한 통치는 민중의 반란을 불러일으켰다. 결국 진은 멸망하고 이후 유방이 한(漢)을 건국하여 중국을 재통일하게 된다. 이 모든 과정은 국가의 부침과 인간의 노력, 그리고 갈등이 어떻게 역사를 만들어 가는

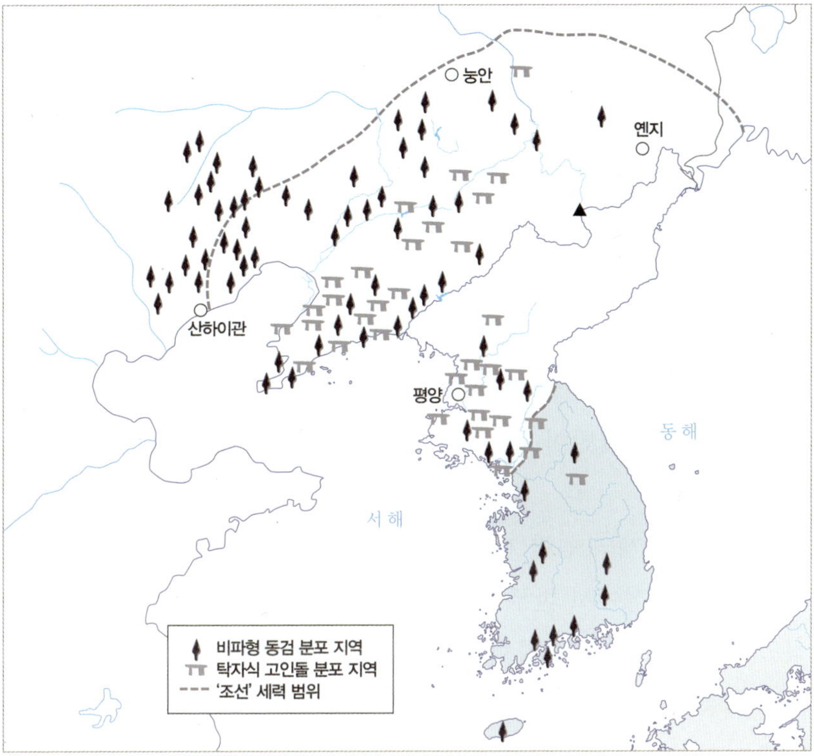

'조선'의 세력 범위
비파형 동검, 탁자식 고인돌 등의 유물 분포를 통해 나타낸 '조선'의 세력 범위이다. 이를 통해 '조선'의 문화적 영향력이 중국 동북 지역과 한반도 북부까지 확장되었음을 알 수 있지만 이를 현대적 국경선으로 인식해서는 안 된다.

지를 잘 보여 준다.

중국의 정치적 격변은 '조선'에도 커다란 영향을 미쳤다. 한에 속한 연(燕)의 장수였던 위만이 조선으로 망명하며 새로운 장이 열렸다. 그는 '조선'의 국왕이었던 준왕을 몰아내고 스스로 왕위에 올랐다. 이로 인해 위만조선이라는 이름이 붙게 되었으나 이 명칭에는 논란의 여지가 있다. 일반적으로 왕위를 찬탈한 자의 이름이 국가명에 붙는 경우는 거의 없으며 실제로 당시에도 국명은 변함없이 '조선'으로 유지되었다. 이는 권력 교체에도 불구하고 국가의 본질적 구조와 정체성이 유지되었음을 뜻한다.

한과 '조선' 사이에는 활발한 교역이 이루어졌다는 기록이 있으며 이는 두 나라가 서로 이익을 주고받는 경제적 관계를 맺었다는 증거이다. 그러나 이 평화로운 관계는 오래가지 않았다. 시간이 흐르면서 한은 흉노와의 전투에서 잇따라 패배하며 국가적 위기를 맞게 되었고 '조선'이 흉노와 동맹을 맺을 것을 우려하게 되었다. 또한 '조선'의 중계 무역에 대한 불만이 쌓이면서 결국 한무제는 '조선'을 침략하기로 결정했다.

그러나 한무제의 침략 계획은 순조롭지 않았다. '조선'은 강하게 저항했고, 그 과정에서 한무제는 지휘관들을 처벌하는 등 많은 난관을 겪었다. 이는 '조선'이 강력한 군사력을 지녔음을 보여 준다. 그러나 내부 갈등으로 인해 '조선'은 결국 멸망했고(기원전 108) 한무제는 그 지역에 한사군을 설치하여 새로운 지배 체계를 도입했다. '조선'의 멸망은 비극적인 사건이었지만 이는 또한 새로운 시대의 시작을 의미했다. '조선'의 유산을 이어받은 여러 국가들은 각자의 정치 체제와 문화를 발전시키며 이 지역의 역사를 새롭게 써 내려갔다.

2 여러 국가가 등장하며 각자의 방식으로 발전하다

'조선'이 멸망한 뒤, 한은 이 지역에 낙랑군, 임둔군, 진번군, 현도군을 포함하는 한사군을 설치했다. 이에 따라 한(漢)의 이주민들이 이 지역으로 이주하면서 복잡한 양면성이 나타났다. 긍정적으로는 한의 이주민들이 중국의 선진 문화를 이 지역에 전파하며 문화적 융합과 발전을 이끌었다. 그러나 부정적인 측면에서는 토착민에 대한 차별이 발생하고 저항을 폭력적으로 억압하는 일들이 있었다.

일부 국수주의적 재야 사학자들은 한사군이 한반도가 아닌 중국 동북 지역에 있었다고 주장하지만 이는 문헌 해석에만 의존하며 고고학적 증거로 뒷받침되지 않고 있다. 평양에서 다수의 낙랑 관련 유물이 발견된 것과 기존의 문헌을 종합하면 낙랑군이 한반도에 있었다는 사실을 부정하기 어렵다. 이 주제는 학계에서 여전히 연구 중이며 새로운 고고학적 발견에 따라 해석이 변할 가능성이 있다.

이 시기 한반도와 그 주변 지역에는 다양한 종족과 국가가 기록에 등장했다. 구체적인 기록은 부족하지만 단편적인 기록과 새로 발굴된 유적들을 통해 유추할 수 있다. 위만이 '조선'의 왕이 되었을 때 한반도 남부에는 작은 나라들로 구성된 삼한이라는 연맹체 국가가 있었다. '조선'이 멸망한 후 '조선'의 유민들은 남쪽으로 이주하여 삼한을 발전시키는 데 기여했다.

한반도와 그 주변 지역의 국가들은 각기 독특한 정체성을 유지하며 서로 경쟁했고, 그 결과 고구려, 백제, 신라, 가야와 같은 주요 국가들이 형성되었다. 그러나 학계는 이 시기를 정의하는 데 어려움을 겪고 있다. '삼국 시대'라는 개념이 널리 사용되고 있지만 역사적 사실과는 완전히 맞지 않기 때문에 '원삼국 시대'나 '초기 국가 시기'와 같은 용어들이 도입되었다.

이 문제를 해결하기 위해 '고대 국가'라는 개념이 등장했지만 가야는 고대 국가로 인정받지 못해 추가적인 논란이 발생했다. 하지만 당시 세계의 여러 국가들 역시 이러한 엄격한 기준을 충족하지 못했으므로 고대 국가 개념의 재검토가 필요하다. 일부 학자들은 '사국 시대'라는 용어를 주장하지만, 부여, 동예, 옥저, 마한, 진한, 변한 등의 국가들도 함께 고려해야 한다.

따라서 나는 '열국 시대'라는 용어를 사용하기를 제안한다. 이 용어는 고구려, 백제, 신라, 가야뿐만 아니라, 한반도와 그 주변의 모든 국가들을 포괄할 수 있다. 이 시기를 연구하는 데 중요한 자료는 중국의 《삼국지》〈위서 동이전〉이다. 이 기록은 중요한 정보를 제공하지만 부정확한 부분이 많고 중국 중심의 관점에서 서술된 만큼 주의 깊게 해석해야 한다. 따라서 고고학적 발굴을 통해 이 시기의 역사적 실체를 밝혀내는 작업이 지속적으로 이루어져야 한다. 고구려, 백제, 신라, 가야에 대한 심도 있는 분석은 다음 장에서 다루어질 것이며 여기에서는 나머지 국가들에 대해 설명할 것이다.

부여는 기원전 3세기, 쑹화강 유역에서 등장한 나라로, 그들의 건국 신화는 역사와 신화가 맞닿아 있는 흥미로운 이야기를 전해 준다. 이 신화에 따르면, 부여의 시조인 동명은 탁리국 왕의 시녀에게서 태어났다. 그녀는 하늘의 기운을 받아 임신했다고 전해지는데 이는 단순한 전설 이상의 의미를 지닌다. 고대 사회에서 하늘과의 연결성은 통치의 정당성을 강화하는 중요한 요소였다. 왕은 동명을 자신의 권력을 위협하는 존재로 여겨 제거하려 했으나 동명은 남쪽으로 도망쳐 강을 건너 부여를 건국했다. 이 신화는 고구려의 주몽 신화와 유사한 점이 많은데 두 왕국 간의 깊은 문화적 연결성을 시사한다.

부여의 경제는 농업과 목축업에 뿌리를 두었으며 말을 비롯한 귀중한 자원들, 모피와 보석 등을 중국에 수출하며 상당한 경제적 번영을 이루었다. 부여의 정치 체제 또한 매우 독특했다. 왕 아래에는 마가, 우가, 저가, 구가와 같은 여러 귀족들이 있었고 이들은 각각 사출도라는 지역을 다스렸다. 각 지역의 크기는 수백 호에서 수천 호에 이르렀다.

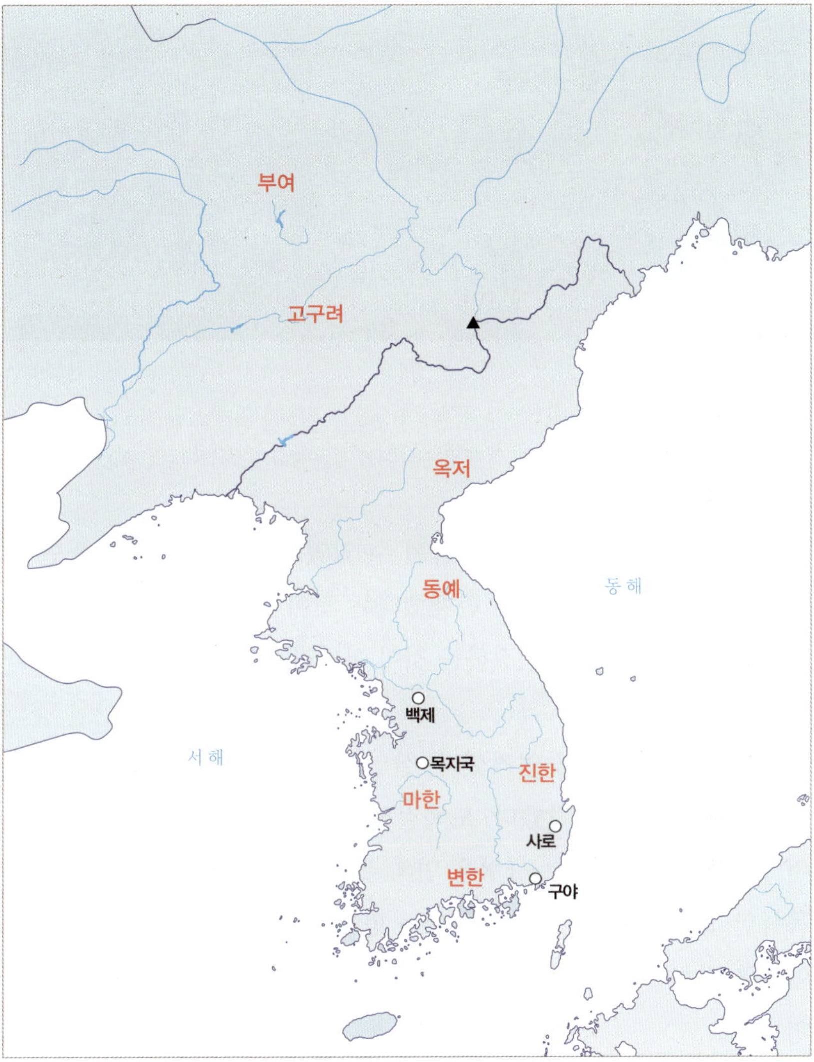

열국 시대의 여러 나라

'조선' 멸망 이후, 한반도와 중국 동북 지역에 부여, 고구려, 옥저, 동예, 삼한 등이 형성되었다. 이들 나라가 각기 독자적인 발전을 이어 갔음을 알 수 있다.

부여 금제 허리띠 장식
날개 달린 말의 형상이 새겨진 금제 허리띠 장식으로, 얼굴을 위로 든 엎드린 모습과 4개의 다리가 선명하게 묘사되어 있다. 이 유물은 부여가 말을 중요시했음을 나타낸다.

흥미로운 점은 부여의 왕이 선출될 수 있었으며 만약 흉년이 들면 왕에게 책임을 묻는 제도까지 존재했다는 것이다. 이를 통해 정치 체제가 왕의 절대 권력만을 인정하는 것이 아니라 공동체의 생존과 번영을 중시했음을 알 수 있다.

부여의 법은 상당히 엄격했다. 살인을 저지른 자는 사형에 처했고 그 가족은 노비로 전락했다. 도둑질을 한 자는 12배를 배상해야 했으며 간통을 저지른 자는 사형을 면치 못했다. 형사취수혼이라 불리는 독특한 결혼 풍습도 있었는데 이는 형이 죽으면 그 미망인을 동생이 아내로 맞는 제도로, 가족 간의 유대가 중요한 가치를 지녔던 것을 보여 준다.

부여의 가장 중요한 문화적 행사는 12월에 열리는 영고라는 제천 의식이었다. 이 의식은 하늘을 숭배하고 그 해의 수확에 대해 감사를 표하는 행사였다. 영고가 열리는 동안 사람들은 춤추고 노래하며 죄수를 석방하는 관습도 있었다. 또한 전쟁이 발발하면 신의 뜻을 확인하는 의식을 거행했는데 소의 굽을 보고 점을 치는 방식으로 전쟁의 결과를 예측했다.

그러나 부여는 3세기 말 선비족의 침입으로 쇠퇴하기 시작했고 5세기 말에는 고구려에 흡수되었다. 부여는 역사의 무대에서 사라졌지만 그들의 영향력은 이후에도 남아 있었다. 백제는 스스로를 '남부여'라 칭하며 부여의 후예임을 강조했다. 부여는 사라졌지만 그 흔적은 역사의 결을 따라 지금까지도 남아 있다.

옥저와 동예는 한반도의 북동부에서 독자적인 발전을 이루어 냈다. 옥저는 북쪽으로 읍루와 부여, 남쪽으로 예맥과 접한 지역에 위치했으며 자원이 풍부한 곳으로, 토지는 비옥하고 바다는 풍부한 해산물을 제공했다. 이 경제적 기반 위에서 옥저는 독자적인 문화를 발전시켰다.

특히 민며느리제라는 혼인 풍습은 이들의 독특한 가족 구조를 보여준다. 이 제도는 어린 소녀를 남자 집에서 길러 성인이 되면 예물을 주고 결혼하는 형태로, 가족과 가문 간의 결속을 강화하는 역할을 했다. 또한 옥저의 장례 관습 중 하나로는 시신을 임시로 매장하고 나중에 뼈를 추려 다시 안치하는 방식이 있었다. 이는 옥저인들의 강한 가족적 연대를 반영한 관습이었다.

군사적으로 옥저는 고구려의 강력한 영향력 아래에서 독자적인 성장을 이뤄 내지 못했다. 그들은 읍군과 삼로라는 지방 군장에 의해 통치되었지만 고구려는 이들을 간접적으로 지배하며 공물을 요구하고 여성들을 종이나 첩으로 삼는 등 옥저인들을 착취했다. 결국 고구려는 옥저를 병합했으며 이는 당시 고구려와 주변 세력 간의 불균형한 권력 관계를 잘 드러낸다.

동예는 남쪽으로는 진한, 북쪽으로는 고구려와 옥저, 동쪽으로는 바다에 접한 지역, 현재의 강원도에 해당하는 땅에 위치해 있었다. 동예는 주변국과 유사한 문화적 토대를 가지면서도 독특한 사회적·정치적 구조를 발전시켰다. 그들은 후, 읍군, 삼로와 같은 통치자를 두었으며, 언어와 예법은 고구려와 유사했으나 책화라는 독특한 제도가 존재했다. 책화는 다른 부족의 경계를 침범할 경우 노비나 가축으로 배상하는 관습으로, 이는 동예의 영토 개념과 자연 숭배를 반영한 제도였다.

동예는 법과 관습에 있어 매우 엄격한 사회였다. 살인자는 사형에 처했고 도둑질은 거의 존재하지 않았을 정도로 법이 엄격했다. 씨족 간 결혼을 금지하는 족외혼은 그들의 가족과 사회적 결속을 강화하는 역할을 했다. 또한 동예의 장례 문화는 죽음을 두려워하고 불결하게 여겼던 그들의 가치관을 드러낸다. 그들은 사망한 자의 집을 폐기하는 풍습을 지녔으며 이는 죽음을 둘러싼 그들의 인식을 반영한다.

동예는 농업과 수렵 생활에 깊이 뿌리내린 사회로, 무천이라는 제천 의식을 통해 하늘에 제물을 바쳤다. 그들의 신앙에서 호랑이는 신성한 동물로 여겨졌으며, 이는 이후 한국 역사에서 호랑이를 신성시하는 문화로 이어졌다. 동예는 명주와 삼베를 짜는 방직 기술이 발달했으며 단궁, 과하마, 반어피 같은 특산품으로 잘 알려져 있었다. 그러나 고구려의 군사적 팽창에 의해 결국 동예는 고구려에 병합되었다.

한반도 남부에서는 삼한, 즉 마한, 변한, 진한이라는 연맹체가 번성했다. 각각의 연맹체는 독특한 정치적 구조와 규모를 가지고 있었는데 이는 그 시대의 복잡한 권력 관계를 반영한다. 마한은 경기도, 충청도, 전라도 일대에 걸쳐 있었으며 약 50개의 소국이 하나로 결합된 국가 연합체였다. 가장 큰 나라는 1만여 호에 달했지만 가장 작은 나라는 수천 호에 불과했다. 특히 금강 유역에 자리 잡은 목지국의 진왕은 마한 내에서 가장 강력한 지도자로 평가받았다.

변한과 진한은 마한에 비해 규모가 작았으나 각각 독자적인 정치 체

〈**호작도**(鵲虎圖)〉
까치와 호랑이를 묘사한 조선 시대 민화인 〈호작도〉이다. 과거 한국은 '호랑이의 나라'로 불릴 만큼 호랑이 개체 수가 많았으나, 일제강점기와 한국전쟁을 거쳐 서식지 감소와 사냥으로 현재는 멸종된 상태이다.

제를 갖추고 있었다. 변한과 진한은 각각 12개의 소국으로 구성되어 있었고 변한에서 가장 큰 나라는 4,000-5,000호, 진한에서는 600-700호 규모로 추정된다. 신지와 읍차는 소국의 규모에 따라 다양한 역할을 수행하면서 지역의 정치적·경제적 활동을 주관했다. 이러한 구조는 한반도의 초기 정치적 환경을 이해하는 데 중요한 단서를 제공한다.

삼한의 번영은 그들의 지리적 이점과 농업 기술의 발전 덕분이었다. 온화한 기후와 비옥한 토양은 농업을 위한 최적의 환경을 제공했으며 삼한에서 출토된 철제 농기구들은 철기가 널리 사용되었음을 증명한다. 철기의 도입은 삼한의 농업 생산성을 크게 향상시켰고 이를 통해 사회적·경제적 구조도 변화를 겪었다. 삼한 사람들은 주로 농업을 중심으로 생활을 영위했으며 반움집이나 귀틀집에서 생활하면서 벼와 오곡을 재배하고 누에를 키워 생사와 비단을 생산했다. 장례 의식에서 죽은 자와 함께 새의 깃털을 묻는 전통은 영혼이 하늘로 승천하기를 바라는 그들의 신념을 나타내는 중요한 상징이었다.

삼한의 종교와 의례는 그들의 농경 생활과 밀접하게 연관되어 있었다. 매년 5월과 10월에 열리는 제천 의식은 하늘에 감사의 뜻을 전하는 중요한 행사였다. 각 마을에는 천군이라는 제사장이 존재했으며 이들이 제천 의식을 주관했다. 또한 소도라 불리는 신성한 장소에는 방울과 북이 달린 나무를 세우고 종교적 보호 구역으로 여겼다. 죄인이 이곳으로 피신하면 누구도 그를 함부로 데려갈 수 없었다. 이런 전통은 삼한 사회의 종교적 신념과 문화적 가치를 잘 보여 준다.

이 시기의 삶과 문화는 단순히 과거에 머무는 것이 아니라, 오늘날 우리의 정체성과 생활양식에 흔적으로 남아 있다. 당시 여러 나라는 외부와의 교류를 통해 성장했으며 그 과정에서 형성된 문화적 다양성과 융합은 오늘날 한국 사회의 개방성과 유연성에 일정한 영향을 미쳤다. 이는 자연과 공동체를 존중하는 우리의 가치관 속에 여전히 살아 있다. 비록 이 시기의 복잡한 흐름을 제한된 자료로 온전히 이해하기는 어렵지만, 이를 통해 한국 사회의 기원을 파악하고 미래의 가능성을 탐색할 수 있다.

사국의 발전과 영향 3

1 고구려가 강대국으로 성장하며 국가 체제를 정비하다

기원전 2세기 이전부터 형성된 세력이 확장되어 기원전 1세기경 부여의 영향에서 벗어나 동명성왕(재위 기원전 37-19) 주몽을 중심으로 고구려를 건국했다. 고구려의 건국 과정은 신화와 역사가 혼재된 형태로 전해져 내려온다. 이 고구려의 건국 신화는 여러 종류가 존재하나, 그중 가장 널리 알려진 이야기는 하늘에서 내려온 해모수와 강을 지배하는 하백의 딸 유화 사이에서 태어난 주몽이 주인공이다. 그의 신성한 혈통은 고구려 통치의 정당성을 상징하는 중요한 요소였다.

동부여의 금와왕과 그의 아들들은 주몽을 위협으로 인식했고, 그는 이러한 위협을 피해 졸본으로 도망쳐 새로운 왕국의 기반을 마련했다. 그곳에서는 비류국의 송양왕과의 활쏘기 대결에서 승리를 거두어 송양왕의 굴복을 끌어낸다. 주몽의 졸본에서의 활쏘기 대결과 승리는 신화적 요소를 담고 있지만, 부여에서 이주한 세력과 압록강 유역의 토착 세력의 연합을 상징적으로 나타낸다.

고구려의 지리적 환경은 그들의 국가 발전 방향에 큰 영향을 미쳤다. 고구려는 큰 산과 깊은 골짜기가 많고 농사를 짓기에 적합한 넓은 평야가 부족하여 식량 확보에 어려움을 겪었다. 이를 해결하기 위해 고구려는 주변 소국들을 정복하고 중국과의 전쟁을 통해 평야를 확보하려 했다.

유리왕(재위 기원전 19-기원후 18) 때 압록강 유역의 국내성(중국 지안)으로 수도를 옮기고, 방어 목적으로 산성을 구축하는 등 방어와 확장을 병행하는 전략을 택했다. 또한 한사군을 몰아내고 요동 지역으로 진출하려는 전략도 동시에 펼쳤다. 고구려는 주변 국가들을 통해 주요 자원을 확보했다. 인접한 옥저, 동예 등의 국가를 압박해 소금과 해산물 등 필요한 물자를 공물로 받아들이며 국가의 자원을 보충했다.

고구려는 초기에는 연맹 체제를 유지했으나, 점차 중앙집권적으로 변화했다. 고구려의 정치적 구조는 소노부(비류나부), 절노부(연나부), 순노부(환나부), 관노부(관나부), 계루부로 구성된 5부로 나뉘었다. 처음에는 소노부에서 왕이 나왔지만 이후 계루부가 왕위를 차지하면서 고구려는 강력한 중앙집권적 국가로 변모했다. 절노부는 왕실과 혼인을 통해 계속해서 왕비를 배출하면서 권력을 유지했다.

왕 아래에는 상가, 고추가 등의 대가들이 있었고 이들은 각각 사자, 조의, 선인 등 관리들을 두었다. 고구려는 철저한 법질서를 통해 사회의 안정을 도모했다. 중대한 범죄에 대해서는 제가 회의에서 사형을 결정했으며 범죄자의 가족을 노비로 삼는 엄격한 처벌 체계를 시행했다.

고구려는 10월, 추수 후 동맹이라는 제천 의식을 거행했다. 이 의식은 단순한 종교 행사가 아니었다. 왕과 신하들이 국동대혈에 모여 건국 시조인 동명성왕과 그의 어머니 유화부인을 신격화하여 제사를 지

국동대혈
유물이 발견되지 않아 그 역사적 실체에 대한 논란이 이어지고 있는 국동대혈로 추정되는 장소이다. 고구려의 수도 국내성 동쪽에 위치한 이 동굴은 동맹 행사를 통해 신을 맞이했던 장소로 알려져 있다.

내며 이들은 정치적 권위와 종교적 정당성을 결합했다. 이를 통해 고구려인들이 자신들의 기원을 재확인하고 그들이 속한 공동체의 일원으로서의 역할을 되새기는 중요한 순간을 맞이했다.

고구려의 사회 제도는 그들의 역사적 배경과 문화를 반영한다. 특히 혼인 풍습 중 하나인 서옥제는 남성이 결혼 후 일정 기간 처가에서 생활하며, 자녀가 성장하면 가족과 함께 자신의 집으로 돌아가는 방식이었다. 이는 부여에서 기원한 제도로, 고구려와 주변 민족 간의 문화적 융합을 잘 보여 준다. 초기 고구려는 유목 생활의 흔적을 지니고 있었으나 점차 정착하며 중앙집권적 국가로 발전했다. 이 과정에서 유목민족의 전통과 정착민의 문화가 혼합되어 고구려만의 독특한 사회적 관습이 형성되었다.

고구려의 장례 풍습도 그러한 문화를 반영한다. 고구려의 장례 풍습에서는 금과 은을 사용하여 죽은 자를 기리고 봉분 주위에 소나무와 잣나무를 심는 전통을 통해 그들의 영혼과 자연을 연결하고자 했다. 이러한 장례 문화는 고구려가 단순히 죽음을 기리는 것을 넘어 사후 세계와 자연과의 조화를 중시했음을 뜻한다.

고구려의 정치적 변화는 왕권 강화로 이어졌다. 태조왕(재위 53-146)은 군사적 정복을 통해 옥저와 동예를 복속시켰으며, 고국천왕(재위 179-197)은 중앙집권적 체제를 더욱 강화하기 위해 5부 체제를 재편했다. 이는 귀족들의 권력을 중앙으로 통합하는 중요한 변화였으며 고구려가 점차 강력한 중앙집권적 국가로 변모하는 과정을 반영한다. 또한 진대법은 고구려의 경제 정책에서 중요한 역할을 했다. 이 법은 민중을 보호하고 국가의 재정적 안정을 도모하기 위해 흉년이나 춘궁기에 민중에게 곡식을 빌려주고 수확 후에 갚게 함으로써 경제적 안정을 도모했다.

4세기에 접어들면서 고구려는 새로운 상황에 놓였다. 중국 북방의 유목 민족들이 세운 여러 나라들이 등장하면서 중국 지역의 정세가 불안정해지자 미천왕(재위 300-331)은 낙랑군을 축출하고 대동강 유역을 차지했다. 이는 고구려가 북방 세력의 위협에 대응하며 자주성을 강화하는 과정이었다. 이와 같이 고구려는 영토를 확장하면서 국가 발전을 도모했다.

그러나 4세기 중반, 고국원왕(재위 331-371)의 통치기에 고구려는 심각한 외적 위협에 직면했다. 서쪽에서는 전연의 군대가 침입했고 남쪽에서는 백제가 북진 정책을 강화하며 공격해 왔다. 이러한 이중의 압박 속에서 고구려는 지속적으로 방어선을 유지하는 데 어려움을 겪었다. 특히 남쪽으로부터 백제의 공격은 고구려에 커다란 타격을 주었고 고국원왕은 백제의 군대와 맞서 싸우다가 전사하는 운명을 맞았다.

광개토대왕릉비
1912-1913년경 조선총독부의 의뢰로 도쿄대학교 강사 도리이 류조가 촬영했다. 이 비석은 광개토대왕의 업적을 기록한 중요한 유물이다.

소수림왕(재위 371-384)은 고구려가 직면한 위기를 해결하기 위해 국가 체계를 재정비하는 데 집중했다. 그는 전진과의 외교 관계를 통해 대외적으로 안정을 확보했고 불교를 받아들여 고구려의 사회적 통합을 도모했다. 또한 그는 태학을 설립하고 율령을 반포하여 고구려의 정치적 안정과 경제적 발전의 기반을 다졌다. 이러한 개혁은 고구려가 외부의 압력에 맞서 더욱 강력한 대응력을 갖출 수 있게 했고 고구려의 내부 결속을 강화하는 데 중요한 역할을 했다.

광개토대왕(재위 391-413)은 이 기반 위에서 고구려를 강력한 정복 국가로 탈바꿈시켰다. 그는 남쪽으로 백제를 격파하고 한강 이북의 땅을 고구려의 영토로 확보했으며, 일본군의 침략을 막아 한반도 남부까지 고구려의 영향력을 확장했다. 그의 군사적 승리는 여기서 그치지 않았다. 거란, 후연을 정복하고 동부여를 병합함으로써 고구려는 동북아시아의 지배적 세력으로 자리매김했다. 광개토대왕은 또한 영락(永樂)이라는 연호를 사용하고 스스로를 태왕이라 칭함으로써 대내외적으로 강한 자신감을 드러냈다. 이러한 업적으로 인해 한국인들은 광개토대왕을 강대국의 건설자로 높이 평가하고 있다.

그러나 이러한 정복 활동과 영토 확장 과정에서 불가피하게 많은 인명 피해가 발생했을 것이라는 점을 고려해야 한다. 전쟁과 정복은 필연적으로 인명 손실을 동반하기 때문이다. 이는 광개토대왕의 업적을 평가할 때도 반드시 고려해야 할 중요한 측면이며 역사적 인물을 평가할 때도 그들의 성과와 함께 이루어진 희생을 기억해야 한다는 것을 상기시켜 준다.

광개토대왕의 아들인 장수왕(재위 413-491)은 아버지의 업적을 바탕으로 고구려의 영토를 더욱 확장하여 고구려의 전성기를 이끌었다. 장수왕은 당시 중국이 남북조로 나뉘어 대립하던 상황을 이용한 실리적인 외교 정책을 구사하여 북위와 화친을 맺고, 북방의 유목 민족이 세운 국가들과도 활발히 교류했다. 수도를 평양으로 이전한 후, 장수왕은 남진 정책을 추진했고 이에 백제는 신라와 동맹을 맺고 북위에 고구려 정벌을 청했으나 거절당하기도 했다. 장수왕은 백제에 대해 대대적인 공세를 펼쳐 백제의 수도인 한성(서울)을 함락시키고 개로왕을 죽임으로써 한강 유역을 장악했다.

고구려의 영토 확장과 군사적 업적은 2개의 비석에 잘 기록되어 있다. 광개토대왕릉비는 광개토대왕의 정복 활동과 신라 구원을 포함한 업적을 기리기 위해 세워졌다. 이 비석은 그 당시 고구려가 얼마나 강력한 군사적 힘을 가졌는지를 잘 보여 준다. 충주 고구려비는 고구려의 남진 정책과 한강 유역 장악을 상징하는 중요한 역사적 증거로 남아 있다. 이 두 비석은 고구려의 영토 확장 과정과 그 규모를 이해하는

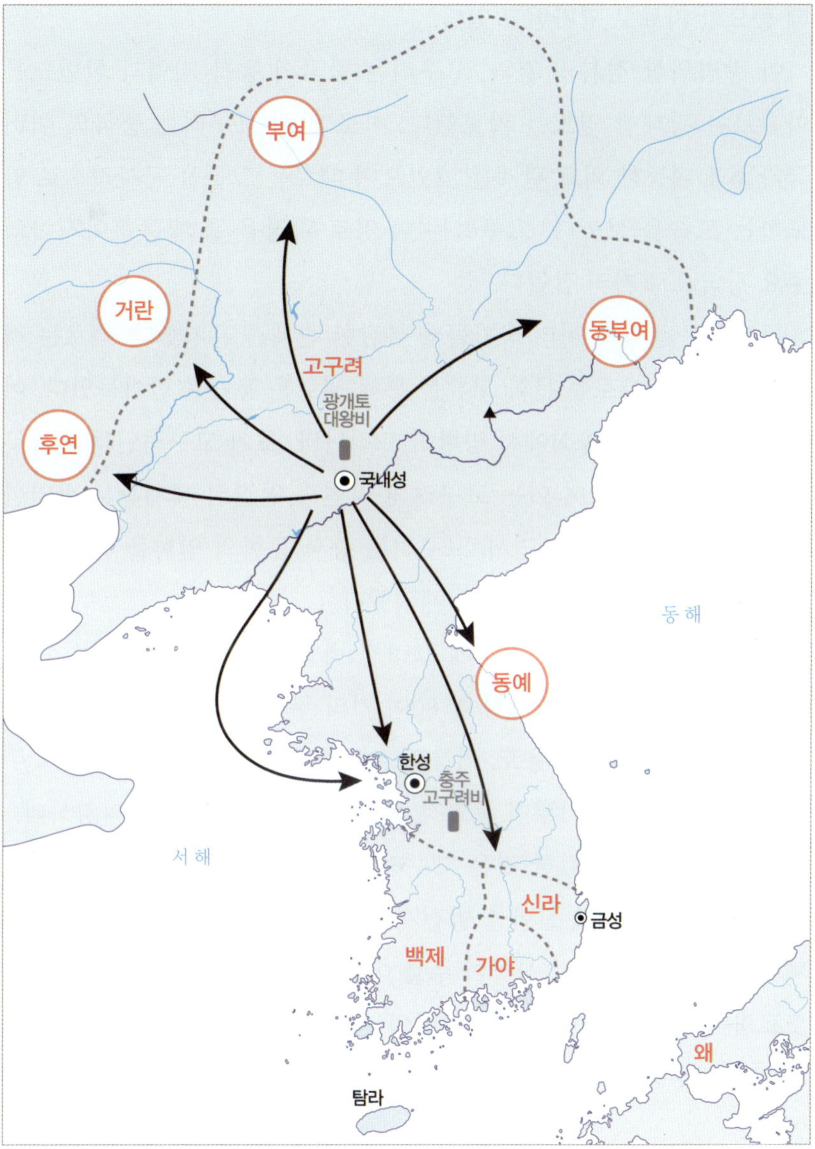

고구려 전성기

5세기 무렵 고구려가 전성기를 맞아 한반도 북부, 중국 동북 지역, 요동 지역까지 세력을 확장한 모습이다. 이를 통해 고구려의 대외 정복과 영토 확장이 최고조에 달한 당시의 정세를 알 수 있다.

데 중요한 자료로 평가받고 있다.

이 광범위한 정복의 결과, 고구려는 중국의 동북 지역과 한반도를 아우르는 광대한 영토를 확보했다. 이로 인해 고구려는 중국의 여러 국가들과 대등한 외교 관계를 맺었으며 때로는 그들을 군사적으로 압도하는 모습을 보였다. 고구려는 이 영토 확장을 통해 동북아시아의 주요 강국으로 자리 잡았다.

고구려는 중국의 여러 국가들과 복잡한 관계를 유지했다. 때로는 적대적이었으나 때로는 문화 교류를 통해 새로운 풍습을 받아들였다. 이는 고구려의 무덤 양식에서 명확히 드러난다. 초기 고구려인들은 돌무지무덤을 선호했으며 이는 고구려의 자연과 연결된 세계관을 반영한다. 그러나 시간이 흐르면서, 고구려는 중국 문화의 영향을 받아 굴식돌방무덤이라는 새로운 양식을 채택했다.

굴식돌방무덤의 벽과 천장에 그려진 벽화들은 고구려의 예술적 발전을 잘 보여 준다. 지금까지 약 80여 기의 무덤에서 다양한 벽화가 발견되었으며, 사신도, 무용도, 씨름도, 수렵도 등에서 볼 수 있듯이 그 주제는 일상적인 삶에서부터 종교적 신앙에 이르기까지 매우 다양하다.

벽화의 주제가 변화한 것은 고구려가 외부로부터 영향을 받으며 어떻게 철학적·종교적 신념을 발전시켰는지를 보여 준다. 초기에는 천체 숭배와 같은 고유한 신앙이 주를 이뤘으나 후에는 중국에서 유입된 도교와 음양오행 사상이 고구려인의 세계관에 반영되었다. 이를 통해 고구려가 주변 문화와 끊임없이 상호작용하며 발전해 나갔음을 알 수 있다.

2 백제가 한강 유역을 장악하고 대외 교류를 확대하다

백제의 성장은 고구려에서 내려온 유민들이 위례성(서울과 하남으로 그 위치가 논쟁 중)을 도읍으로 정하면서 본격적으로 시작되었다. 백제의 창건 신화에 따르면, 주몽의 아들 비류와 온조 형제가 10명의 신하와 함께 마한 지역으로 내려왔다. 형인 비류는 미추홀(인천 일대로 추정)에 정착했고, 동생 온조(재위 기원전 18-기원후 28)는 위례성에서 십제(十濟)를 세웠다. 시간이 흘러 비류의 집단은 온조의 통치 아래로 흡수되었고, 국호를 백제로 바꾸었다. 이는 고구려 계통의 유민들이 마한 지역에 세운 새로운 국가가 선주민을 흡수 병합하여 성장해 가는 과정을 보여 준다.

이렇게 백제는 한강 유역이라는 지리적 이점을 활용해 국력을 강화하고 발전해 나갔다. 한강 유역은 교통과 물자 유통에 유리했으며 이를 통해 백제는 주변 지역과 활발히 교류하며 정치적·경제적 기반을 다질 수 있었다.

백제의 정치 체제는 고이왕(재위 234-286) 때 크게 변화했다. 고이왕은 좌평제와 16관등제라는 행정 구조의 기본 골격을 수립하고 지방의 유력자들을 중앙집권적 통치 체제에 통합하여 국가의 행정력을 강화했다. 이 개편을 통해 백제는 보다 체계적이고 효율적인 국가 운영의 기반을 마련했다. 동시에 백제는 한강 유역을 장악하고 마한의 중심 국가였던 목지국을 정복하며 영토를 확장했다.

이러한 기초 위에서 근초고왕(재위 346-375)은 대대적인 정복 사업을 추진해 현재의 전라남도 지역까지 영토를 확장하고 낙동강 유역과 고구려 영토였던 평양성에 이르기까지 한반도 중부 지역을 장악했다. 근초고왕의 정복은 백제를 한반도의 강국으로 끌어올리는 중요한 계기가 되었다.

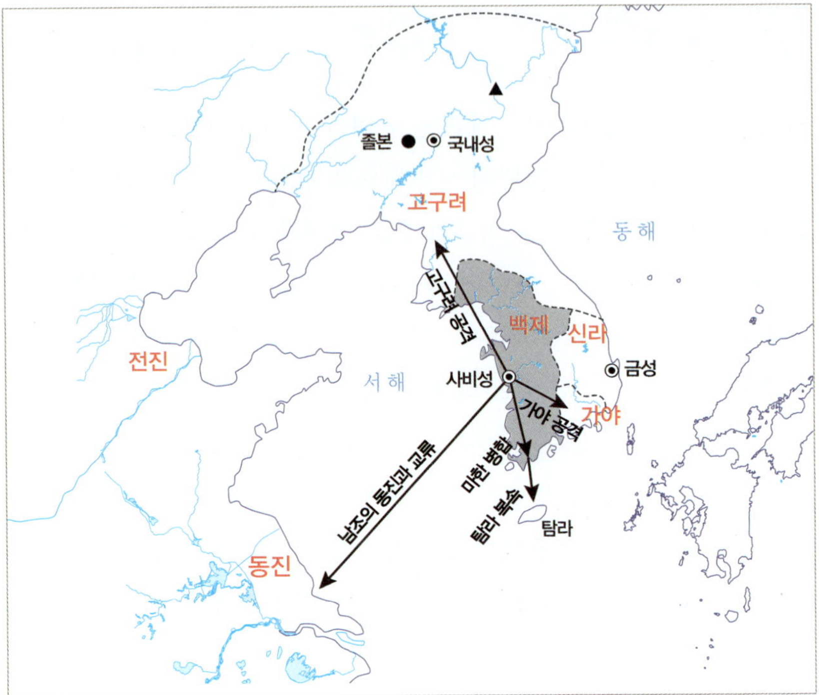

백제 전성기
백제가 한강 유역을 중심으로 영토를 확장하고 대외 교류가 활발했던 4세기 무렵의 정세를 보여 주는 지도이다. 이를 통해 백제가 문화적·군사적 전성기를 이루며 주변 국가들과 교류를 강화한 모습을 알 수 있다.

백제의 역사와 문화를 기록한 《서기》는 근초고왕이 고흥에게 편찬하도록 한 것으로, 이는 근초고왕의 업적을 후대에 남기려는 의도로 해석된다. 이 기록은 단순한 역사를 넘어 백제의 정체성을 확립하고 문화적 유산을 전승하려는 시도였다. 이를 통해 백제의 성장과 확장이 단순한 군사적 성취를 넘어서 국가의 정체성과 문화적 기반을 다지는 데 기여했다는 것을 알 수 있다.

백제는 중국의 남북조시대 동안 남조와 긴밀한 외교 관계를 맺으며

공주 무령왕릉
중국 남조와의 교류를 증명하는 다양한 유물이 출토된 공주 무령왕릉의 내부 모습이다. 백제 무령왕과 왕비가 안장된 웅진 시대의 고분으로, 연꽃과 인동초무늬가 장식된 벽돌로 축조되었다

지역 내 영향력을 확대했다. 특히, 침류왕(재위 384-385) 때 백제는 동진으로부터 불교를 받아들이고 이를 새로운 통치 이념으로 삼아 사회와 정치 체계를 정비했다. 이와 함께 율령 반포와 같은 법적 정비를 통해 백제의 사회적 기틀을 다졌다. 그러나 백제는 이 시기에 외부의 위협에도 직면했다. 고구려의 남진 정책이 백제의 세력을 위축시켰고 백제는 내부적 발전과 외부적 위협 사이에서 균형을 잡아야 하는 어려운 상황에 처했다.

고구려의 남진 정책으로 인해 백제는 큰 위기를 맞았다. 개로왕(재위 455-475)이 고구려군에 의해 살해되고, 한강 유역을 상실하면서 백제는 정치적 혼란에 빠졌다. 문주왕(재위 475-477)은 국가의 안정을 위해 수도를 웅진(공주)으로 옮겼으나 백제 내 이전 세력과 토착 세력 간의 갈등으로 결국 피살되고 말았다. 이러한 혼란 속에서 백제의 정치적 불안정은 심화되었지만 동성왕(재위 479-501)은 신라와 연합하여 고구려에 맞서기 위해 나제 동맹을 체결하며 국가 재건을 도모했다.

무령왕(재위 501-523)의 즉위는 백제의 국가 재건과 발전을 본격화하는 계기가 되었다. 무령왕은 안정된 왕권을 기반으로 영토 확장에 주력했다. 북쪽으로는 금강 이북의 일부 지역을 회복하고 남쪽으로는 영산강 유역을 정비하며 대가야를 제압하여 섬진강 유역까지 장악했다. 또한 22담로를 설치해 왕족을 지방에 파견함으로써 중앙의 통치력을 지방으로 확장했다.

무령왕은 중국 남조의 양(梁)과의 외교 관계를 강화하며 선진 문물을 받아들였다. 이러한 문화적 교류는 백제의 문화적 발전과 국가 안정에 크게 기여했다. 그의 업적은 송산리 고분군의 무령왕릉에서도 확인할 수 있으며 이는 그의 통치가 백제의 정치적·문화적 발전에 끼친 영향을 잘 보여 준다.

성왕(재위 523-554)은 수도를 사비(부여)로 옮기고 국호를 남부여로 변경하여 국가의 중흥을 도모했다. 그는 22부제와 방군제를 도입해 중앙과 지방의 행정 체계를 정비했으며 중국 남조의 양과의 관계를 강화하고 신라와 함께 고구려를 공격해 한강 유역을 되찾았다. 그러나 신라의 배신으로 백제는 이 지역을 다시 상실했고 성왕은 대가야와 일본과 연합해 신라를 공격하다 전사했다. 이 사건은 백제 외교에 큰 변화를 가져왔고 백제는 이후 고구려와 손을 잡고 신라를 견제했다.

백제는 일본과 긴밀한 관계를 유지하며 동북아시아 문화 교류의 중요한 축을 형성했다. 외부의 위기 상황에서는 일본에 군사적 지원을 요청하는 한편, 새로운 문화를 일본에 전파했다. 많은 학자와 기술자들이 일본으로 건너가 그곳의 문화 발전에 기여했으며, 특히 불교와 예술 분야에서 백제의 영향은 일본 문화에 깊이 스며들었다. 그러나 백제가 일본에 일방적으로 문화를 전파했다고만 보는 것은 문화 교류의 복잡성과 다층적인 성격을 간과하는 단순화된 시각이다.

일본의 국보인 목조 미륵보살 반가사유상에 대해 많은 한국인들은

미륵보살 반가사유상
깊은 사유에 잠긴 미륵보살의 모습을 표현한 불교 조각상이다. 사진은 북제의 석조, 한국의 금동, 일본의 목조로 이어지는 반가사유상의 제작 순서를 보여 준다.

한국의 금동 미륵보살 반가사유상이 먼저 만들어졌고 이것이 일본에 전해졌다는 사실에 자부심을 느낀다. 이러한 자부심은 한반도의 문화적 선진성을 강조하는 데 기여할 수 있지만 문화 교류의 과정을 지나치게 단순화할 위험이 있다. 문화 교류는 언제나 단순한 전파가 아닌, 상호 영향을 주고받는 복합적인 과정을 거친다.

예를 들어, 북제에서 석조로 만든 미륵보살 반가사유상을 제작했는데, 이는 한국과 일본의 반가사유상과 형태적으로 매우 유사하다. 이는 특정 지역의 문화가 단순히 다른 지역으로 일방적으로 전파된 것이 아니라, 서로 영향을 주고받으며 지역적 특성을 반영해 변용되고 발전했음을 보여 준다. 이러한 맥락에서 우리는 문화 교류가 복잡한 상호작용과 창조적인 변화를 통해 이루어진다는 점을 이해해야 한다.

3 신라가 국가 체제를 확립하고 문화적 융성을 이루다

신라의 발전은 삼한 중 진한 지역에서 번성한 사로국으로부터 시작되었다. 신라의 건국 신화는 다음과 같은 이야기로 전해진다. 여섯 촌장이 언덕 위에서 남쪽을 바라보던 중, 양산 아래 나정에서 이상한 기운을 감지했다. 그들이 가까이 다가가자 흰 말이 날아가고 그 자리에 붉은 알이 남았다. 그 알에서 태어난 아름다운 소년이 바로 박혁거세(재위 기원전 57-기원후 4)였다. 여섯 촌장은 그를 임금으로 추대했고 그는 계룡의 갈비뼈에서 태어난 알영과 결혼했다.

이 신화는 말과 닭을 토템으로 숭배하던 이주민 2개 집단이 왕과 왕비의 지위를 차지하고 토착 세력인 6명의 촌장에게 지지를 받아 국가를 세웠음을 상징적으로 보여 준다. 이를 통해 신라가 복합적인 문화적 배경과 다양한 집단의 통합을 통해 형성되었음을 추정할 수 있다.

초기 신라에서는 왕이라는 호칭을 사용하지 않고, 시기에 따라 거서간, 차차웅, 마립간 등의 다양한 칭호가 사용되었다. 《삼국사기》에서는 박혁거세 이후 석탈해와 김알지가 자연스럽게 권력을 이양받은 것으로 기록되어 있으나 실상은 박씨, 석씨, 김씨 3개 가문 간의 치열한 권력 투쟁이 있었을 것이다. 이 권력 투쟁에서 결국 김씨가 승리하며 지배층으로 자리 잡았다.

내물마립간(재위 356-402) 시기, 신라는 세습 왕권을 확립하고 경상북도 일대를 장악하면서 중앙집권적 체제를 형성하기 시작했다. 내물마립간의 업적은 신라가 점차 강력한 정치적 통합과 지역 장악력을 바탕으로 성장하는 기반을 마련했다는 것이다.

신라는 이후 복잡한 국제 정세 속에 놓였다. 고구려의 광개토대왕의 도움을 받아 가야와 일본의 연합 세력 공격을 물리쳤으나 그 이후 고구려의 정치적 간섭이 점차 심화되었다. 백제가 고구려에 패하고 웅진으로 수도를 옮기자 신라는 백제와 친선을 도모하기 시작했다. 눌지마립간(재위 417-458) 시기, 신라와 백제의 관계는 더욱 긴밀해졌으며 5세기 말에는 혼인 동맹을 맺기에 이르렀다.

지증왕(재위 500-514)은 신라를 고구려와 백제에 필적하는 강력한 국가로 만들기 위해 힘썼다. 그는 지방을 주, 군, 현으로 체계적으로 정비하고 국호를 신라로 확정했으며 왕호를 중국식으로 바꾸어 신라의 국가 정체성을 강화했다. 또한 그는 우산국을 복속시켜 영토를 확장함으로써 신라의 지정학적 영향력을 넓혔다. 이는 신라가 강력한 중앙집권 국가로 성장하는 중요한 발판이 되었다.

지증왕은 신라의 경제 및 사회 개혁을 통해 국가의 기반을 확립하는 데 중요한 역할을 했다. 그는 농업 발전을 우선 과제로 삼아 소를 이용한 밭갈이를 장려하고 수리 사업을 통해 농업 생산성을 크게 향상시켰다. 또한 동시전이라는 시장 감독 관청을 설치하여 경제 활동의 안정을 도모했다. 이와 함께 순장 풍습을 금지하여 노동력을 확보하려는 개혁을 단행했는데, 이는 인권 존중의 관점에서도 높이 평가받을 만한 조치였다. 이러한 개혁들은 신라의 사회·경제적 기반을 강화하고, 국가 통치 역량을 한층 더 높이는 데 기여했다.

법흥왕(재위 514-540)은 군사와 행정에서 중요한 개혁을 단행했다. 그는 병부를 설치하여 군권을 장악하고 상대등을 두어 재상으로서 국정을 총괄하게 했다. 또한 관리들의 서열을 17등급으로 나누고 복색으로 구분하는 등 통치 체제를 정비했다. 법흥왕은 율령을 공포하고 건원(建元)이라는 독자적인 연호를 사용하여 국가의 위상을 높였다. 이러한 개혁은 신라의 행정 체계를 체계화하고 왕권을 강화하는 데 큰 역할을 했다.

법흥왕 통치 시기에 불교가 공식적으로 받아들여지면서 신라는 새

이차돈 순교비

817년에 이차돈을 기리기 위해 세워진 것으로 추정되는 비석이다. 이차돈은 신라 법흥왕 때 불교 공인을 위해 순교한 인물이다.

로운 사상과 문화적 변화를 경험하게 되었다. 불교가 고구려를 통해 민간에 퍼져 있었지만 당시 신라인들의 고유 민간 신앙이 여전히 우세했다. 특히 귀족 세력은 민간 신앙을 신봉했으나 법흥왕은 이차돈의 순교와 '우윳빛 피'라는 이미지 조작을 통해 불교를 공인하면서 왕권을 강화했다. 이는 신라가 새로운 사상과 문화를 수용하면서 겪은 갈등과 변화를 드러낸다. 법흥왕은 또한 김해의 금관가야를 정복하여 낙동강 하류 지역으로 영토를 확장했는데 이는 신라의 영향력을 확대하는 데 크게 기여했다.

진흥왕(재위 540-576)은 신라의 발전을 위해 다방면에서 노력했다. 그는 특히 화랑도를 조직화하여 청소년을 국가의 미래 지도자로 육성할 기반을 마련했으며 이를 통해 신라는 장기적인 번영을 위한 체계를 갖추었다. 진흥왕은 한강 상류와 하류를 장악하며 군사적으로 백제와의 동맹을 깨고 중국과의 교류로 나아갈 교통로를 확보했다. 또한 동해안에서 함경도까지 영토를 확장하고 대가야를 정복하여 낙동강 서쪽까지 신라의 영향력을 넓혔다. 이러한 영토 확장은 신라가 백제와 고구려를 병합하고 한반도의 최종 승자로 자리매김하는 발판이 되었다. 그러나 백제와의 동맹 파기는 도덕적으로 비판받을 여지가 있으며 이는 당시

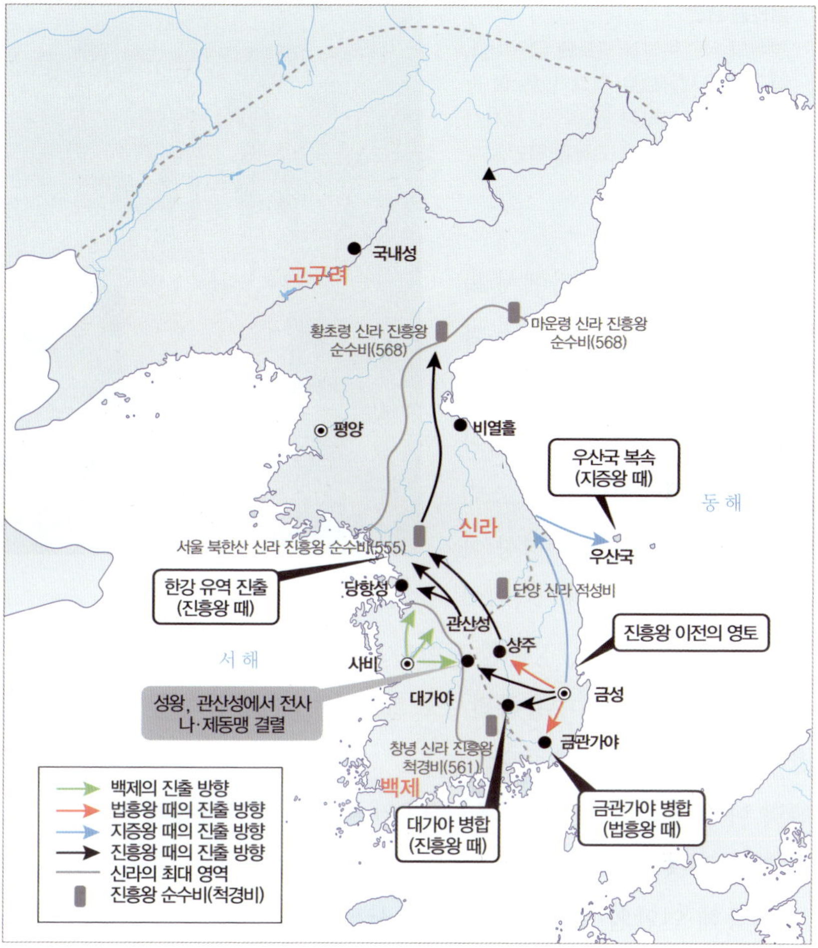

신라의 영토 확장

신라는 지증왕, 법흥왕, 진흥왕 시기에 우산국을 복속하고 금관가야와 대가야를 병합했을 뿐만 아니라 한강 유역까지 진출했다. 진흥왕 순수비가 세워진 지역을 통해 신라의 영토 확장을 확인할 수 있다.

의 상황과 현대의 가치관을 고려해야 할 필요성을 상기시킨다.

신라는 정치적 확장뿐만 아니라 문화적 융합과 발전에서도 중요한 성과를 이뤄 냈다. 외부에서 수용된 미술, 건축, 공예, 음악 등의 다양

금관총 금관

경주의 금관총에서 출토된 금관이다. 정교한 금세공으로 제작되었으며 중앙아시아 스키타이 금관과의 유사성을 통해 당시의 문화 교류를 확인할 수 있다.

한 문화 요소들은 신라에서 독창적으로 변용되며 한국 문화의 풍부함과 다양성을 증진시켰다. 신라의 금관은 북아시아적 요소를 반영하며 이는 스키타이-시베리아 문화의 영향 아래 새의 날개 모양이나 서역의 괴수 '그리핀' 같은 상징들을 포함하고 있다. 이러한 디자인은 신라가 다양한 외부 문화를 수용하면서도 그 안에서 자신만의 문화적 정체성을 만들어 갔음을 보여 준다.

더 나아가 신라에서 출토된 유리 제품은 중앙아시아와 서아시아에서 제작된 것으로 추정되며 황남대총에서 발견된 봉수형 유리병은 동부 지중해 연안의 로만 글라스와 유사성을 보인다. 이는 신라가 국제적 교류 속에서 성장했음을 보여 주며 무역과 문화적 상호작용이 신라의 발전에 중요한 역할을 했음을 시사한다. 신라는 이러한 문화적 융합을 통해 외래 문화를 자신의 것으로 변용하며, 독특한 신라 문화를 발전시켰다.

신라의 무덤은 이러한 국제적 문화 교류의 흔적을 보여 주는 중요한 유적으로 남아 있다. 돌무지덧널무덤이라는 독특한 구조는 도굴이 어려워 부장품이 원형에 가까운 상태로 보존되는 경우가 많다. 이 무덤들에서 발견된 부장품들은 신라가 국제적 교류 속에서 어떤 위치에 있었는지를 알려 주는 귀중한 자료이다. 신라는 단순히 외래 문화를 받아들인 것이 아니라, 이를 자신들의 맥락에 맞게 재해석하고 발전시켰다. 신라의 문화, 예술, 기술은 외래 문명과의 상호작용 속에서 독창적인 신라 문화로 승화되었다.

4 가야 연맹이 철기 문화를 바탕으로 성장하다

가야는 낙동강 하류 지역에서 변한 12국에 속하는 여러 소국들이 철기 문화를 중심으로 발전하며 형성된 연맹체였다. 이 지역에는 경남 김해의 금관가야(구야국 혹은 본가야), 함안의 아라가야(안라국), 고성의 소가야(고자국), 고령의 대가야(반로국), 성주의 성산가야 등 여러 공동체가 존재했다.

가야의 건국 신화는 9인의 촌장이 김해의 구지봉에서 하늘에서 내려온 6개의 황금알을 받고 그중에서 가장 먼저 태어난 김수로를 왕으로 추대하며 다른 5명은 각각 5개의 가야를 통치하게 된 이야기로 전해진다. 이 신화의 역사성을 뒷받침하는 증거로, 최근 김해 구지봉 주변에서 발견된 제사 유적지가 주목받고 있다. 이 신화는 새로운 이주 집단과 토착 세력이 결합하여 가야 연맹이 형성되었음을 상징적으로 보여 준다.

가야에 대한 역사적 기록은 상당히 제한적이다. 《삼국사기》에는 가야를 직접 다룬 기록이 거의 없고 가야 스스로 남긴 문헌도 발견되지 않아 그 실체를 파악하는 데 제약이 있었다. 그러나 최근 김해 대성동 고분군에서 1세기 후반에서 5세기 중엽까지의 유물이 발굴되었고, 함안 말이산 고분군에서 출토된 대형 무덤들은 아라가야의 정치적 위상을 드러내는 중요한 고고학적 증거가 되었다. 이러한 발견들은 가야의 성장 과정과 경제적 번영을 이해하는 데 중요한 단서를 제공하며, 가야사 연구를 문헌에서 고고학적 증거로 확장할 수 있는 계기를 마련해 주었다.

가야가 위치한 지역은 풍부한 철 자원을 생산할 수 있는 지리적 이점을 지니고 있었다. 특히 경남 창원의 다호리 유적에서 발견된 제철 유물들은 가야의 우수한 제철 기술을 입증하며 이러한 자원을 바탕으로 대규모 선단을 구성하여 해상 교역을 주도했다. 가야는 철을 낙랑군과 일본에 수출함으로써 경제적 번영을 이루었으며 이러한 교역은 가야의 국제적 영향력을 확대하는 데 중대한 역할을 했다. 이는 가야가 단순한 소국 연합체를 넘어 국제 교류의 주도자로 자리 잡았음을 보여 준다.

가야의 여러 작은 국가들은 김해의 금관가야를 중심으로 연맹을 형성했다. 이 연맹은 일본과의 정치적·경제적 관계를 통해 신라에 대한 견제력을 강화하며, 전기 가야 연맹으로 알려졌다. 김해 양동리 고분군에서 발견된 대형 무덤들은 이 시기 금관가야의 권력 구조가 얼마나 강력했는지를 증명하는 중요한 증거로 해석된다. 금관가야의 주도권은 4세기 전반까지 유지되었으나 고구려 광개토왕이 한반도 남부로 출정하고 가야 소국 일부가 반란을 일으키면서 연맹의 권력 구도에 변화가 발생했다. 이 변화는 금관가야에서 고령 지역의 대가야로 주도권이 이동하면서 더욱 분명해졌다.

대가야를 중심으로 한 후기 가야 연맹은 소백산맥 서쪽까지 영토를 확장하며 중국과 활발한 교류를 유지했다. 또한 백제와 신라와 대등하게 세력을 다투며 한반도 남부에서 중요한 역할을 수행했다. 고령 지산동 고분군에서 발굴된 대형 무덤은 5-6세기 대가야의 번영을 보여

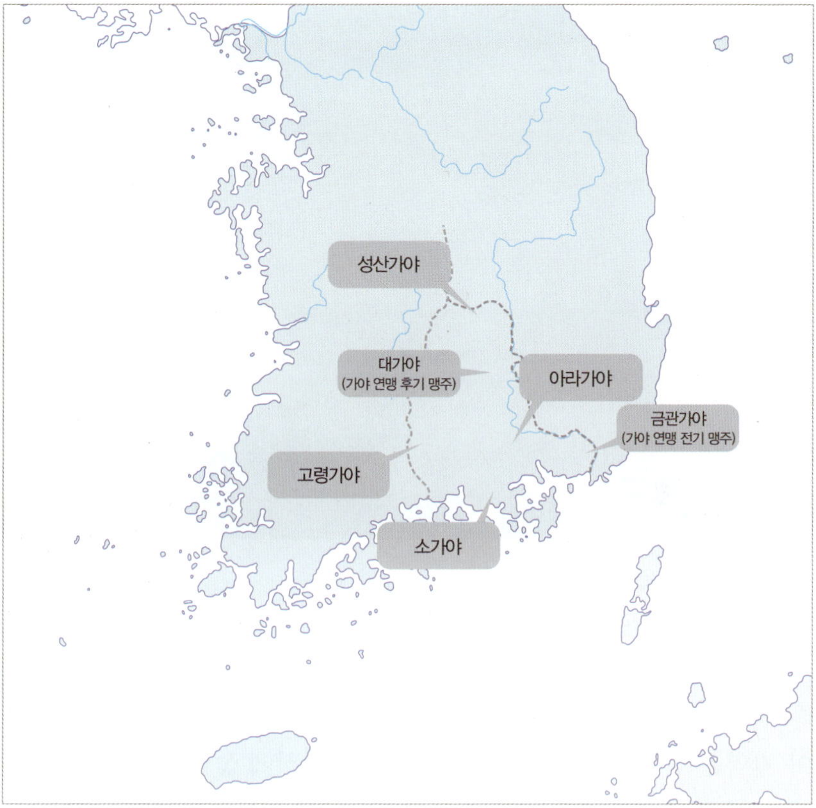

가야 연맹의 주요 지역
금관가야와 대가야를 중심으로 한 가야 연맹 지역은 외부와 활발히 교류했던 사실을 알 수 있다. 고령가야의 위치뿐만 아니라 가야에 대해서는 학계에서 논란이 계속되고 있다.

주는 중요한 증거이다. 대가야의 주산성에서는 방어 시설과 생활 유적이 발굴되어 당시 대가야의 발전상을 확인할 수 있게 한다. 이러한 유적들은 가야 연맹의 정치적 역동성과 적응력을 잘 보여 준다.

그러나 백제가 낙동강 유역으로 진출하자 대가야는 위기를 느끼고 신라와의 관계 개선을 모색했다. 신라와의 결혼 동맹을 통해 정치적 안정을 꾀하려 했으나 신라가 낙동강 유역의 여러 성을 차지하면서 가

김해 양동리 고분군
김해 양동리 고분군의 전경이다. 이 고분군은 낙동강 하류 지역에 있던 금관가야의 성장과 국가적 성격을 밝혀 주는 중요한 유적이다.

야 지역은 신라와 백제 간의 세력 다툼의 중심에 놓이게 되었다. 이러한 외부의 압력과 가야 소국들 간의 내부 갈등은 가야 연맹 전체에 치명적인 타격을 주었다. 금관가야는 신라 법흥왕에 의해 멸망했으며 대가야는 이후에도 저항을 이어 갔으나 신라 진흥왕에 의해 최종적으로 멸망했다.

함안 성산산성에서 발견된 6세기 중반의 전투 흔적은 가야의 저항을 상징하는 중요한 고고학적 증거로 평가된다. 최근 학계에서는 가야 연맹이라는 개념에 대해 재검토가 이루어지고 있으며, 가야의 여러 정치체들이 단일한 연맹을 유지했다기보다는 시기와 상황에 따라 느슨한 협력 관계를 유지했을 가능성이 제기되고 있다. 이는 가야 연맹의 다변성과 정치적 역동성을 재조명하는 데 중요한 역할을 한다.

고령 지산동 32호분 금동관
고령 지산동 32호분에서 출토된 금동관이다. 정교한 금속공예 기술을 엿볼 수 있는 화려한 장식이 특징이며 가야의 정치적 위상과 당대 문화적 교류를 보여 준다.

이후 가야인들의 신라 편입은 단순한 정복이 아니라 문화적 융합의 과정이었다. 가야인들은 신라에 흡수되어 신라의 고구려·백제 통합 과정과 이후 문화 발전에 중요한 역할을 했다. 특히 금관가야 왕실 후예인 김유신과 대가야 출신의 음악가 우륵의 활약은 눈에 띈다. 경주 월성에서 발견된 가야계 유물들은 가야 문화가 신라에 미친 영향을 보여 주는 중요한 증거로, 가야의 예술과 문화가 신라의 발전에 어떻게 기여했는지에 대한 단서를 제공한다. 가야의 문화적 유산은 단순한 역사적 사실을 넘어 오늘날까지도 그 영향력을 발휘하며, 한국 전통 문화 형성에 중요한 기여를 했다.

한민족 공동체의 형성 과정 4

1 신라가 고구려와 백제를 통합하고 당과의 전쟁에서 승리하다

신라가 고구려와 백제를 통합하고 당을 물리친 사건은 한국 역사에서 깊은 의미를 지닌다. 우리는 이 과정을 삼국 통일이라고 부르지만 그 용어에는 다소 오해의 소지가 있다. 통일이라는 말은 하나였던 것이 분리된 뒤 다시 하나로 돌아오는 것을 의미하는데 실제로는 당시 한반도와 주변 지역에 여러 국가들이 존재했다.

고구려, 백제, 신라, 그리고 가야는 각각의 정체성과 정치 체제를 유지하며 경쟁하는 상황에 있었다. 따라서 신라가 이들 국가들을 차례로 정복하고 통합한 것을 통일이라기보다는 통합이라 부르는 것이 더 정확한 표현일 것이다. 이 용어는 당시의 복잡한 정복 과정을 더 정확하게 설명하며 과거를 보는 시각을 보다 명확히 하는 데 도움을 준다.

고구려가 수(隋)와 당(唐)의 연이은 침략에 맞서 저항하던 시기로 잠시 돌아가 보자. 수는 남북조시대의 혼란을 종식하고 중국 지역을 통일하면서 그 힘을 고구려로 향했다. 수문제는 고구려를 침공했으나 그 시

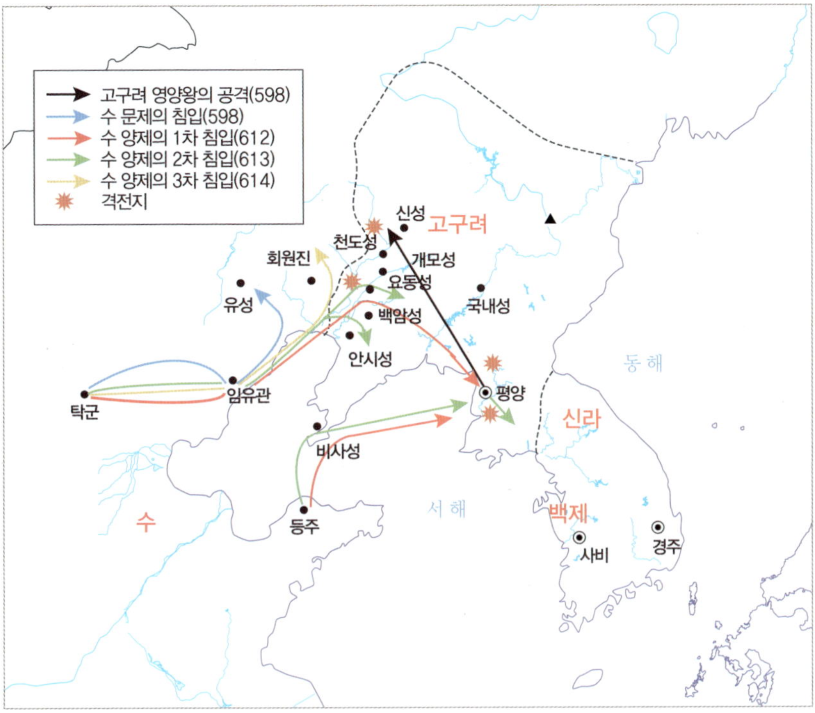

고구려와 수의 전쟁
수의 침략에 맞서 고구려가 저항한 격전지를 알 수 있다. 을지문덕이 대승을 거둔 살수대첩을 표기하지 않는 이유는 살수의 위치에 대한 논쟁이 있기 때문이다.

도는 실패로 돌아갔다. 수양제는 더욱 야심 차게 대군을 동원해 고구려를 다시 공격했다. 무려 113만 명의 대군이 고구려를 향했지만 고구려의 장군 을지문덕은 이 침공을 성공적으로 막아 냈다. 살수에서 벌어진 이 전투는 수군의 대패로 끝났으며 을지문덕의 지휘력이 빛난 승리로 기록되었다. 이는 단순히 군사적 승리가 아니라 고구려가 강력한 제국을 상대로도 굴하지 않았다는 상징적 의미를 지닌 사건이었다.

이러한 패배와 과도한 전쟁 비용, 그리고 대운하 건설에 따른 민중의 불만이 겹치면서 수는 결국 멸망의 길을 걷게 된다. 그러나 당은 곧 수를 계승하며 고구려 정복의 꿈을 이어 갔다. 고구려의 영류왕(재위 618-642)은 당과의 외교 관계를 유지하면서도 천리장성을 쌓아 방어를 강화했다. 이 와중에 연개소문이 쿠데타를 일으켜 보장왕(재위 642-668)을 옹립하며 고구려의 실권을 장악하게 되었고 당태종은 이를 구실 삼아 대군을 이끌고 고구려를 공격했다. 비록 여러 성이 당군에게 함락되었으나 고구려는 안시성전투에서 당의 공격을 물리치며 그들의 야망을 꺾었다. 고구려는 수와 당의 침공을 연이어 막아 냈지만 장기적인 전쟁으로 국력이 크게 소모되었다.

그 무렵 백제는 신라와 한반도 남부의 패권을 두고 끊임없는 충돌을 벌이고 있었다. 백제의 의자왕(재위 641-660)은 신라에 대해 공세를 강화했고 그 결과 대야성(합천)을 포함한 신라의 주요 성들이 백제의 수중에 떨어졌다. 나아가 의자왕은 당항성(화성)을 공격해 신라의 외교적 교류를 차단하려 했고 이로 인해 신라는 큰 위기에 봉착했다.

이 위기 속에서 김춘추는 신라의 외교적 상황을 재정비해야 했다. 그는 고구려에 도움을 청했지만 연개소문은 협상을 거부하고 신라가 차지한 고구려의 옛 영토 반환을 요구했다. 결국 김춘추는 당으로 직접 가서 구원을 요청했고 나당 동맹이 성립되었다. 이 동맹은 신라가 그 이후 역사에서 결정적인 승리를 거두는 계기가 되었으며 신라의 외교 전략이 얼마나 민첩하고 유연했는지를 보여 준다.

백제의 의자왕은 처음에는 성군으로 평가받으며 백제의 번영을 이끌었지만 시간이 지나면서 충신들을 숙청하고 방탕한 생활을 했다는 기록이 전해지고 있다. 이러한 기록들은 신라가 승리한 이후 작성된 것이 대부분이기 때문에 이를 보다 객관적으로 검토할 필요가 있다. 특히 이 같은 해석이 어떤 목적을 가지고 작성되었는지에 대한 비판적

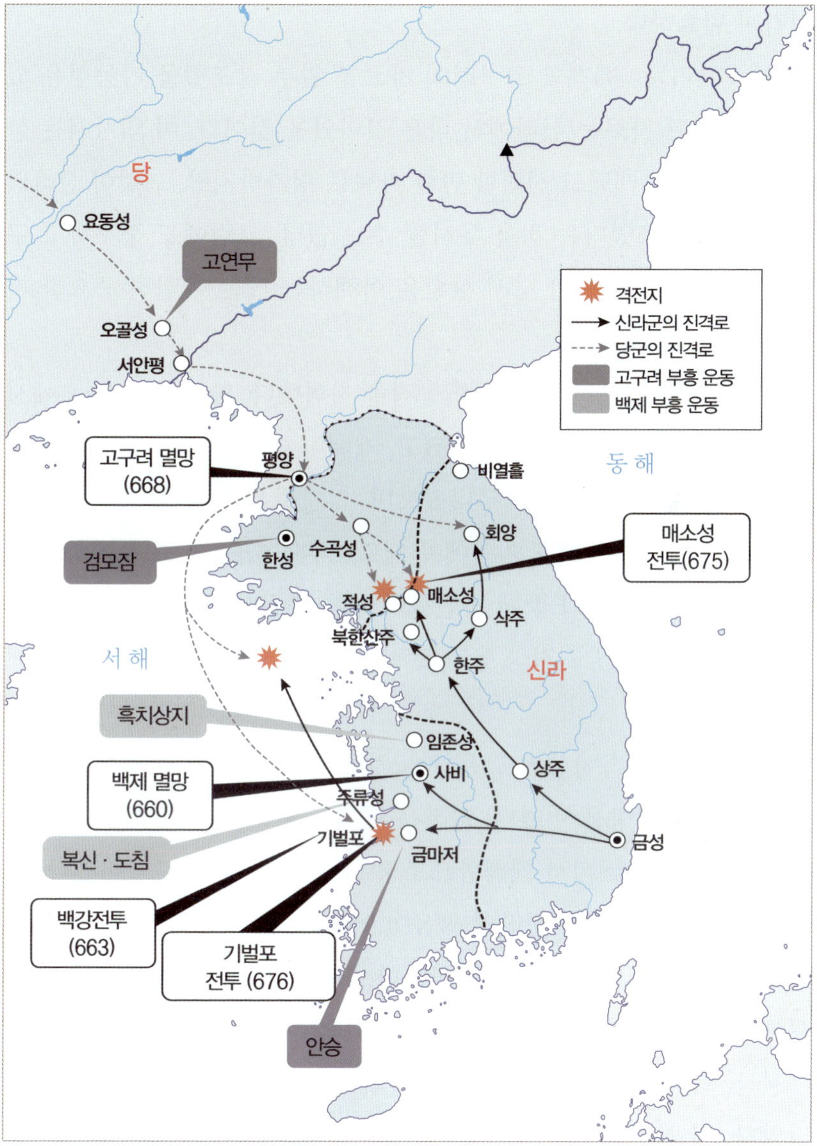

백제·고구려 멸망과 부흥 운동, 나당전쟁

신라가 당과 연합하여 백제와 고구려를 멸망시키고, 이후 당과 대립하며 전투를 벌인 상황을 볼 수 있다. 백제와 고구려의 부흥 운동, 매소성·기벌포전투 등 나당전쟁의 주요 전투가 표시되어 있다.

시각이 필요하다.

《삼국사기》는 백제와 고구려의 자료를 일부 참조했을 가능성은 있으나 그 주된 자료는 신라에서 나온 것이었을 것이다. 이 역사서는 한국에서 가장 오래되고 신뢰할 만한 자료로 평가받지만, 그것이 신라의 승리 이후에 쓰였다는 점을 무시할 수는 없다. 그럼에도 불구하고 구체적인 반증이 없는 한 당시 상황을 이해하는 데는 여전히 중요한 자료로 남아 있다

신라의 김유신은 백제에 대한 공격을 지휘했다. 황산벌(논산)전투에서 신라군과 백제군은 치열하게 싸웠고, 계백이 이끄는 결사대가 끝내 패배했다. 이로 인해 백제는 무너졌으며, 의자왕은 당에 포로로 끌려가게 되었다(660). 당은 백제 지역에 백제도호부와 5도독부를 설치하며 직접 통치를 시도했으나 백제 유민들의 부흥 운동이 계속되자 대부분의 도독부는 철회되었고 결국 웅진도독부만 남겨 두는 상황에 이르게 되었다.

복신과 도침, 흑치상지 같은 지도자들이 이끄는 백제 부흥 운동은 일본까지 그 영향을 미쳤다. 일본은 백제를 돕기 위해 군대를 파견했지만 백강전투(663)에서 패배함으로써 그 노력은 수포로 돌아갔다. 이 전투는 단순한 백제와 신라의 싸움이 아니라, 당시 동북아시아의 복잡한 국제 관계를 반영하는 사건이었다. 그러나 한일 관계의 민감성 때문에 이 사건은 역사적으로 충분히 주목받지 못하고 있다.

결국, 백제 부흥 운동은 내부 분열과 권력 다툼으로 인해 실패하고 말았다. 이 사건은 외부 위협 속에서 내부의 분열이 얼마나 치명적인 영향을 미칠 수 있는지를 잘 보여 준다. 이는 과거의 사건에 국한되지 않고 국가의 존망에 대한 중요한 교훈을 제공하는 역사적 사건으로 남아 있다.

백제가 멸망한 이후 당은 곧바로 고구려 정복을 목표로 삼았다. 신라는 당의 강력한 요구에 따라 전쟁에 뛰어들 수밖에 없었다. 전하는 바에 따르면 당태종은 생전에 고구려와의 전쟁을 피하라는 유언을 남겼다고 한다. 그러나 당의 후계자들은 이 유언을 따르지 않고 고구려 정복을 위한 야망을 이어 갔다.

연개소문의 사망 이후 그의 아들들 간에 벌어진 권력 투쟁은 고구려 내부의 심각한 균열을 야기하며 국가의 결속을 크게 약화시켰다. 이러한 상황은 당에 절호의 기회를 제공했다. 장남 연남생은 형제들과의 갈등 끝에 당으로 투항하며 고구려의 주요 군사 정보를 넘겼다. 이 정보는 나당 연합군이 대규모 공세를 감행하는 데 중요한 역할을 했다. 결과적으로 평양성이 함락되었고 보장왕은 포로가 되었다(668). 이 사건도 내부의 분열이 외부의 침략보다 국가의 존속에 얼마나 치명적인 영향을 미칠 수 있는지를 다시 한번 일깨워 준다.

당은 평양성에 안동도호부를 설치해 고구려 지역을 직접 통치하기 시작했다. 평양성의 함락 후에도 고구려의 저항은 끝나지 않았다. 고구려 부흥 운동은 여러 지역에서 활발하게 일어났고, 한성(재령)에서는 검모잠이 보장왕의 조카인 안승을 새로운 왕으로 세우며 저항의 불씨를 이어 갔다. 요동 지역에서도 고연무가 부흥군을 이끌며 당에 맞서 싸웠다. 이들 부흥군의 저항은 당에게 큰 위협이 되었다.

당은 이러한 저항을 잠재우기 위해 보장왕을 요동 도독으로 임명했지만, 부흥 운동은 당의 지속적인 공세와 내부 분열로 인해 점차 약화되었다. 검모잠의 죽음과 안승의 신라 망명은 고구려 부흥 운동의 종말을 가져왔으며, 고구려의 마지막 저항도 사라졌다.

이후 당은 한반도에 대한 통제력을 더욱 강화하기 시작했다. 신라에 계림대도독부를 설치하고, 신라의 문무왕(재위 661-681)을 계림주대도독으로 임명하며 신라를 간접적으로 통제하려 했다. 특히 당은 의자왕의 아들인 부여융을 웅진도독으로 임명한 뒤 문무왕에게 부여융과 회맹할 것을 요구하면서 신라에게 굴욕감을 주었다. 이는 신라에게 큰 압박이 되었으며 당의 이러한 행보는 한반도 전체를 자신의 영토로 삼으려는 야심을 명확히 드러낸 것이었다. 이러한 상황에서 신라는 당과의 불가피한 충돌을 피할 수 없었고 결국 나당전쟁이 벌어지게 되었다.

당의 군사력은 매우 강력했지만 신라는 그에 맞서 지리적 이점과 뛰어난 전략을 활용했다. 매소성(양주)전투와 기벌포(금강 하구)전투는 나당전쟁의 전환점이 되었다. 이 두 전투에서 신라는 당군을 격파하며 전쟁의 흐름을 자신들에게 유리하게 돌릴 수 있었다. 이 승리는 신라가 당의 압박을 극복하고 자주성을 지킬 수 있었음을 보여 주는 중요한 순간이었다. 신라가 당의 위협을 물리치고 독립을 유지할 수 있었던 배경에는 문무왕의 탁월한 지도력과 더불어 내부적인 단결이 큰 역할을 했다. 신라는 백제와 고구려의 유민들까지 포용하여 내부 결속을 강화했고, 이 결속을 바탕으로 외부의 압력에 효과적으로 맞설 수 있었다.

또한 당시 국제 정세의 변화도 신라에 유리하게 작용했다. 토번(티베트)이 실크로드를 공격하자 당의 전략적 우선순위는 신라에서 실크로드 방어로 바뀌었다. 이로 인해 당은 신라를 병합하려던 계획을 포기할 수밖에 없었고 신라와 합의하여 백제와 고구려의 일부 지역에 대한 신라의 지배를 인정했다.

이로써 신라는 대동강에서 원산만에 이르는 넓은 영토를 확보하며, 한반도 상당 부분을 통합한 최초의 국가로 자리매김했다. 이러한 영토 확장은 단순한 정치적 승리가 아니었다. 신라는 한반도를 통합하는 과정에서 정치적·문화적 일체성을 확립하며 새로운 질서를 구축하는 데 성공했다. 이를 통해 신라는 한국사의 주도적인 흐름을 형성해 나갔다.

신라의 이러한 성과는 이후 한민족 공동체의 형성과 발전에 중요한 디딤돌이 되었다. 삼국의 전통과 문화를 융합하면서 신라는 하나의 국가로서 확고한 정체성을 확립했으며 이는 고려와 조선으로 이어지는 한국사의 기틀을 마련했다. 이러한 통합은 단순히 영토적 의미를 넘어 한국사에서 민족적 정체성과 공동체 의식을 강화하는 데 결정적인 역할을 했다.

2 다양한 종족을 포용하며 한민족 공동체를 이루다

한민족의 형성을 논하기에 앞서 '민족'이라는 단어의 근본적인 의미를 다시 한번 살펴볼 필요가 있다. 일상에서 자주 사용되는 이 용어는 언뜻 보기에는 단순하지만 조금만 더 깊이 들여다보면 수많은 해석의 여지를 내포하고 있음을 알 수 있다. 민족이라는 개념은 역사의 흐름 속에서 끊임없이 재해석되었으며 이를 다루는 다양한 학설들이 존재한다. 여기서는 그중 3가지 주된 관점을 고찰하고자 한다.

첫 번째는 원초론적 관점이다. 이 이론에 따르면 민족은 국가 형성 이전부터 존재하며 공유된 역사와 사회적 유대에 기초하고 있다고 한다. 이러한 관점은 한국, 일본과 같은 민족주의적 전통을 가진 나라들에서 큰 지지를 받았다. 하지만 현생 인류의 기원을 고려해 보면 모든 사람은 동일한 호모 사피엔스에서 비롯되었고 이들이 전 세계로 퍼져나갔다는 사실을 무시할 수 없다. 따라서 특정 지역에서 원초적으로 존재했다는 주장은 사실에 어긋날 수 있다. 특히, 한국 사회에서 널리 받아들여진 이 원초론적 관점은 때때로 파시스트들에 의해 이용되었으며 그 위험성을 결코 간과해서는 안 된다.

두 번째는 도구론적 관점이다. 이 주관주의적 이론은 민족이 고정된 실체가 아니라 변화하는 사회적·문화적 맥락 속에서 재구성되는 개념이라고 본다. 이 관점은 주로 영미 학계에서 발전했으며, 특히 베네딕트 앤더슨(Benedict Richard O'Gorman Anderson)은 《상상의 공동체》에서 민족이 근대의 특수한 사회적 조건에서 구성원의 상상에 의해 만들어졌다고 주장했다. 그의 이론은 근대 이후의 한민족 개념 논의에도 영향을 미쳤다. 그러나 오랜 역사와 전통을 지닌 민족을 설명하는 데 한계가 있다. 한국의 경우 오랜 기간 유지된 공동체 의식은 단순히 상상만으로 형성된 것이 아니다.

세 번째는 역사주의론적 관점이다. 이 이론은 원초론과 도구론을 종합한 접근법으로, 앤서니 스미스(Anthony David Stephen Smith)가 《세계화 시대의 민족과 민족주의》에서 상세히 설명하고 있다. 스미스는 민족을 단순히 영토나 법적 구분에 머무르지 않고 공통의 역사적 기억과 문화적 정체성을 공유하는 집단으로 재정의했다. 공유된 신화, 역사, 그리고 경제적 연대가 이 민족적 정체성의 기초를 이룬다. 이 접근법은 한국의 상황을 이해하는 데 있어 훨씬 적합한 틀을 제공한다. 한민족의 형성 과정은 역사적 연속성과 시대에 따른 변화의 흐름을 모두 고려해야만 온전히 이해할 수 있다.

신라가 한반도의 상당 부분을 통합한 시기는 한민족의 정체성 형성에 있어 중요한 이정표로 볼 수 있다. 김부식이 저술한 《삼국사기》는 이 시기를 기록한 중요한 사료 중 하나다. 김부식은 사마천이 저술한 《사기》의 구성 방식을 빌려 고구려, 백제, 신라 각각에 대한 본기를 편찬하고 신라가 백제와 고구려를 통합하는 과정을 긍정적으로 서술했다.

그러나 19세기에서 20세기에 걸친 시기의 유명한 한국 역사가이자 독립운동가인 신채호는 〈독사신론〉에서 신라가 외세, 즉 당의 세력을 끌어들여 신라의 주체성이 훼손되었다고 비판적으로 평가했다. 신채호의 비판은 김부식의 《삼국사기》 해석을 비판하며 그에 대한 재해석의 필요성을 제기한 것으로 볼 수 있다. 나는 김부식의 견해와는 다른 입장을 가지고 있지만 신채호의 해석에도 동의하지는 않는다.

현재 한국인들은 남북국시대라는 관점에 귀를 기울이고 있다. 이 새로운 관점에 따르면, 신라의 통합이 완전하지 않았고 고구려 지역에 발해라는 국가가 성립되었기 때문에 분단된 시대로 해석되어야 한다. 발해가 고구려의 유민들에 의해 설립되었다는 점을 강조하는 이 견해는 발해를 한국사의 일부로 포함하려는 시도로 오늘날까지 이어지고 있다. 이러한 시각은 발해를 단순히 중국 동북 지역의 한 국가로 보는 관점과 대조되며 한국사 내에서 발해의 위치를 강조하려는 노력이 반영된 것이다.

조선 후기 유득공이 저술한 《발해고》는 발해를 한국사에 포함시키는 데 중요한 기여를 했다. 그러나 《발해고》는 제한된 자료에 의존했기 때문에 발해의 실체를 완전히 밝히기에는 한계가 있었다. 이는 현대에도 발해에 대한 연구가 보다 구체적이고 체계적인 자료 확보를 통해 보완되어야 함을 시사한다. 다양한 해석들은 발해와 신라의 관계뿐만 아니라, 한민족 형성 과정이 단순하지 않음을 일깨워 주며, 역사를 바라보는 관점의 다양성을 보여 준다.

신라가 한반도의 상당 부분을 통합한 후, 백제와 고구려의 유민들을 하나로 묶는 정책이 어떻게 작동했는지에 대한 더 깊은 이해가 필요하다. 그 당시 '한민족'이라는 용어는 사용되지 않았을지라도 공동체 의식이 싹트기 시작했을 것이다. 신라는 백제와 고구려 유민들을 포용하

경주 감은사지 동·서 삼층석탑
신라 문무왕이 계획하고 그의 아들 신문왕이 완성한 사찰터인 경주 감은사지의 동·서 삼층석탑이다. 감은사 금당 아래에는 문무왕이 드나들 수 있는 통로가 있었다는 이야기가 전해진다.

는 정책을 통해 통합을 도모했으며 이 과정에서 새로운 사회적·문화적 기반을 마련했다.

특히 신라와 당의 전쟁은 이러한 공동체 의식 형성에 중요한 계기가 되었다. 신라는 백제와 고구려의 부흥을 꾀하던 세력들과 연합하여 당의 군대에 맞섰고 결국 대승을 거두었다. 이 승리는 단순한 군사적 승리 이상의 의미를 지니며 신라, 고구려, 백제 사람들 간의 결속을 강화하는 데 기여했다.

신라는 백제인과 고구려인들을 하나로 통합하기 위해 차별을 최소화하려 노력했다. 비록 완전히 차별이 없었다고는 할 수 없지만 당시 기록들을 보면 그러한 차별은 노골적이지 않았음을 알 수 있다. 신라의 정책은 백제와 고구려의 상류층을 신라 귀족으로 받아들이는 방식으로 통합을 원활하게 이루어 갔다. 만약 신라가 백제와 고구려의 유민들을 심하게 차별하거나 배척했다면 공동체 의식을 조성하는 데 어려움을 겪었을 것이다.

또한 신라는 물리적 통합뿐만 아니라 문화적·심리적 결속을 위해 전설과 신화를 활용했다. 문무왕을 신격화한 대왕암과 만파식적, 감은사의 창건과 같은 이야기들은 정체성을 강화하는 역할을 했다. 이러한 이야기들은 신라가 단순히 정치적 통일을 넘어 문화적 통합을 이루고자 했음을 보여 준다.

이는 왕 중심의 중앙집권적 통치 체제를 강화하기 위해 여러 지배 기구를 재조직하는 것과도 맞물려 있다. 신라는 왕권의 안정성을 확보하기 위해 행정과 군사 조직을 체계적으로 정비했으며, 집사부 장관인 시중의 역할을 강화하고 진골 귀족 세력의 영향력을 억제하려는 노력을 기울였다. 특히 6두품 세력을 왕의 조언자로 삼아 행정 실무를 맡김으로써 왕권을 공고히 했다.

신문왕(재위 681-692)은 국학을 설립해 관료들을 양성하고 녹읍제를 폐지해 진골 귀족의 경제적 기반을 약화시켰다. 또한 위화부를 포함한 중앙 행정 관서와 관직 체계를 재정비하고, 지방과 군사 조직을 효율적으로 개편했다. 이러한 개혁은 신라의 국가적 안정성과 효율성을 크게 높이며, 왕권 중심의 통치 체제를 확고히 하는 데 기여했다.

신라는 지방 행정 체계를 9주 5소경으로 개편하며 중앙에서 지방관을 파견하고 외사정을 통해 이들의 업무를 감찰함으로써 행정 체계의 효율성을 높였다. 지방에서는 촌주가 촌을 관리하고 향과 부곡과 같은 특수 행정 구역의 주민들에게 특정한 의무를 부여했다. 더불어 상수리 제도를 통해 지방 세력가들을 수도로 불러들여 지방 권력을 약화시

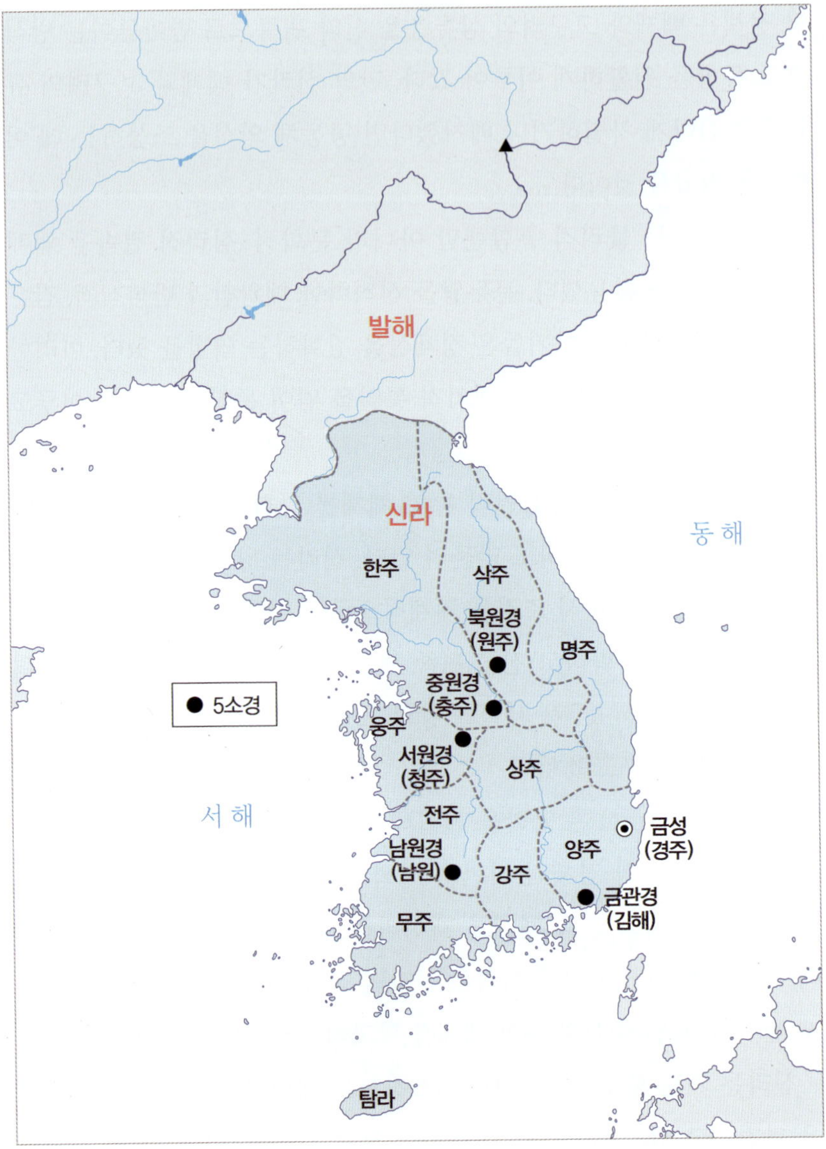

9주 5소경

신라가 지방 행정 체제를 정비하며 설정한 9주와 5소경의 위치이다. 각 지역이 중앙집권 체제를 강화하고 국토의 균형 발전을 도모하기 위해 배치되었음을 알 수 있다.

키고 중앙집권 체제를 강화했다. 이러한 개혁은 통치 구조의 효율성을 높였을 뿐 아니라, 중앙 정부의 권위를 확립하는 데 크게 기여했다.

9주 5소경 체제는 단순한 행정 개편을 넘어, 통합 국가의 정체성을 형성하는 데 중대한 역할을 했다. 신라는 고구려, 백제, 신라의 옛 영토에 각각 3개의 주를 두어 지역 간 균형을 유지하고 주(周)의 제도를 본떠 9주 체제를 확립하며 통합의 이상을 구현했다. 중앙의 문화를 지방에 전파함으로써 신라는 문화적 우위를 확립했으며 통합된 지역을 단일 행정 체제로 정비하는 데 성공했다.

군사 조직에서도 신라는 포용적인 접근을 택했다. 중앙 군사 조직인 9서당에 고구려계, 백제계, 말갈계 사람들까지 포함한 것은 주목할 만하다. 다양한 배경을 가진 사람들을 군대에 통합함으로써 신라는 단순히 군사력 강화뿐만 아니라 국가적 단결을 이루는 데에도 성공했다. 이러한 포용적 군사 정책은 신라가 종족 간 단결을 이루고 공동체 의식을 강화하는 데 중요한 역할을 했다.

한국의 역사에서 외국인들이 한민족으로 융합한 과정은 오늘날까지 중요한 교훈을 제공한다. 현재의 인구 감소 문제 속에서 한국은 이 시기의 교훈을 바탕으로 이주민들이 한민족의 일원이 될 수 있도록 포용적 사회를 구축해야 할 것이다. 이는 단순히 인구 문제를 해결하는 차원을 넘어서, 다양성과 포용성을 증진하는 길이며 이는 한국 사회뿐만 아니라 세계적으로 다문화 공존이 강조되는 시점에서 중요한 의미를 지닌다.

신라에서 고려로의 한반도 재구성

5

1 신라 말기의 혼란 속에서 호족 세력이 대두하다

8세기 후반, 신라는 정치적으로 매우 불안정한 시기에 접어들었다. 이 시기에는 권력의 중심에 있는 진골 귀족들이 왕위를 두고 격렬하게 경쟁하면서 왕권이 점차 약화되었다. 특히 진골 귀족 중 한 명인 김지정이 혜공왕(재위 765-780)을 살해하고 스스로 선덕왕(재위 780-785)으로 즉위한 사건은, 신라 사회의 기존 질서가 흔들리기 시작한 중대한 계기로 기록된다. 선덕왕이 왕위에 오른 이후, 왕위 다툼이 끊이지 않으며 정치적 혼란이 심화되었고, 150년 동안 20명 이상의 왕들이 교체되는 정국 불안이 이어졌다. 이러한 잦은 왕위 교체는 신라의 통치 체제에 심각한 균열을 초래했다.

왕권이 불안정해지면서 신라 말기에는 진골 귀족들의 정치적 주도권이 더욱 강화되었다. 이 시기에는 왕을 보좌하던 집사부 시중의 권한이 약화되었고 반면 상대등으로 불리던 진골 귀족들의 영향력이 크게 확대되었다. 이러한 중앙 정치의 혼란은 지방 통제력의 약화로 이

청해진
바다 안에 나무 말뚝을 박아 두른 청해진 방책의 유적이다. 청해진은 장보고가 해적을 소탕하고 해상 무역을 장악하기 위해 완도에 설치한 해상 군사 및 교역 거점이었다.

어졌고 각 지방의 유력 세력들이 왕위 쟁탈전에 본격적으로 개입하는 계기가 되었다.

예를 들어 웅주(공주) 도독이었던 김헌창은 아버지가 왕위를 이어받지 못한 것에 불만을 품고 반란을 일으켰지만 결국 목숨을 잃고 말았다. 한편 장보고는 완도에 청해진을 설치하고 해적들을 척결해 남해와 서해 지역의 해상 무역을 장악했으나 중앙의 권력 다툼에 휘말려 비극적인 최후를 맞이했다. 이러한 사건들은 신라 말기의 정치적 불안을 여실히 드러내며 중앙 정부의 국정 운영 능력이 서서히 무너져 가는 과정을 보여 준다.

신라 말기에는 정치적 혼란뿐 아니라 경제적 문제 역시 심각하게 대두되었다. 특히 토지 문제는 매우 심각했는데 진골 귀족들이 자신들의 권력을 이용하여 민중의 토지를 강제로 빼앗거나 약탈하여 자신들의 영지를 확대하는 일이 빈번해졌다. 사원들 역시 왕실이나 진골 귀족들로부터 대규모 토지를 기증받아 많은 땅을 차지했다. 이러한 상황은 국가 재정의 악화를 가져왔으며 중앙 정부는 민중에게 과도한 세금을 부과할 수밖에 없었다.

민중은 과중한 세금과 진골 귀족들의 압박이라는 이중고를 겪게 되었고 이는 신라 사회의 경제적·정치적 불안을 더욱 심화시키는 결과를 낳았다. 정치와 경제의 불안은 서로 얽혀 신라 말기의 사회 전반을 혼란에 빠뜨렸다.

경제적 어려움은 가뭄이나 홍수와 같은 자연재해로 인해 더욱 심각해졌다. 생계 기반이 붕괴되자 민중은 토지를 잃고 노비로 전락하거나 도둑질을 하며 극단적인 생존 수단에 의존할 수밖에 없었다. 이러한 사회적·경제적 위기는 기존 체제에 대한 불만을 증폭시키며 새로운 정치 세력의 등장 배경이 되었다.

9세기 말, 진성여왕(재위 887-897) 시기에는 원종과 애노의 봉기를 비롯해 전국 각지에서 민중 항쟁이 이어졌고 호족이라 불리는 새로운 세력들이 등장했다. 이 혼란 속에서 호족들은 자신들의 독립적인 권력을 확보하기 위한 기회를 적극적으로 모색했다. 넓은 토지를 소유하고 자체 군사력을 갖춘 호족들은 중앙 정부로부터 자립할 수 있는 기반을 마련하면서 신라의 중앙집권적 통치 체제 붕괴를 상징하는 존재가 되었다. 이는 단순한 권력 구조의 변화가 아닌, 사회 전체의 재편을 예고하는 중대한 징후였다.

호족으로 성장하는 경로는 매우 다양했다. 촌주와 같은 지역 지도자들, 지방으로 내려온 진골 귀족들, 지방 행정 관료, 해상 세력, 군사력을 갖춘 군진 세력, 그리고 초적(도적)까지 각기 다른 경로를 통해 호족이 될 수 있었다. 이들은 자신의 세력을 공고히 하기 위해 성을 쌓고 사병을 모집하여 군사력을 강화했다. 또한 자체적인 행정 조직을 구축하면서 성주나 장군이라는 칭호를 사용하며 독립적인 행동을 했다.

호족들은 당대 사회의 모순에 대해 불만을 품은 이들과 손을 잡고 새로운 사회질서를 구축하는 데 핵심적인 역할을 수행했다. 특히 6두품 계층과 연계하여 기존 사회 체계에 도전하며 새로운 정치적 질서를 형성하려 했다. 호족들의 활발한 활동은 신라 말기의 정치적·사회적 변화에 결정적인 영향을 미쳤으며, 한반도의 역사를 새로운 방향으로 이끌었다.

중앙 정부에 대한 저항이 고조되면서, 신라 말기에는 호족들과 민중 사이에서 2가지 주요 사상이 확산되기 시작했다. 첫째는 선종이라는 불교의 새로운 분파였고, 둘째는 풍수지리설이라는 자연과 인간의 조화를 중시하는 사상이었다. 이들 사상은 중앙 중심의 전통적 이념과 대조를 이루며 지방과 민중 중심의 새로운 사상적 기반을 제공했다. 호족 세력의 성장과 결합된 이 사상들은 신라 말기 사회 변동의 중요한 요소로 작용했다.

선종은 9세기 이후 신라에서 큰 인기를 끌기 시작했다. 신라에서 중심적인 역할을 했던 화엄종은 왕실과 진골 귀족들과 밀접한 관계를 맺고 있었기 때문에, 일반 민중과는 다소 거리가 있었다. 그러나 선종은 다른 방식을 채택했다. 중국에서 유학하고 돌아온 승려 도의가 선종을 전파하면서 이 종파는 특정 경전이나 교리에 얽매이지 않고 개인의 내면을 탐구하고 스스로 깨달음을 얻는 것을 강조했다. 선종에서 스승과 제자의 관계는 매우 중요했으며 스승은 제자가 스스로 진리를 깨달을 수 있도록 도왔다.

선종의 승려들은 지방에 여러 사찰을 세웠으며, 이 사찰들은 구산선문이라 불리며 지방의 호족 세력과도 연결되었다. 이러한 관계는 지방

〈한산 이씨 호장공 묘도〉

고려 시대 호장이자 한산 이씨 시조인 이윤경의 무덤을 묘사한 〈한산 이씨 호장공 묘도〉이다. 풍수지리설에서 무덤은 주변 지형과 기운이 조상의 안식과 후손의 번영에 영향을 미친다고 여겨 중요시된다.

호족들에게 종교적 정당성을 부여하는 동시에, 중앙 권력에 도전하는 새로운 종교적 기반을 제공했다. 이는 선종이 단순히 종교적 흐름을 넘어 신라 말기의 사회적·정치적 변화에 깊이 관여했음을 보여 준다.

풍수지리설 또한 선종과 함께 신라 말기에 널리 퍼진 사상이었다. 이 사상은 자연과 인간의 조화를 중시하며 지리적 위치가 인간의 운명에 큰 영향을 미친다고 여겼다. 풍수지리설은 도선에 의해 체계적으로 정리되었고, 이는 지방의 호족들이 자신들의 근거지를 명당으로 여겨 권력을 정당화하는 데 기여했다.

풍수지리설의 확산은 중앙 정부의 권위에 도전하는 중요한 계기가 되었으며, 호족들이 경주 중심의 기존 지리 개념에서 벗어나 그들의 영향력을 확장할 수 있게 했다. 풍수지리설은 단순한 지리 개념을 넘어, 지방의 정치적 중요성을 재인식하게 하는 계기가 되었다. 풍수지리설의 수용은 호족들에게 새로운 권위와 권력을 부여했고, 이는 신라 중앙 정부의 권위에 대한 도전으로 이어졌다.

풍수지리설은 신라 말기의 혼란과 사회적 불만 속에서 급속히 퍼졌으며 이는 중앙 정부가 정당성을 잃어 가는 과정과 맞물려 있었다. 이 사상은 지방 세력의 독립성과 자주성을 뒷받침하는 사상적 토대로서, 호족들이 독자적인 정치 권력을 확립하는 데 중요한 기여를 했다. 풍수지리설은 신라 말기의 정치적 변화와 사회적 혼란 속에서 새롭게 떠오른 사상이었다.

이후 풍수지리설은 단지 신라 말기의 정치적 변화에 그치지 않고, 한국 사회 전반에 걸쳐 지속적인 영향을 미쳤다. 사람들은 이 원칙에 따라 집의 위치나 묘지 선택, 주요 건축물의 배치 등을 결정했으며, 이는 국가 차원의 중요한 결정에도 영향을 미쳤다. 풍수지리설은 한국인의 세계관과 생활양식에 깊이 뿌리내렸으며, 한국의 독특한 문화적 정체성을 형성하는 데 중요한 요소가 되었다.

2 신라가 몰락하고 고려가 한반도 통일을 통해 새로운 질서를 구축하다

신라가 격동의 시기를 맞이하면서 한반도는 정치적 소용돌이에 휘말렸다. 민중의 봉기와 반란이 도처에서 일어났고 새로운 세력들이 등장하며 한반도는 새로운 정치적 전환점을 맞았다. 이때 후고구려(태봉, 고려)와 후백제 같은 신생 국가들이 등장하여 한반도 내에서 패권을 놓고 치열한 경쟁을 벌였다. 이러한 혼란은 신라의 중앙집권 체제가 무너지고 새로운 정치 질서가 형성되던 과도기의 상황을 반영한다.

이 시기에 견훤이 눈에 띄게 세력을 키워 갔다. 본래 신라 서남 해안을 담당하는 군사 지휘관이었던 그는 전라도 지역의 군사적 지원과 호족들의 지지를 바탕으로 무진주(광주)를 장악했다. 완산주(전주)를 도읍으로 삼아 후백제의 왕으로 스스로를 선포한 견훤은 국제적 인정을 받기 위해 오월과 후당에 사절단을 보냈다. 견훤의 급속한 세력 확장은 신라의 중앙집권 체제가 더 이상 효율적으로 작동하지 않음을 보여 주었고 지방 세력들이 강력하게 부상했음을 드러낸다.

견훤은 군사력으로 신라를 제압하려 했다. 그는 신라의 수도 경주를 공격하여 경애왕(재위 924-927)을 죽이고 경순왕(재위 927-935)을 옹립했지만 신라를 완전히 병합하지는 못했다. 이는 견훤이 정치적 통합과 민심을 얻는 데 실패했음을 드러내며 군사력만으로는 신라를 후백제에 통합하는 데 한계가 있었음을 입증한다.

견훤은 일시적으로 막강한 힘을 가졌으나 후계자 문제로 인해 몰락의 길을 걸었다. 그는 큰아들 신검이 있었음에도 불구하고 넷째 아들 금강을 후계자로 지명하려 했다. 이로 인해 신검은 다른 형제들과 손을 잡고 금강을 살해했으며 견훤을 금산사에 감금했다. 견훤은 지지자들의 도움으로 탈출해 왕건에게 투항했지만 그의 몰락은 새로운 정치 세력의 내부적 불안정을 여실히 드러냈다.

한편 궁예(재위 901-918)는 북원(원주) 지역에서 활동하던 양길이 이끄는 도적 무리에 합류해 자신의 권력 기반을 다져 나갔다. 그는 양길을 축출한 뒤 송악(개성)을 새로운 본거지로 삼고 고구려 부흥을 정치적 명분으로 삼았다. 궁예는 또한 자신이 신라 왕족 출신이라고 주장했지만 이 주장은 역사적 근거가 부족하고 논리적으로도 앞뒤가 맞지 않는다. 이는 그의 출신을 고상하게 포장해 정치적 정당성을 높이려는 시도에 불과하다. 궁예는 송악 출신인 왕건에 대한 견제를 목적으로 수도를 철원으로 옮겼다.

고구려 부흥을 내세우면서도 자신이 신라 왕족이라고 주장하는 모순은 그가 국호를 마진, 태봉 등으로 여러 차례 바꾸는 결과를 낳았다. 궁예는 골품제 대신 관등제를 도입하고 국가의 체계를 통합하기 위해

안성 국사암 석조여래입상
안성 국사암 석조여래삼존불입상은 지역 주민들 사이에서 '궁예미륵'이라 불린다. 이 불상은 돌로 지역적 특징과 시대적 양식을 반영한 불교 조각으로 사실 궁예와 직접적인 관련은 없는 유물이다.

광평성과 같은 관청을 설립하며 자신의 통치 기반을 강화하려 했다. 이러한 변화는 국가 운영을 혁신하려는 시도였으며 후대에 이 체제는 큰 영향을 미쳤다.

궁예는 조세 징수와 미륵 신앙을 이용한 전제정치를 추구하며 자신을 미륵불로 선언하고 왕권을 강화하려 했다. 그는 호족들을 탄압하고 권력을 남용하는 극단적인 행동을 일삼았으며 결국 이로 인해 쿠데타가 발생했다. 이 사건은 당시 호족들의 영향력이 얼마나 중요했으며 그들의 지지 없이는 안정적인 통치가 불가능했음을 보여 준다. 궁예에 대한 기록은 주로 조선 전기에 편찬된 《고려사》에서 찾아볼 수 있으나 이 기록들이 역사적 사실에 얼마나 부합하는지는 명확하지 않다. 역사

안동 차전놀이

안동 지역에서 정월 대보름에 열리는 안동 차전놀이의 모습이다. 고려 태조가 견훤과의 전투에서 승리한 장면을 상징적으로 재현한 민속놀이로 참가자들이 동서로 나뉘어 나무 동채를 밀며 승부를 겨룬다.

는 흔히 승리자의 시각에서 쓰이기 때문에 남아 있는 기록은 여러 각도에서 재해석될 필요가 있다.

왕건은 궁예의 부하로서 한강 유역을 점령하고 해군을 이끌어 금성(나주)을 차지하는 데 성공했다. 이러한 군사적 업적은 후백제를 압박하는 데 중요한 역할을 했으며 이는 왕건이 권력을 장악할 수 있는 발판을 마련해 주었다. 그는 궁예를 몰아내고 왕위에 올라 고려라는 국호를 선포했으며(918) 송악(개성)을 수도로 삼았다. 이 사건은 국가 건설 과정에서 권력 장악의 복잡성을 보여 주는 중요한 순간으로 기록된다.

태조(재위 918-943)로 불리는 왕건은 통일을 이루는 과정에서 견훤과 대립하며 국내적으로는 지방 호족들의 지지를 얻기 위해 다양한 노력을 기울였다. 대외적으로는 중국 지역에서 난립한 여러 나라들과의 외교 관계를 형성하며 국가의 대외 관계를 안정시키려 했다. 일부 지방 호족들이 후백제에 투항하거나 반란을 일으키는 혼란스러운 상황에서 태조는 혼인 동맹을 통해 호족들과의 관계를 돈독히 하여 그들을 자신의 세력으로 끌어들였다. 이러한 태조의 접근 방식은 단순한 군사적 힘을 넘어선 정치적 통합과 외교적 수완을 통해 고려의 성공적인 통일을 이루는 기반이 되었다.

태조는 국내 정책뿐만 아니라 대외 정책에서도 분명한 기조를 가지고 있었다. 그는 궁예와 달리 신라에 대해 우호적인 태도를 보였고 후백제와는 적대적인 입장을 취했다. 이러한 대외 정책은 후백제를 고립시키고 신라인들의 마음을 얻는 데 큰 기여를 했다. 후백제가 신라를 공격했을 때 태조는 신라를 지원하여 신라인들의 신뢰를 얻었고, 이는 후백제와의 경쟁에서 고려의 우위를 확보하는 데 중요한 역할을 했다. 고려군과 후백제군이 대치하던 시기, 고창(안동) 지역의 호족들이 태조를 도와 대승을 거두었으며 이 승리는 고려가 한반도의 패권을 장악하는 데 결정적인 발판이 되었다.

이처럼 태조의 정치적·군사적·외교적 노력이 결국 고려의 통일을 이끄는 원동력이 되었고 신라의 마지막 왕인 경순왕도 이 상황을 지켜보며 고려에 투항하기로 결정했다. 그는 더 이상 신라를 지킬 수 없다는 판단 아래, 태조의 비교적 온화한 정책에 끌려 투항했다. 경순왕에게는 마의태자라는 아들이 있었는데 그 아들은 자신이 신라의 다음 왕이 될 것이라 기대했지만 아버지의 투항에 좌절하여 금강산으로 은거하며 승려의 삶을 선택했다. 이는 오늘날까지 전해지는 전설 중 하나이다.

경순왕의 투항 결정은 개인적으로 보면 현명한 선택이었을지 모른다. 그는 나라와 왕위를 포기함으로써 평안하고 호화로운 삶을 누렸다. 하지만 이러한 선택을 어떻게 평가할지는 복잡하다. 만약 경순왕이 고려에 강하게 저항했다면 신라 민중은 더 큰 고통을 겪었을 것이다. 따라서 그의 결정은 민중을 보호하기 위한 현명한 선택일 수 있다. 하지만 신라를 지키려고 했던 사람들은 경순왕을 국가를 배신한 인물로 평가할 것이다.

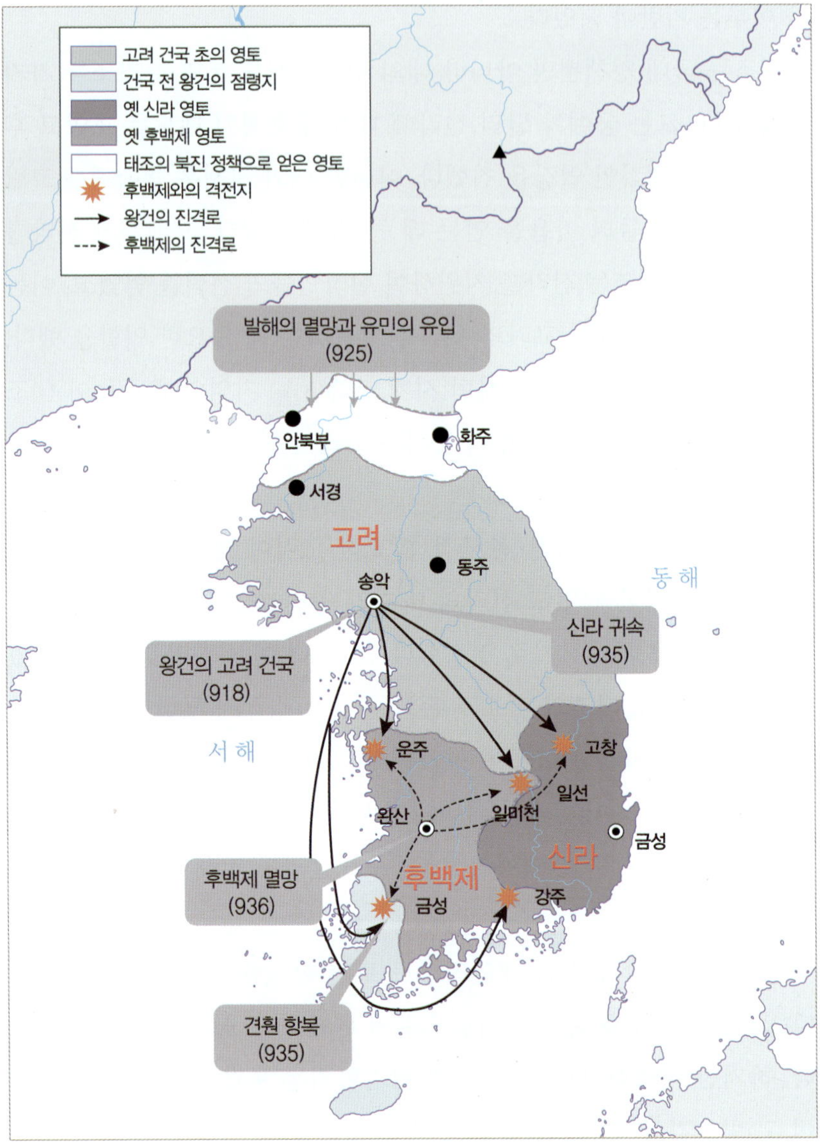

고려의 통일 과정

고려가 한반도를 통일하는 과정이다. 왕건의 외교와 전쟁 전략을 통해 이루어진 주요 전투와 영토 확장 경로를 볼 수 있다.

결과적으로 경순왕이 고려에 투항한 후 신라 사회에서는 큰 반발이 일어나지 않았다. 이는 경순왕의 결정이 신라 사회에 큰 충격을 주지 않았고 당시 신라 내부에서는 이미 변화의 필요성을 느끼고 있었던 사람들이 많았음을 의미한다. 이러한 상황은 신라가 어느 정도 고려의 통치를 받아들일 준비가 되어 있었다는 것을 보여 주며, 나아가 역사 속에서 어떤 선택이 최선인지를 판단하는 일이 얼마나 복잡하고 어려운지 생각해 보게 한다.

태조는 후백제와의 최후 결전을 준비하며 대규모 군대를 이끌고 후백제를 총공격했다. 이에 맞서 후백제의 신검도 군사를 모아 방어에 나섰으며 두 군대는 일리천(구미)에서 격돌했다. 이 전투에서 고려군은 전략적으로 우위를 점한 반면 후백제군은 견훤의 귀순으로 인해 사기가 떨어져 패배했다. 이 승리로 태조는 한반도의 통일을 이루었다(936).

한편 발해가 멸망한 후 태조는 발해의 유민들을 적극적으로 수용했다. 이를 바탕으로 고려의 통일이 단순히 신라와 후백제의 통합뿐 아니라 발해까지 포함한 광범위한 통합이었다고 해석하는 견해도 있다. 그러나 이 해석은 다소 과장된 것으로 볼 수 있다. 발해 유민을 받아들였다고 해서 고려의 통일이 발해를 완전히 흡수한 것이라고 보기는 어렵다. 발해 유민의 수용은 정치적 의도와 고려의 대내외 정책의 일환으로 해석될 수 있지만, 발해를 고려의 통일 과정에 포함하는 해석은 신중히 접근해야 할 문제이다.

고려의 국가 체제 확립과 위기 극복

6

1 호족을 통합하고 중앙집권 체제를 수립하다

통일 이후에도 고려에서는 여전히 각지의 호족 세력들이 강한 영향력을 행사했다. 호족들은 지역에서 군사력을 바탕으로 강력한 통제력을 발휘하고 있었으며 이에 맞서 태조(재위 918-943)는 국가의 안정을 유지하고 권력의 중심을 강화하기 위해 다양한 정책을 시행했다. 그는 여러 호족 또는 호족 출신 관료들의 딸과 결혼하여 정치적 연대를 구축하고자 했다. 이는 당시의 사회적 맥락에서 이해될 수 있다.

그러나 이러한 행위는 여성을 권력 유지를 위한 도구로 활용했다는 비판에서 자유롭기 어렵다. 오늘날의 관점에서는 이 같은 관행은 여성의 권리와 인간 존엄성을 저해한 것으로 간주될 수 있다. 역사적 인물에 대한 평가에서는 이러한 점을 신중히 고려하며 당시의 시대적 맥락과 현대적 시각을 균형 있게 반영하는 것이 필수적이다.

태조는 일부 호족에게 자신의 성씨인 '왕'씨를 부여하고 그들을 중앙 정부의 관료로 임명함으로써 중앙과 지방 간의 긴밀한 관계를 구

왕건
개성 현릉의 태조 왕건 표준 영정(후대 제작)과 북한 조선중앙역사박물관에 소장된 왕건 동상이다. 왕건은 918년에 고려를 건국하고 936년에 한반도 최초의 통일 국가를 세웠다.

축했다. 이는 당시 중앙과 지방의 안정적인 통합을 도모하려는 정치적 전략에서 비롯된 것으로, 고려의 장기적 안정에 크게 기여했다. 이러한 정책은 호족들과의 연대를 강화하여 중앙집권 체제를 공고히 하는 데 중요한 역할을 했다.

그러나 이러한 조치가 특정 호족들에게만 적용되었다는 사실은 새로운 권력 불균형을 초래할 가능성도 있었다. 왕씨 성을 받은 호족과 그렇지 않은 이들 사이에 형성된 위계는 지방 세력 간 갈등을 심화시켰을 가능성이 있다. 이는 태조의 통합 정책이 초래한 예기치 않은 부작용으로, 후대의 정치적 변화와 갈등에 중요한 영향을 미쳤을 것이다.

태조는 또한 호족 세력에 대한 통제력을 강화하기 위해 사심관 제도와 기인 제도를 도입하는 정치적 수완을 발휘했다. 사심관 제도는 고려에 항복한 신라의 마지막 왕(경순왕)이었던 김부를 금성(경주)의 사심관으로 임명하면서 시작되었다. 이후 다른 유력 호족들도 출신 지역의 사심관으로 임명해 그 지역에서의 영향력을 유지할 수 있게 했다. 한편 기인 제도는 호족의 자제들을 수도로 불러들여 자문을 구한다는 명분을 내세웠으나 실상은 지방 호족들을 견제하기 위한 장치였다. 두 제도는 호족들을 효과적으로 통제하면서도 그들의 협력을 이끌어 냈다는 점에서 균형 잡힌 정책이었다.

태조는 평양을 서경으로 명명하고 그 중요성을 강조하며 북방 진출의 기반을 마련했다. 이를 통해 청천강에서 영흥에 이르는 광활한 영토를 지배하게 되었으나 이 지역에는 여진족(말갈족)이 거주하고 있었다. 태조의 영토 확장 정책은 성공을 거두었지만 그 과정에서 여진족의 전통적인 생활 방식과 문화가 어떤 변화를 겪었는지에 대해서는 신중히 평가할 필요가 있다.

태조는 국가 운영의 틀을 잡기 위해 〈훈요 10조〉를 작성하고 관료들에게 필요한 규범으로서 〈정계〉와 《계백료서》를 집필했다. 그는 이러한 유훈을 통해 고려 초기 중앙 권력을 강화하고 국가 체계를 확립하는 데 주력했다. 또한, 이 유훈들은 후대 왕들과 관료들에게 중요한 정책적 지침이 되어 고려의 행정과 법치를 정비하는 강력한 기반을 마련했다.

그러나 태조의 기반 위에 안정을 찾던 왕권은 그의 사후 왕위 계승 문제로 불확실성에 휩싸이며 흔들리기 시작했다. 그 혼란의 시기 속에서 왕위에 오른 광종(재위 949-975)은 초기에는 호족들과 유화적인 관계를 맺으려 했으나 점차 과감한 개혁 정책을 통해 호족 세력을 압박하기 시작했다. 광종의 대표적 개혁 중 하나는 노비안검법으로, 이 법은 본래 양인이었으나 호족에 의해 불법적으로 노비가 된 사람들을 다시 양인으로 원래의 지위를 회복시켜 준 것이었다. 이 정책을 통해 호족의 경제적 기반이 약화되었고 국가의 재정은 강화되어 결국 왕권의 안정을 가져왔다.

비록 노비안검법이 왕권 강화를 위한 정치적 목적을 지니고 있었지만 원래의 지위를 되찾은 이들에게는 새로운 삶의 기회를 제공했다는 긍정적인 면도 있었다. 그러나 모든 계층이 이 법의 혜택을 동일하게 누린 것은 아니었으며 여전히 열악했던 노비들의 처우는 당시의 사회적 한계를 보여 준다.

광종은 중국의 후주에서 귀화한 쌍기의 권유를 받아들여 과거제라는 공식적인 국가시험 제도를 도입했는데 이는 유교적 소양을 갖춘 신진 인재들을 관리로 등용하여 체계적인 관료 체제를 구축하려는 시도였다. 과거제를 통해 직급 체계를 정리하고 왕 중심의 강력하고 효율적인 정부 구조를 확립할 수 있었다. 고려 시대를 대표하는 문신 이제현은 중국의 선진 문물과 제도를 익히고 이를 토대로 고려의 문물을 중국에 견줄 정도로 높인 군주로 광종을 꼽았다.

광종은 광덕(光德)이라는 연호를 사용했는데 국내에서 왕권의 권위를 높이고 정치적 독립성을 강조하기 위한 목적을 지니고 있었다. 일부 학자들은 이를 고려의 국제적 위상을 보여 주는 상징적 증거로 해석하기도 한다. 그러나 이러한 해석은 당시 역사적 맥락과 동북아시아의 국제 질서를 고려할 때 신중해야 한다. 연호 사용이 고려의 자주성을 상징하는 중요한 지표인 것은 분명하지만 이를 바탕으로 고려를 제국으로 규정하는 것은 지나치게 확대된 해석일 수 있다. 역사적 사실을 평가할 때에는 다양한 관점과 증거를 종합하여 접근해야 한다.

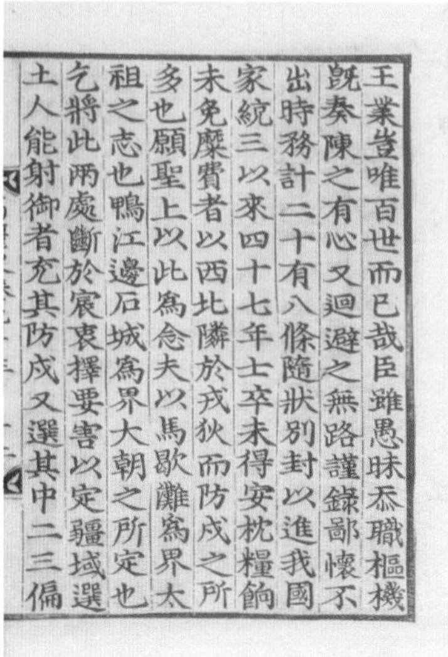
王業豈唯百世而已哉臣雖愚昧忝職樞機
旣奏陳之有心又迴避之無路謹錄鄙懷不
出時務計二十有八條隨狀別封以進我國
家統三以來四十七年士卒未得安枕糧餉
未免糜費者以西北隣於戎狄而防戍之所
多也願聖上以此爲念夫以馬歇灘爲界太
祖之志也鴨江邊石城爲界大朝之所定也
乞將此兩處斷於宸衷擇要害以定疆域選
土人能射御者充其防戍又選其中二三偏

최승로의 〈시무 28조〉
《고려사》에 기록된 최승로의 〈시무 28조〉 부분이다. 이 문서는 유교 이념을 바탕으로 국정 운영의 방향을 제시하며, 고려 초기 정치와 사회의 기틀을 마련한 중요한 자료로 평가된다.

광종은 개혁을 반대하는 호족 세력들을 단호히 제거함으로써 국가의 권위를 높이고 왕권을 더욱 공고히 다졌다. 이러한 결단력 있는 조치들은 왕권의 위상을 강화하고 중앙집권적인 국가 운영 체제를 구축하는 데 결정적 역할을 했다. 호족 세력이 약화되면서 중앙집권화가 촉진되었고 과거제의 도입으로 새로운 관료 계층이 등장하며 사회의 계층 이동성이 증가했다. 이로 인해 능력 중심의 관료 선발 체계가 확립되는 등 고려 사회에 구조적 변화가 일어났다.

그러나 광종의 개혁 과정에서 수많은 사람들이 목숨을 잃은 점은 간과할 수 없다. 급작스러운 사회 변화로 인한 혼란과 기존 세력의 반발은 잠재적인 위험 요소로 남았다. 그의 통치 방식은 단기적으로는 왕권 강화에 효과적이었으나 장기적으로는 정치적 불안정의 씨앗을 뿌릴 가능성도 있었다. 강력한 국가 체제를 세우는 과정에서 발생한 인명 손실은 역사를 평가할 때 균형 잡힌 시각을 유지해야 할 필요성을 상기시킨다.

성종(재위 981-997)은 국가 체제를 정비하는 중요한 변화를 주도했다. 성종은 신라의 6두품 출신이었던 최승로를 등용해 정치적 기반을 다지도록 했다. 최승로는 성종의 명을 받아 〈시무 28조〉라는 제안을 올렸는데, 이는 태조부터 경종(재위 975-981)에 이르는 5명의 왕에 대하여 그 치세를 평가하고 유교적 원칙에 기반한 중앙집권적 관료 정치를 도입하여 국가를 개혁하자는 내용이었다. 성종은 최승로의 제안을 채택하여 국왕과 관료들이 협력하는 새로운 정치 체계를 구축했다.

성종은 중앙 정부의 효율성을 높이고 국가 체제를 정비하기 위해 2성 6부 체제를 도입했다. 이 제도는 중앙에서의 결정권을 명확히 하여 국가 운영 체계를 공고히 했다. 2성 6부는 당의 3성 6부 체제를 고려의 실정에 맞게 수정한 것으로, 고려의 독특한 관료 체계를 형성하는 데 기여했다. 이를 통해 성종은 중앙 정치의 효율성과 안정성을 한층 강화할 수 있었다.

또한 성종은 지방 통제를 강화하기 위해 12목에 지방관을 파견하며 중앙의 통제력을 확대했다. 12목 체제는 중소 호족을 향리 체제에 편입시키는 한편, 지방의 유력자들을 국가 관료 체계로 흡수하여 독자적인 권력 행사를 억제했다. 이를 통해 중앙에서 지방까지 일관된 정책 집행이 가능해졌으며 향리 체제는 중앙과 지방의 연결 고리로서 중요한 역할을 했다.

성종은 또한 유학 교육의 질을 높이기 위해 국자감을 정비하고 지방에 유학과 의료 교육을 담당할 전문가들을 파견했다. 이 조치는 교육과 의료 서비스의 수준을 향상시키며 고려 사회의 기초를 다지는 중요한 역할을 했다. 성종은 광종이 도입한 과거 제도를 재정비하여 유학에 밝은 인재들이 정치에 적극 참여할 수 있도록 유도함으로써 학문과 지식이 정치적 결정에 중요한 영향을 미치는 문화를 형성했다. 성종의 통치 아래 이루어진 이러한 개혁들은 중앙집권화를 강화하며 효율적인 정부 운영의 기초를 마련하는 데 기여했다는 평가를 받고 있다.

광종 때 도입된 과거제는 중국 등 일부 국가에서도 채택된 혁신적인 제도로, 다양한 계층에 기회를 제공함으로써 사회에 긍정적인 변화를 가져왔다. 이 제도는 유교 경전, 문학, 법률, 회계 등 여러 분야의 역량을 평가하여 고위 관직을 맡을 문벌 귀족이라는 새로운 지배층의 형성을 가능하게 했다. 특히 제술과와 명경과 시험 과목은 가장 중요한 평가 요소로, 이를 통해 다양한 분야의 인재들이 관직에 올라 고려의 국가 운영에 핵심적인 역할을 담당했다.

과거제는 음서제와 대조를 이루었다. 음서제가 특정 계층에 과거 없이도 관직에 오를 수 있는 특권을 제공했던 것에 반해 과거제는 이론적으로 더 폭넓은 계층에 기회를 열어 주었다. 법적으로는 양인 이상의 모든 사람들이 과거에 응시할 수 있었지만 실제로는 문벌 귀족과 향리 계층의 자제들이 주로 시험을 봤다. 이는 과거 준비를 위한 교육과 자원이 주로 이들 계층에 집중되었기 때문이었다.

그럼에도 불구하고 과거제는 지배층의 교체 가능성을 열어 주며 교육과 능력을 바탕으로 하는 신분 상승의 기회를 제공했다. 이로 인해 사회적 이동성이 크게 증진되었으며 과거 출신 관리들의 비중이 증가하면서 이들이 국가 운영에 중요한 위치를 차지하게 되었다. 시간이 지나면서 과거제는 단순한 인재 선발 수단을 넘어 권력 재분배와 사회 구조 변화를 이끄는 중요한 동력으로 자리 잡았다.

2 외부의 침략과 내부의 위기를 극복하다

고려 시대는 외부 세력의 강력한 영향을 받으며 국가의 운명이 자주 위태로웠다. 거란족은 야율아보기를 중심으로 강력하게 통합되어 요(遼)를 세웠고, 내부 분열을 극복한 그들은 주변국들에게 강력한 압박을 가했다. 이로 인해 고려와 인접한 발해는 거란의 강력한 공격을 견디지 못하고 멸망하게 되었다.

요는 초기에는 고려에 우호적 접근을 시도했으나 태조는 이에 대해 매우 냉담하게 반응했다. 이러한 냉대는 요의 사신을 홀대하고 선물로 받은 낙타를 굶겨 죽이는 사건에서 극명하게 드러났다. 이는 단순한 외교적 무례를 넘어 고려와 요의 긴장 관계를 더욱 첨예하게 만들며 양국 간의 외교에 중대한 압박을 가했다. 이러한 긴장은 이후 외교 정책과 양국 관계의 전개에 영향을 미쳤다.

한편, 중국이 분열과 혼란에 빠져 있던 시기에 요는 '연운 16주'라는 지역을 차지할 기회를 잡았다. 중국을 통일한 송(宋)은 이를 되찾기 위해 노력했으나, 요와의 갈등이 깊어지며 긴장이 더욱 고조되었다. 이러한 긴장은 고려에도 국가적 위기를 가져왔으며 고려는 외부의 위협에 어떻게 대응할지 결정해야 하는 중대한 순간을 맞이했다. 이 위기의 시기는 고려가 외교 정책과 국가 운명을 결정하는 데 중요한 시점이 되었다.

고려가 송과 밀접한 외교 관계를 맺자 송과 적대적이었던 요는 이에 대응하여 고려를 침략했다. 이 위기에 맞서 고려 내부에서는 대응 방안을 두고 2가지 의견이 충돌했다. 한쪽에서는 요에 조건 없이 항복할 것을 주장했으며 다른 한쪽에서는 일부 영토를 양보해 타협을 시도하자는 방안을 지지했다. 성종은 결국 영토를 양보하는 쪽으로 기울었으나 서희가 요의 총사령관 소손녕과 직접 협상을 진행했다.

서희는 고려가 고구려를 계승한 국가임을 주장했다. 그는 요의 영토 요구를 단호히 거절하며 협상을 주도했고 끝내 소손녕은 서희의 논리에 승복했다. 이로 인해 고려는 강동 6주를 확보했으며 대신 송과의 관계를 단절하고 요와 우호 관계를 맺는다는 조건을 수용했다. 이러한

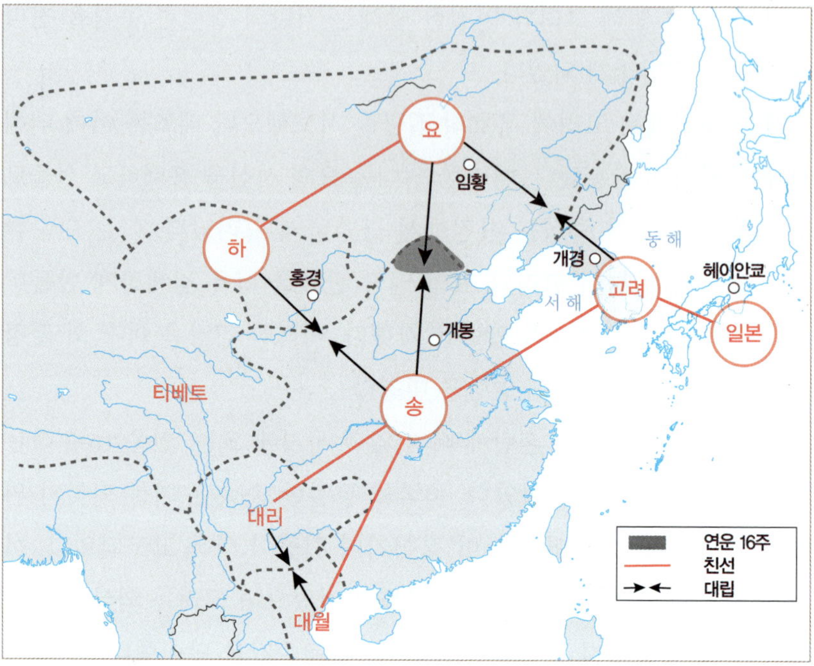

11세기의 국제 관계
연운 16주를 둘러싼 송과 요의 대립이 당시 국제 정세에 큰 영향을 미쳤음을 보여 준다. 이를 통해 고려가 이 갈등 속에서 외교적 균형을 유지하는 데 어려움을 겪었음을 알 수 있다.

협상 결과로 요군이 철수하면서 고려는 위기 속에서 영토와 주권을 지키는 중요한 승리를 거두게 되었다.

고려가 외교를 통해 요군을 철수시키는 데 성공한 것은 깊은 의미를 지녔다. 강동 6주 지역을 확보한 것은 고려가 거둔 중요한 성과였으며 특히 고려가 고구려의 후계자임을 요로부터 인정받았다는 점은 상징적 의의가 크다. 이 협상 결과는 단순한 군사적 승리를 넘어 외교적 역량을 입증하는 사례로, 고려의 국제적 위상을 강화하는 데 기여했다.

이 지역에 거주하던 여진족에 관한 구체적인 기록은 남아 있지 않지

서희
서희의 업적을 기리기 위해 국립외교원에 설치된 동상이다. 서희는 고려 초기 문신이자 외교관으로, 993년 거란의 1차 침입 당시 소손녕과의 외교 담판을 통해 강동 6주를 확보하며 고려의 영토를 확장한 인물이다.

만 고려는 이 시기에 여진족을 융합하고 영토를 확장하는 데 성공했다. 이러한 외교적 성과는 단순한 영토 확장을 넘어서 한반도의 역사적 정체성을 국제적으로 확립하는 데 크게 기여했다.

요가 강동 6주를 고려가 차지할 수 있도록 결정한 것은 고려가 송과의 외교 관계를 중단하고 요와 우호적 관계를 맺을 것이라는 기대에서 비롯되었다. 그러나 고려는 이 합의를 이행하지 않음으로써 요에게 다시 침략할 명분을 제공하게 되었다. 이는 당시 고려 지배층이 국제 정세를 오판한 결과로, 피할 수 있었던 전쟁을 초래한 책임이 있다. 요의 침략 행위도 비난받아야 하지만 고려 지배층의 책임 역시 함께 평가해야 한다.

요의 첫 번째 침략 당시, 서희의 외교적 협상 덕분에 요군이 철수했으나 두 번째 침략에서는 개경(개성)이 일시적으로 점령되는 사태가 벌어졌다. 현종(재위 1010-1031)이 나주로 피난을 가는 등 고려 조정은 큰 혼란을 겪었으나 요는 고려와의 장기 전쟁이 불리하다고 판단하여 현종의 입조를 조건으로 철군했다. 그러나 고려가 약속을 이행하지 않자 요는 10만 대군을 동원해 세 번째 침략을 단행했다. 이번에는 강감찬이 귀주에서 대승을 거두며 고려와 요 사이에 적절한 협약이 이루어

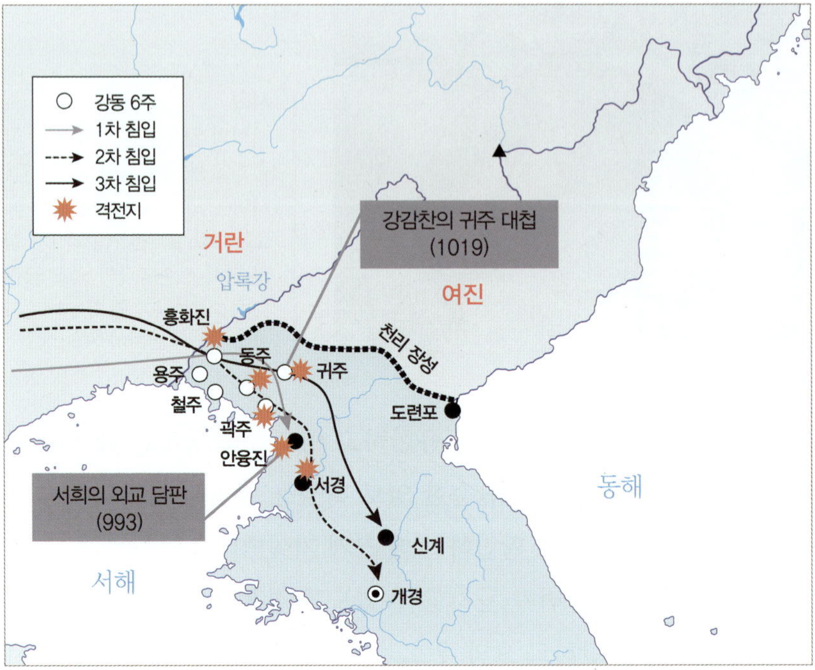

고려와 요의 전쟁
요의 침략과 이에 맞선 고려의 외교 및 군사적 대응을 알 수 있다. 서희의 담판으로 확보한 강동 6주와 강감찬이 대승을 거둔 귀주대첩의 위치와 경로를 확인할 수 있다.

졌다.

이 시기 고려의 군사 총책임자였던 강감찬은 무관이 아닌 문관이었으며 장군으로 알려져 있지만 사실 장원 급제 후 문하시중에까지 오른 문신이었다. 이는 고려에서 고위직에 문신을 우선 기용하는 경향을 보여 준다. 이러한 문신 중심의 통치 구조는 군사적 효율성을 발휘한 사례로 평가할 수 있지만 동시에 무신들의 불만을 불러일으키며 후대의 무신 쿠데타로 이어질 잠재적 원인을 제공했다.

요의 세 차례 침략 이후 고려는 요를 강대국으로 인정하고 송과의 외교 관계를 공식적으로 중단했으나 송과의 경제적·문화적 교류는 계속되었고 요는 이를 크게 문제 삼지 않았다. 이러한 역사적 사건들은 고려가 외교적 어려움을 극복하고 동북아시아의 복잡한 국제 관계 속에서 생존과 번영을 도모했다는 것을 잘 드러낸다.

고려는 외부의 위기를 극복하고 한동안 안정기를 누렸다. 그러나 국왕이 문벌 귀족들 간의 이해관계를 조율하지 못하자 특정 가문이나 세력이 권력을 독점하고 대규모 토지를 소유함으로써 사회 내부에 갈등이 깊어졌다. 지방 출신의 신흥 세력이 과거제를 통해 등장해 개혁을 추진했고 이에 따라 기존 문벌 귀족들과 충돌이 빚어졌다. 왕실 내부의 갈등과 외척 세력의 권력 다툼 또한 복잡한 상황을 초래하며 내부 분열을 가속화했다.

이 복잡한 상황 속에서 숙종(재위 1095-1105)은 외척을 제압하고 왕권을 강화하려고 노력했다. 그는 남경(서울)을 건설하고, 여진을 공격하여 왕실의 권위를 높이고자 했다. 이 정책은 후계자인 예종(재위 1105-1122)에 의해 계승되어, 예종은 별무반을 창설하고 윤관으로 하여금 여진을 공격하게 했다. 그러나 전략적 판단에 따라 곧 철수를 결정하게 되었으며, 이는 당대의 정치적·군사적 한계를 고려한 현실적인 선택이었다.

한국에서 일부 사람들은 이를 비판하기도 하지만, 당대의 정치적·군사적 상황을 무시한 비판은 역사를 이해하는 데 한계를 드러낸다. 특히 후에 여진족이 세운 금(金)이 고려에 압력을 가한 사실을 과거 사건에 투영하여 평가하는 것은 적절하지 않다. 각 시대의 정치적 맥락과 군사적 여건을 존중하여 역사적 사건을 평가하는 것이 중요하며, 철수는 당시의 상황에서 필연적인 선택으로 볼 수 있다.

예종이 세상을 떠난 후, 고려의 정치 무대는 더욱 혼란스러워졌다. 국왕의 측근 세력과 갈등을 겪던 이자겸은 반대파를 제거하고 외손자

〈척경입비도〉

조선 후기 제작된 《북관유적도첩》에 수록된 것으로 윤관이 고려의 동북 지역에 경계비를 세우는 장면을 묘사한 것이다. 윤관은 동북 9성을 축조하여 북방 영토를 일시적으로 확장하는 데 기여한 인물이다.

인종(재위 1122-1146)을 왕위에 올린 뒤 자신의 딸들을 인종에게 시집보내며 권력을 더욱 공고히 했다. 그는 뇌물을 받고 민중의 토지를 강탈하는 등 권력을 남용하며 인종과 그의 측근들에게 위협적인 존재로 여겨졌다.

결국 인종은 이자겸을 제거하려는 계획을 세웠고 이자겸은 척준경과 손잡고 반격을 시도했다. 그러나 인종은 척준경을 설득해 자신의 편으로 끌어들이고 이자겸을 유배 보낸 뒤 척준경마저 제거하며 이자겸의 세력을 완전히 몰아냈다. 이 사건은 고려 시대 권력 투쟁의 복잡성과 정치적 불안정성을 여실히 보여 준다.

이자겸의 반란이 진압된 후, 인종은 약화된 왕권을 다시 강화하고자 노력했다. 그는 승려 묘청과 문신 정지상 등 서경(평양) 세력을 적극 활용하여 정치 개혁을 추진하려 했고 이들 서경 세력은 풍수지리설과 도참사상에 따라 개경 대신 서경으로 수도를 옮길 것을 주장했다. 그들은 서경으로 천도할 경우 주변국들이 고려에 굴복하여 조공을 바치게 될 것이라며 왕을 황제로 칭하고(칭제) 새로운 연호를 사용하자(건원)는 주장을 펼쳤다. 더 나아가 금 정벌이라는 대담한 계획을 제안하기도

했다.

인종은 서경 세력의 제안에 긍정적으로 반응했다. 이에 따라 서경에 대화궁을 건설하고 토착 신을 모시는 팔성당을 설치하는 등 서경 중심 세력의 요구를 일부 수용했다. 그러나 김부식을 중심으로 한 개경 세력은 도참사상을 거부하고 유교적 정치체제를 지키기를 주장했다. 결국 인종은 금 정벌과 '칭제건원'을 받아들이지 않으며 개경의 궁궐을 재건하면서 천도 계획을 포기했다. 이에 반발한 묘청은 국호를 대위(大爲)로, 연호를 천개(天開)로 선포하며 서경에서 반란을 일으켰다. 인종은 김부식을 책임자로 한 토벌군을 편성해 묘청의 반란을 진압하며 기존 체제를 회복했다.

금의 사대 요구를 수용해 전쟁을 피한 인종의 결정에 대해 상반된 평가가 존재한다. 일부는 인종이 굴욕을 감수하며 타협한 것을 부정적으로 바라본다. 약소국이라 하더라도 주체성을 지키기 위해 결코 타협해서는 안 되었으며, 강력히 저항했어야 했다는 것이다.

그러나 강대국과의 전쟁이 엄청난 피해를 초래할 수밖에 없는 상황에서 직접적인 충돌을 피하는 것은 현실적인 선택이었다. 적절한 타협은 단순한 굴복이 아니라 국가의 생존을 위한 전략적 판단으로 볼 수 있다. 이러한 관점에서 고려의 결정은 국가적 위기를 현명하게 넘긴 사례로 평가될 수 있으며 이는 주어진 상황에서 최선의 결과를 도모한 현실적이고 전략적인 대응이라고 할 수 있다.

무신 정권과 몽골 침략 7

1 무신 정권의 등장과 민중 항쟁이 고려 사회를 뒤흔들다

의종(재위 1146-1170)은 초기에 왕권 강화를 위해 활력 넘치는 정치 활동을 전개했으나 시간이 지나면서 점차 사치와 향락에 빠지게 되었다. 그 결과 정치 기강이 흔들리며 민중에 대한 착취가 심화되었다. 당시 고려의 문치주의 정책으로 인해 무신들의 승진이 제한되고 군사 지휘권마저 문신들이 장악하면서 무신들의 불만이 크게 고조되었다.

한편 하급 군인들은 자신들에게 지급되어야 할 군인전을 제대로 받지 못해 불만이 극에 달했고 의종의 사치스러운 행사에 동원되며 분노를 키워 갔다. 그러던 중 보현원에서 열린 수박희 행사에서 나이 든 대장군 이소응이 젊은 문신 한뢰에게 패배하자 한뢰는 이소응의 뺨을 때리며 조롱했는데 이를 보고 웃음을 터뜨린 의종의 반응에 무신들의 분노는 폭발했다. 이 기회를 노린 정중부, 이의방, 이고는 은밀히 모의하여 군사들을 선동했고 그 결과 문신과 환관들을 제거한 후 의종을 폐위하고 명종(재위 1170-1197)을 왕으로 세우며 무신 정권을 수립했다.

수박희
고구려 때 제작된 무용총 벽화에 묘사된 수박희 장면이다. 수박희는 맨손으로 힘과 기술을 겨루는 무예로, 이의민이 뛰어난 실력으로 승진했다는 기록을 통해 고려 지배 계층에게 인기가 있었음을 알 수 있다.

무신들은 중방을 근거로 권력을 장악하며 중요한 관직을 차지하고 토지와 노비를 불법적으로 늘리는 한편, 사병을 양성해 그들의 세력을 확장했다. 중방은 원래 상장군과 대장군의 합좌 기관이었으나, 무신 정권 성립 이후 실질적인 최고 통치 기구로 변모했다. 무신 정권 초기에는 이고, 이의방, 정중부, 경대승, 이의민 등의 권력 다툼으로 인해 최고 권력자가 여러 차례 바뀌며 정치적 혼란이 지속되었다.

이 시기 무신들은 국왕을 실권 없는 허수아비로 만들고 자신들의 이익을 위해 정치를 농단했다. 관직의 높고 낮음을 초월한 권력을 행사하며 문신들을 위압하고 심지어 국왕까지도 통제했다. 이러한 상황은 무신 정권 초기 고려 정치의 혼란과 무질서를 여실히 보여 주는 것으

이규보
1989년 화가 최광수가 제작한 이규보의 표준 영정이다. 이규보는 고려 무신 집권기에 활동하며 《동명왕편》 등 민족적 서사시를 남긴 대표적인 문인으로, 최씨 정권에 협력하며 관료로서도 성공한 인물이다.

로, 결국 국가 통치 체제의 근본적인 약화를 초래했다.

최충헌이 등장하면서 무신 정권은 새로운 국면을 맞이했다. 그는 자신의 권력을 강화하기 위해 반대 세력을 제거하고 명종을 폐위시켜 실질적인 권력을 행사했다. 최충헌은 유능한 관료들과 협력하며 정권의 안정을 도모하려 했지만 위협적인 사원 세력을 억압하고 민중 항쟁을 진압하는 강경 정책을 펼쳤다. 이러한 조치는 무신 정권의 권력을 공고히 하는 동시에 민중과 종교 세력의 불만을 키웠다.

최충헌은 왕에게 〈봉사 10조〉를 제출하며 개혁을 내세웠으나 실제로는 자신의 이익을 우선시했다. 그는 토지와 노비를 늘리고 경제적 자원을 독점하며 정권 유지의 기반을 다졌다. 이러한 모습은 무신 정권의 본질을 보여 주며 표면적으로는 개혁을 표방하면서도 실질적으로는 권력과 이익을 강화하는 데 집중한 특징을 드러낸다.

최충헌의 아들 최우는 자신의 저택에 정방을 설치하여 인사권을 장악하고 자신에게 충성할 문신들을 발탁함으로써 무신 정권의 기반을 강화했다. 그는 이규보와 같은 문학적 재능과 행정 능력을 겸비한 인재들을 적극 활용하여 무신 정권하에서 약화된 문신 세력의 위상을 일정 부분 복원시켰다. 이규보의 참여는 현실적 판단에서 비롯된 선택이었으나 무신 정권에 부응하는 어용학자라는 비판을 받을 여지도 있었다.

최우는 자신의 권력 보호와 군사력 강화를 위해 사병 조직을 확대하고 삼별초를 조직했다. 처음에는 개인적인 안전을 위해 야별초를 창설했지만 소속 인원이 증가하자 이를 좌별초와 우별초로 나누었다. 이후 몽골과의 전쟁에서 포로로 잡혔다가 돌아온 자들로 신의군을 구성하여 이를 통칭하여 삼별초라 불렀다. 삼별초는 초기에는 사병이었으나 점차 정규군으로 재편되며 공적 임무를 수행했고 기존의 중앙 군대인 6위 체제를 약화시켰다.

결국 삼별초는 사실상 고려의 국가 군대가 되었지만 여전히 무신 정권의 친위대 성격을 유지했다. 이렇게 구축된 군사적 기반은 최충헌에서 최우, 최항, 최의에 이르는 4대에 걸쳐 60여 년 동안 최씨 무신 정권이 지속될 수 있는 원동력이 되었다. 그러나 최씨 무신 정권은 정권 유지에만 몰두하여 민심을 잃었고 결국 최의가 살해되면서 역사의 무대에서 사라지게 되었다.

무신 정권 시기에는 하층민 사회에 커다란 변화가 일어났다. 권력자들에 의해 민중의 재산이 불법적으로 빼앗기는 일은 이전에도 존재했으나 무신 정권 시기에는 과도한 세금과 토지 강탈로 민중이 유민이 되거나 도적이 되는 일이 빈번해졌다. 초기 무신 정권은 무신들 간의 빈번한 권력 다툼으로 중앙 정부의 통제력이 약화되었으며 이 틈을 타 민중이 대규모 항쟁을 벌였다.

특히 노비 출신인 이의민이 최고 권력에 오르며 기존 신분 질서가

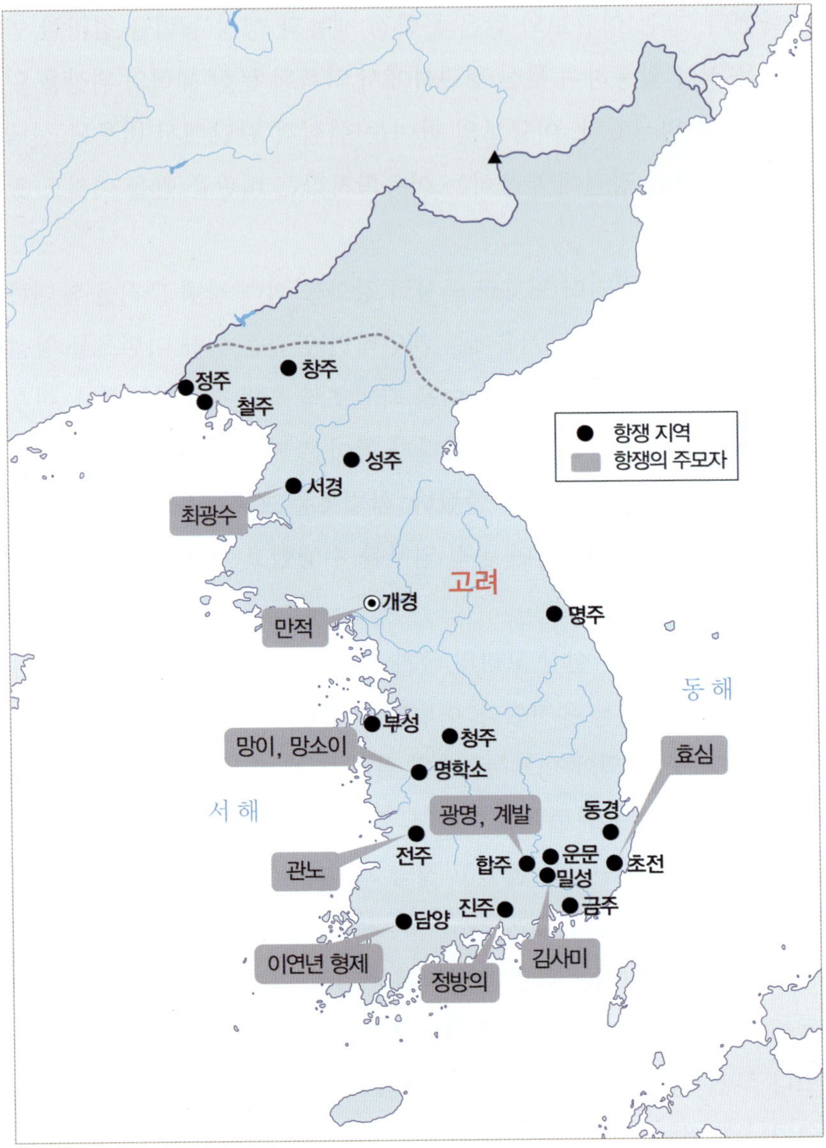

무신 정권 시기 민중 항쟁
고려 무신 정권 시기 각지에서 민중 항쟁이 발생한 주요 지역이다. 전국적으로 확산된 민중의 불만과 저항의 양상을 살펴볼 수 있다.

흔들리자 천민들 사이에 지위 상승에 대한 욕구가 커졌다. 무신 정권 성립 후 약 30년간 민중항쟁이 집중적으로 발생했으며, 이는 향, 소, 부곡 등의 특수 행정구역과 차별받던 속현에서 자주 일어났다. 이러한 민중의 저항은 고려 사회의 변화를 촉진하는 중요한 요인이 되었다.

서계(평안도)의 창주, 성주, 철주 민중은 수령의 과도한 수탈에 반발하여 무신 정권 성립 후 최초로 대규모 항쟁을 벌였다. 이들은 농사와 군사 역할을 병행하며 살았기에 그들의 항쟁은 무신 정권에 커다란 위협이 되었다. 정부는 강력하게 진압에 나섰으나 한반도 남부에서도 항쟁이 이어졌으며, 명학소(대전) 민중은 망이와 망소이 형제를 중심으로 항쟁을 벌여 한때 충청도 일대를 장악했다. 조정은 이를 회유하기 위해 명학소를 충순현으로 승격한 후, 군대를 동원해 진압에 나섰다.

운문(청도)의 김사미와 초전(울산)의 효심은 처음에는 따로 항쟁을 벌였으나, 세력 확대를 위해 서로 연합했다. 정부군이 패배를 거듭하는 가운데 밀성(밀양)전투에서는 항쟁군의 수가 7,000여 명에 달할 정도로 성장했고 명주의 항쟁군은 동경(경주) 항쟁군과 합세했으며 진주의 노비 기군은 협주(합천) 부곡의 항쟁군과 연합을 시도했다. 항쟁군은 처음에는 승리를 거두며 세력을 확장했으나 결국 정부군의 대대적 진압으로 대부분 진압되었다. 지도자들은 처형되었고 많은 이가 체포되거나 유배를 당했다.

한편 민중 항쟁이 지속되는 가운데 고려에 대한 반감과 함께 신라, 고구려, 백제의 부흥을 외치는 운동이 각지에서 일어났다. 특히 동경에서는 신라 부흥 운동이 경상도 전역으로 확산되었으나 정부군에 의해 진압되었고 서경(평양)에서는 최광수가 고구려 부흥을 외치며 북계(함경도) 여러 성에 격문을 보냈으나 실패로 돌아갔다. 담양에서는 이연년이 백제 부흥을 표방하며 봉기를 일으켰으나 김경손에 의해 진압되었다.

신라, 고구려, 백제의 부흥을 내세운 운동은 여러 지역에서 일어났지만 대규모의 지지를 얻는 데는 한계가 있었다. 이는 고려가 여전히 통일된 국가로서 강력한 통치 체제를 유지하고 있었음을 방증한다. 이들 부흥 세력은 단순히 과거 왕조를 부활시키려는 것이 아니라 무신 정권에 대한 반발과 권력 투쟁의 일환으로 활동한 경우가 많았다. 그러나 민중의 저항은 왕조의 부활보다 무신 정권의 부당한 통치와 수탈에 맞서는 데 초점을 맞추었다. 이는 당시 사회적 불만이 무신 정권에 집중되었음을 보여 준다.

무신 정권은 강력한 군사력과 조직력을 통해 대부분의 저항을 빠르게 진압했고 그 과정에서 수많은 민중은 고통과 희생을 감내해야 했다. 비록 이러한 저항운동은 대체로 실패로 끝났지만, 그 투쟁은 단순한 반란이 아닌, 사회적 변화와 정치적 발전의 밑거름이 되었다. 후대에 이들의 투쟁은 실패한 시도로 기록되기보다는 고려 사회의 모순을 드러내고 더 나은 사회로 나아가는 계기로 재평가되었다.

2 몽골의 침략에 맞서 고려가 장기 항전을 벌이다

테무친이 흩어진 몽골 부족들을 하나로 묶고 쿠릴타이에서 칭기즈칸으로 추대되었을 때, 세계사의 새로운 국면이 열렸다. 이는 고려의 역사에도 거대한 파장을 일으켰다. 몽골제국의 역사는 복잡한 역사적 계승 문제를 내포하고 있다. 쿠빌라이는 중국식 국호인 원(元)을 사용했지만 몽골과 중국은 독립적 정체성을 가진 별개의 국가로 남았다. 한국을 포함한 많은 국가들은 몽골제국을 중국 역사의 일부로 보는 경향이

칭기즈칸
몽골제국의 상징적 위상을 기리기 위해 제작된 칭기즈칸의 초상화이다. 칭기즈칸은 몽골 부족을 통합하고 금, 중앙아시아, 러시아 남부 초원까지 정복하며 제국의 영토를 확장한 인물이다.

있으며 이는 복잡한 역사적 관계와 인식의 차이를 드러낸다.

칭기즈칸과 쿠빌라이를 중국인으로 간주한다면 독립적 정체성을 가진 몽골인들은 이를 어떻게 생각할까? 현재 중국은 통일적 다민족국가론을 주장하며 이를 바탕으로 몽골을 포함한 여러 민족을 자신들의 구성원으로 간주하고 있다. 그러나 몽골인들이 독립된 정체성을 가지고 있다는 점에서 이러한 중국의 주장은 논리적 모순을 드러낸다.

칭기즈칸은 몽골제국의 영토 확장을 추진하며 저항하는 지역에는 무자비한 정책을 펼쳤다. 호라즘 왕조는 몽골군에 저항했지만, 결국 패망하며 몽골이 실크로드 지역을 장악했다. 몽골군은 인더스강 유역에서 모스크바에 이르는 거대한 영토를 정복하며 아바스 왕조마저 패배시켰다. 칭기즈칸의 정복 행보는 예케 몽골 울루스, 즉 대몽골제국의 탄생으로 이어졌다. 몽골군은 유럽까지 진출해 유럽 전역을 공포에 떨게 했으며 몽골 황제의 갑작스러운 사망으로 인해 유럽에서 철수했을 때 유럽인들은 이를 신의 구원으로 여겼다고 전해진다 .

고려와 몽골의 초기 관계는 협력적이었다. 요가 멸망한 후 거란군을 추격하던 몽골은 고려와 연합하여 거란군을 격파하면서 우호적인 관

몽골제국의 영토 확장

13세기 초 몽골제국이 유라시아 전역으로 영토를 확장한 과정이 잘 드러난다. 정복 지역과 주요 전투 경로를 통해 세계 최대 제국으로 성장한 과정을 확인할 수 있다.

계를 맺었다. 그러나 몽골은 이 승리를 구실로 고려에게 막대한 공물을 요구하며 압박을 가하기 시작했다. 특히 몽골 사신이 귀국하던 중 피살되는 사건이 발생하면서 양국의 관계는 급격히 악화되었다.

이 사건을 빌미로 몽골은 고려를 침략했다(1231). 당시 고려군은 몽골군에 비해 전력이 약했으나 박서의 지휘 아래 귀주성과 자주성에서 몽골군의 공격을 효과적으로 막아 냈다. 이에 몽골군은 직접적인 충돌을 피하고 다른 경로로 우회해 개경을 포위하며 전쟁의 국면을 자신들에게 유리하게 이끌었다.

최우는 전쟁을 총지휘해야 할 무신 정권의 최고 권력자임에도 초기에 소극적이고 보수적인 대응으로 일관하며 자신의 권력 기반을 유지하는 데 주력했다. 그는 국가적 위기 상황에서도 대내적으로 지배 체제를 강화하는 데 집중하며 몽골과 화의를 타진했다. 몽골은 일시적으로 강화를 맺고 철수했으나 서경을 포함한 서북 지역에 감독관인 다루가치를 두어 고려를 감시하고 무리한 조공을 요구하며 내정에 간섭했다.

이러한 간섭 속에서 양국 간 긴장이 지속되자 최우는 도읍을 강화도로 옮기고 장기 항전에 대비했다. 강화도로의 천도는 군사적으로 몽골의 기병 접근을 막는 효과가 있었으나 동시에 최우의 권력을 공고히 하려는 정치적 목적도 담고 있었다. 이러한 조치는 몽골의 압박에 맞서는 동시에 내부 통제를 강화하려는 이중적인 의도를 반영한 것이었다.

몽골은 결국 고려의 완전한 복속을 목표로 대규모 침략을 재개했다. 이에 대해 고려의 지배층은 소극적인 태도를 보였지만 민중과 지방 군인들이 중심이 되어 적극적으로 저항했다. 처인성전투에서는 김윤후가 이끄는 부곡민들이 적장을 사살하고 몽골군을 격퇴하는 데 성공했다. 이 승리는 고려에 큰 사기와 희망을 불어넣었으며 몽골의 추가 침략에도 고려가 힘을 내어 방어를 지속할 수 있는 계기가 되었다.

그러나 지배층은 강화도에 머물며 신앙적인 대응에 집중해 팔만대장경 조판에 몰두했다. 그와는 대조적으로 민중은 몽골군에 맞서 끊임없이 저항했다. 특히 충주성에서는 다인철소의 주민들이 협력하여 몽골군을 물리치는 데 성공했고 이에 정부는 다인철소를 익안현으로 승격하며 그들의 기여를 격려했다. 이러한 민중의 활약은 고려의 저항 의지를 보여 준다.

몽골군의 6차례에 걸친 대규모 침략과 오랜 전쟁으로 인해 고려의 국토는 황폐화되어 갔고, 민중은 끝없는 전쟁과 수탈 속에서 극심한 고통을 감내해야 했다. 특히 몽골의 6차 침략 때(1254)는 가장 큰 피해를 봤다. 포로로 잡혀간 인구만 20만 명에 달했고, 살해당한 사람의 수는 셀 수 없을 정도였다. 대몽 항쟁 기간 동안 황룡사 9층 목탑과 부인사

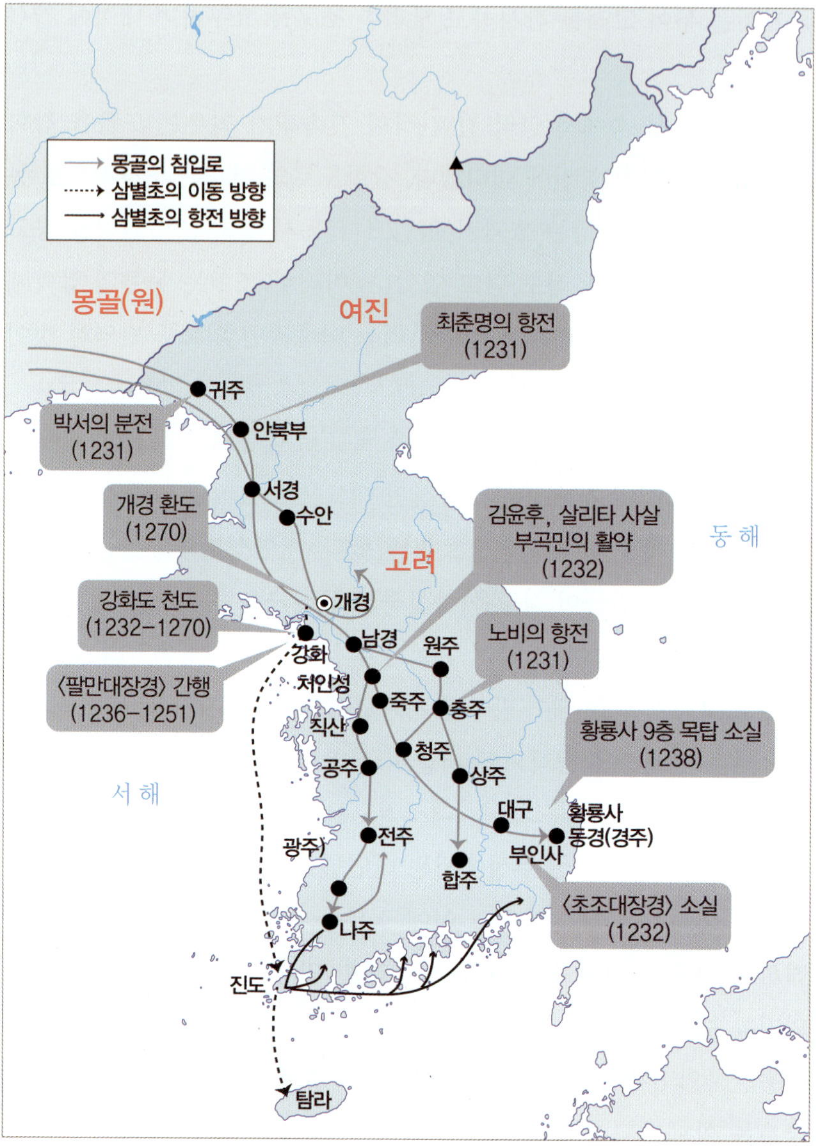

고려와 몽골의 전쟁

몽골이 고려를 침략하며 진행한 경로와 주요 전투 지역이다. 강화도로 천도한 후, 고려군뿐만 아니라 민중이 각지의 거점에서 몽골군에 맞서 저항하며 항전한 상황을 알 수 있다.

의 초조대장경 등 수많은 문화재가 몽골군에 의해 파손되며 고려의 문화적 자산도 큰 손실을 입었다.

장기간의 대몽 항쟁은 막대한 인명 피해와 국토 황폐화를 가져왔고, 고려 사회의 전쟁 피로감은 극에 달했다. 동시에 무신 정권의 문제점들이 노출되기 시작했다. 최씨 정권의 마지막 집권자인 최의는 약한 통치력에 더해 정권 내부의 부패와 혼란을 부추기며 민심을 잃었다. 이러한 상황에서 몽골과의 강화를 주장하는 주화파의 목소리가 점점 커졌고 주전파는 항전을 고수했으나 전쟁의 상흔 속에서 그들의 입지는 약해져 갔다. 결국 최의가 피살되며 최씨 무신 정권은 막을 내렸고 고려는 몽골과의 강화로 대몽 항쟁을 종결했다(1259).

고려는 몽골과 강화를 맺었지만 새로운 무신 지도부는 몽골의 압력에도 불구하고 개경 환도를 거부하며 강화도에 머물렀다. 이는 몽골에 대한 불신과 함께 자신들의 권력 기반을 유지하려는 의도가 있었다. 그러나 이러한 상황은 오래 지속되지 못하고, 무신 정권이 완전히 붕괴되며 개경 환도가 이루어졌다(1270).

이에 무신 정권의 군사적 기반이었던 삼별초는 배중손의 지휘 아래 반기를 들며 항전을 계속했다. 이들은 왕족인 승화후 온을 왕으로 옹립하고 독자적인 항몽 정권을 수립했다. 진도에 용장성을 쌓고 조운선의 공물을 탈취하며 세력을 확장해 가면서 일본과 협력하여 몽골에 저항하려고 했다.

그러나 몽골과 고려 연합군의 공격으로 진도가 함락된 후, 삼별초는 제주도로 이동하여 김통정의 지휘 아래 항전을 이어 갔으나 결국 진압되었다. 삼별초의 장기적인 저항은 몽골군이 쉽게 접근할 수 없는 지리적 이점과 몽골에 굴복하지 않겠다는 민중의 적극적인 지지 덕분에 가능했다. 또한 삼별초의 군사적 경험과 전략적 능력도 중요한 요인이

진도 용장성
축대와 건물 터, 행궁지의 전경을 담고 있는 용장성의 전경이다. 용장성은 삼별초가 고려와 몽골 연합군에 대항하기 위해 진도에 근거지를 마련한 후 축조한 산성이다.

었다.

한편 한국 현대사에서 박정희 정권 시기에는 대몽 항쟁의 주체를 무신 정권의 집권자로 보는 경향이 있었는데 이는 당시 정치적 상황과도 연관이 있다. 박정희가 쿠데타로 권력을 잡은 상황에서 무신들의 집권을 긍정적으로 해석한 것이다. 이후 연구에서는 강화도에 머무른 집권층과 달리 실제 대몽 항쟁을 주도한 주체는 민중이었음이 부각되었다. 이는 삼별초를 포함한 항쟁 세력에 대한 재평가로 이어졌고, 그들의 역할은 복잡한 역사적 맥락에서 이해되어야 한다는 주장이 제기되었다. 이러한 재평가는 역사 연구의 자연스러운 흐름 속에서 새로운 증거와 해석이 등장함에 따라 지속적으로 이루어지고 있다.

3 고려와 원의 관계 속에서 정치·사회·문화적 변화를 겪다

몽골이 왕위 계승 문제로 혼란을 겪는 동안 고려는 끈질긴 협상 끝에 개경으로 환도했지만, 왕조를 유지하기 위해 결국 몽골에 복속되었다. 이 무렵 광대한 영토를 효과적으로 관리하려는 몽골제국은 원(元), 킵차크한국, 차가타이한국, 일한국 등으로 영토를 분할했으며 쿠빌라이는 중국 지역을 지배하는 원의 황제로 즉위했다. 이후 고려는 원의 통제와 간섭 속에 놓이게 되었다.

원은 고려에 정동행성이라는 내정 간섭 기구를 설치하고 지방 행정과 치안 문제를 관리하는 감독관으로서의 역할을 하는 다루가치를 파견하여 고려의 치안과 군사 문제를 관리하게 했다. 쌍성총관부를 통해 철령 이북 지역을 직접 통치하고 동녕부를 설치하여 자비령 이북 지역까지 장악함으로써 고려의 영토와 내정에 깊숙이 개입했다. 또한 삼별초의 항쟁이 진압된 후에는 제주도에 탐라총관부를 설치하고 목마장을 운영하면서 고려에 대한 통제를 더욱 강화했다.

고려 왕들은 세자 시절에 원 황실에 입조하여 황제의 궁정에서 생활하며 원의 공주와 결혼하여 부마가 되었고 이로 인해 왕실의 호칭과 격식도 부마국에 맞게 변화되었다. 왕의 묘호는 '종(宗)'이나 '조(祖)' 대신 '왕(王)'으로 변경되었고, 원에 대한 충성을 나타내기 위해 '충(忠)' 자를 왕의 이름 앞에 붙였다. 고려의 관제 역시 원에 의해 개편되었는데 중서문하성과 상서성은 첨의부로, 중추원은 밀직사로, 6부는 4사로 축소되었다.

원은 고려에 공녀와 환관을 강요하고 금, 은, 인삼, 매 등의 공물을 요구하여 민중의 부담을 가중시켰다. 특히 공녀 징발은 여성들이 강제로 원에 끌려가는 비극을 초래해 고려 사회에 큰 충격을 남겼다. 또한

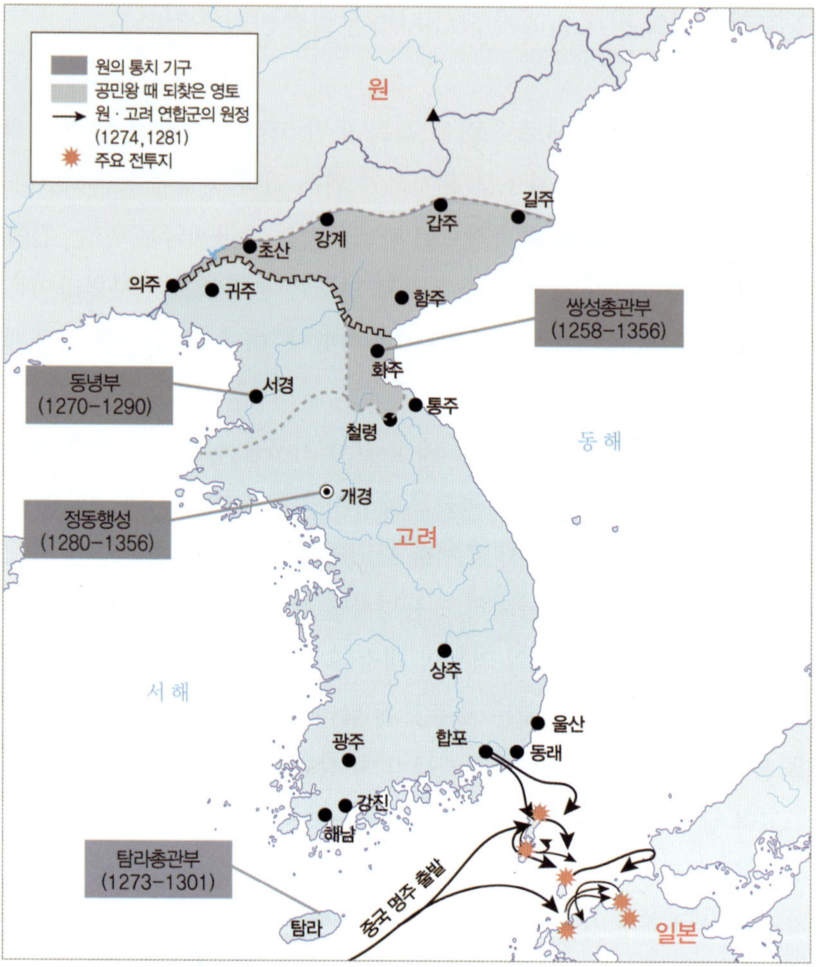

원 간섭기의 고려

몽골의 간섭 아래 변화한 고려의 영토와 행정 체계이다. 몽골 직속 행정 기구의 설치로 인한 영토 상실과 몽골의 압력에 의해 이루어진 일본 침공 당시의 주요 전투지를 알 수 있다.

몽골은 해마다 쌀 20만 석과 해산물, 직물, 약재 등을 요구해 고려 경제에 큰 부담을 주었고 민중의 생활은 더욱 어려워졌다.

원의 압박에 복속된 고려는 일본 가마쿠라 막부에 대한 원의 항복

〈천산대렵도〉
공민왕이 그린 것으로 전해지며, 정치적 입장과 달리 문화적으로 몽골에 친숙한 것을 엿볼 수 있다. 말을 탄 몽골 무사들이 사냥하는 생동감 넘치는 장면을 묘사한 것으로 평가받고 있다.

요구가 거절되자 원의 강요로 두 차례의 일본 침공에 동원되었다(1274, 1281). 이는 고려의 자발적인 결정이 아니라 원의 강압에 따른 불가피한 선택이었지만 일본의 입장에서 고려군의 침공은 부정할 수 없는 역사적 사실이다.

일본은 가마쿠라 막부의 효과적인 대응뿐만 아니라 거대한 태풍의 영향으로 원·고려 연합군을 격퇴할 수 있었다. 당시 일본인들은 이 태풍을 신의 도움이라 여겨 '가미카제(神風)'라 불렀으며 이 명칭은 후일 태평양전쟁 당시 자살 공격을 감행한 일본군 조종사들에 의해 다시 사용되었다. 이는 원·고려 연합군의 침공을 막아 낸 태풍에서 유래한 것이었다.

고려가 원의 부마국으로 전락하고 원의 정치적 간섭이 극심해진 시기에도 역설적으로 고려와 원의 교류는 오히려 더욱 활발해졌다. 이 교류는 쌍방향으로 이루어졌으며 다양한 원의 인물들이 고려에 들어오는 한편, 많은 고려인들이 유학과 이주를 위해 원으로 건너갔다. 이 과정에서 고려의 지배층을 중심으로 몽골의 풍습이 퍼지게 되었고 화가이기도 했던 공민왕이 그린 몽골 전사의 모습에서 그 영향을 엿볼 수 있다.

도천서원
문익점의 업적을 기리고자 세운 도천서원의 전경이다. 문익점은 원에서 목화씨를 가져온 인물로, 후대에 '백성에게 옷을 입힌 혁신가'로 평가받고 있다.

또한 몽골의 문화적 영향을 받은 요소들이 한국 전통에 깊이 자리 잡았다. 혼례식에서 신부가 착용하는 족두리와 댕기는 몽골 여성들의 머리 장식에서 유래했으며 설렁탕은 유목민들의 고기 요리 방식에서 영향을 받아 한국화된 음식이다. 더불어 소주와 수박 같은 먹거리도 원을 통해 전해지며 고려인의 생활 문화에 새로운 변화를 가져왔다.

특히 문익점이 원에서 목화씨를 도입한 사건(1364)은 이후 한반도의 의류 생산과 생활 방식에 혁명적 변화를 가져왔다. 그의 장인 정천익이 목화 재배에 성공하고 방직 기술을 발전시키며 목면의 대량 생산이 가능해진 것이다. 이는 당시 삼베와 모시 중심의 의류 문화를 부드럽고 따뜻한 목면으로 전환하는 계기가 되었다. 목면은 착용감이 뛰어나고 관리가 쉬워 다양한 계층의 사람들이 선호하는 필수품이 되었다.

언어 분야에서도 몽골의 영향은 뚜렷하게 남아 있다. 왕실에서 최고

고려 복식의 원 전파
고려 복식이 가미된 의복을 입은 몽골인들을 묘사한 중국 내몽골 적봉의 무덤 벽화이다. 고려 복식이 원으로 전해져 고려식 복장을 한 몽골인들의 모습을 엿볼 수 있다.

경칭으로 사용하던 '마마'라는 단어는 몽골어에서 왔으며 오늘날까지 사용되는 '마누라'라는 단어 역시 궁중 존칭어에서 비롯되었다. 또한 왕의 식사를 뜻하는 '수라'나 궁중의 허드렛일을 하던 여자 종을 일컫는 '무수리' 모두 몽골어 기원을 가진 용어들로, 몽골과의 교류가 한국어 어휘에 미친 영향을 보여 준다.

원에서도 고려의 문화와 풍습이 유행하며 '고려양'이라 불렸다. 당시 원은 고려 여인들을 공녀로 요구했으며 이로 인해 많은 가슴 아픈 사연들이 발생했다. 그런데 공녀로 끌려간 고려 여인들의 생활 방식과 문화가 원 사람들 사이에서 모방되며 지금의 한류와 유사한 고려양 열풍이 일었다. 원에서는 고려 복식을 입은 인물을 주인공으로 한 그림이 그려져 고려 문화의 영향을 받은 모습을 확인할 수 있다. 음식 문화에도 고려의 흔적이 남아 있는데 고려 떡, 고려 조청, 고려 만두와 같은 음식들이 원에서 인기를 끌었다.

원과의 활발한 교류는 고려 사회에 깊이 스며들어 생활양식과 복식, 음식뿐 아니라 학문적 교류에까지 영향을 미쳤다. 고려의 지배층과 학자들은 원을 통해 중국의 새로운 사상에 접하게 되었고, 그중에서도 성리학은 특히 주목받는 사상이었다. 이로 인해 성리학은 자연스럽게 고려에 유입되었으며 점차 고려 사회의 변화를 이끄는 중심 요소로 자리 잡아 갔다.

성리학의 수용과 고려 정치 재편 8

1 성리학이 고려에 수용되며 사회 개혁을 촉진하다

성리학은 유교의 한 갈래로 한국인의 정서와 사유 방식에 깊은 영향을 미쳤다. 이 학문은 윤리와 도덕이라는 기초 위에서 정치, 경제, 사회, 문화 등 여러 분야에서 중요한 역할을 담당하며 사회질서를 유지하고 공동체 내 도덕적 기준을 확립하는 데 크게 기여했다. 이러한 긍정적인 측면에도 불구하고 지나친 형식과 절차에 대한 집착은 유연성을 약화시키고 변화에 적응하는 데 한계를 드러냈다.

주자로 불리는 남송의 주희(朱熹)는 '이(理)'와 '기(氣)'의 개념을 통해 인간과 세계의 본질을 철학적으로 재해석하며 성리학의 체계를 완성했다. 그는 유학에 도교와 불교의 형이상학적 요소를 융합하여, 우주와 세계의 본질에 대한 철학적 접근으로 재구성하는 데 기여했다. 성리학은 단순한 윤리적 가르침을 넘어 우주의 원리를 탐구하는 심오한 철학적 사유로 발전하며, 학문적 정교함과 깊이를 더했다.

성리학이 중시된 배경에는 송의 정치적 위기가 연관되어 있다. 금이

주자

조선 시대에 제작된 주자의 모습을 담은 〈주자 선생 초상화〉이다. 주자는 성리학을 집대성하고 사서를 주석하여 유학의 체계를 새롭게 정립한 인물로, 한국의 사상과 교육에 깊은 영향을 미친 인물이다.

송의 오랜 적이었던 요를 정복하고 북중국을 차지하자 송은 금과 조약을 맺었으나 약속을 이행하지 않아 금과 송 간에 갈등이 심화되었다. 송 황제 휘종은 전쟁 준비 대신 예술에 몰두했는데 금이 침략하자 황위를 아들에게 물려주고 사태를 수습하려 했으나 두 황제 모두 포로가 되었다. 송은 임안(항저우)으로 수도를 옮겼는데 이를 남송이라 한다. 이 혼란 속에서 성리학은 위기 극복의 철학적·정신적 틀로서 더욱 주목받게 되었다. 특히 화이론은 남송 사회에 정신적 기반을 제공하며 금과 같은 이민족의 위협 속에서 중화의 정체성을 지키기 위한 사상적 무기로 활용되었다.

화이론은 현대적 관점에서 볼 때 평등을 지향하는 사상과 충돌할 여지가 있다. 현대 사회에서는 모든 인간이 평등하다는 가치가 존중받고 있지만 화이론은 차별을 기본으로 삼고 있기 때문이다. 조선 시대를 거쳐 현대에 이르기까지, 화이론은 민족 간 차별과 내부적 불평등의 근거가 되었으며 이러한 유산은 오늘날 한국 사회에서도 여전히 영향을 미치고 있다.

화이론에서 비롯된 차별적 사고는 강자를 이상화하는 문화와 결합

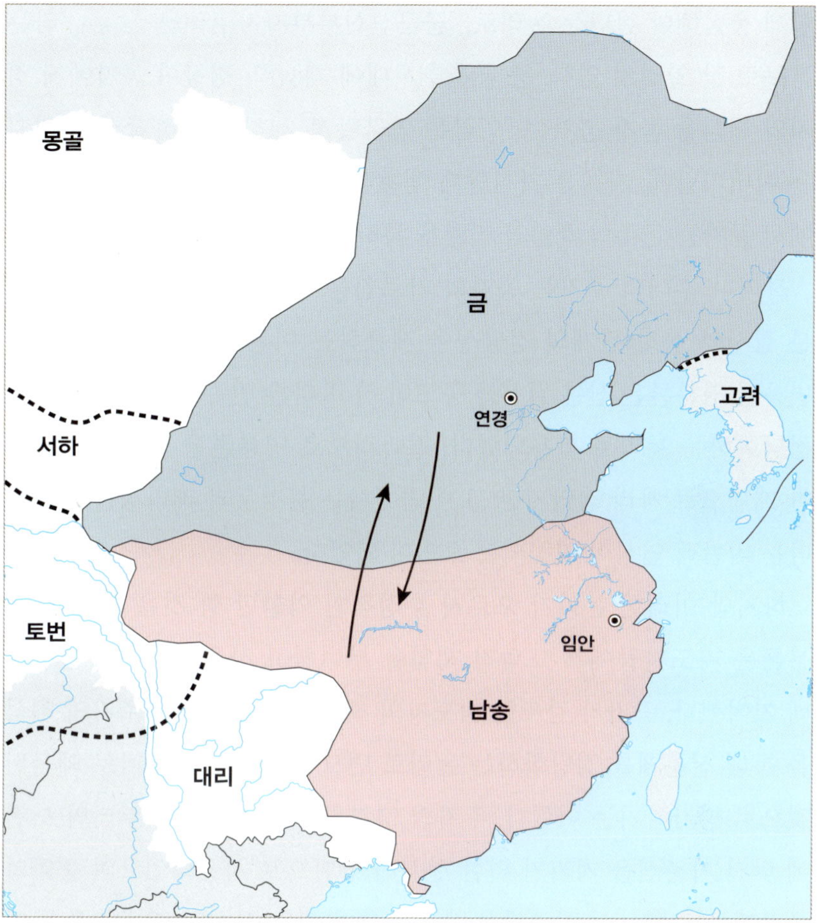

12세기 국제 정세
12세기 국제 정세를 보여 준다. 이를 통해 금의 세력 확장에 따라 남송 내부에 형성된 위기의식을 유추할 수 있다.

해, 지위가 낮은 사람이나 약자에게 부당한 요구와 행위를 강요하는 갑질을 정당화하는 토대를 형성했다. 이러한 차별적 유산을 청산하는 것은 공정하고 평등한 사회로 나아가기 위한 필수 과제라 할 수 있다.

성리학의 중심 개념 중 하나인 명분론은 각자가 사회에서 자신의 역할에 충실해야 한다는 논리로, '군군신신부부자자(君君臣臣父父子子)'라는 문구로 잘 알려져 있다. 중국 춘추시대에 제(齊)의 경공이 공자에게 정치의 핵심을 묻자 공자는 "임금은 임금답게, 신하는 신하답게, 아버지는 아버지답게, 자식은 자식답게 행동해야 한다"고 답했다. 이 가르침에서 공자는 군주의 책임과 역할을 특히 강조했다.

그러나 후대의 주자는 공자의 가르침을 명분론으로 재구성하며 신분 질서와 상하 관계의 정당성을 제공하는 이론으로 발전시켰다. 이 변용된 명분론은 신분 질서를 공고히 하고 다른 민족에 대한 배타성을 정당화하는 논리로 활용되었다. 결과적으로 명분론은 성리학의 중요한 개념으로 자리 잡았지만 그 이면에서는 불평등과 배타성을 강화했다는 비판적 인식이 형성되는 요인이 되었다.

하지만 이러한 논리가 오로지 부정적인 역할만 한 것은 아니다. 명분론은 지도자들에게 도덕적 책임을 부여하고 사회질서를 유지하는 데 기여했다. 공자가 강조한 지도자의 책임이라는 원칙은 주자의 해석을 통해 신분제를 정당화하는 논리로 변모했지만 이를 곧바로 왜곡된 것으로 평가하기는 어렵다. 주자의 명분론은 당시 외부로부터의 도전에 맞서 자존심을 지키기 위한 현실적 방안으로 사용되었으며 중화와 오랑캐를 구별하며 자존감을 유지하고자 하는 사회적 절박함을 반영했다.

또한 명분론은 각자의 사회적 역할과 의무를 명확히 하여 구성원 간의 상호 이해와 협력을 이끄는 데 중요한 역할을 수행했다. 이러한 점에서 명분론은 단순히 신분 질서를 강화하는 데 그치지 않고 사회의 안정과 조화로운 운영을 위한 도구로 기능하기도 했으며, 긍정적이고 실용적인 측면에서도 평가할 수 있다.

성리학은 고려 말기에 한국에 전파되었으며 이를 처음 도입한 인물

안향

충숙왕(재위 1313-1330, 1332-1339)이 화원에게 그리도록 한 〈안향 초상〉이다. 안향은 고려 후기의 문신이자 학자로, 원에서 성리학을 도입하여 한국 성리학의 기틀을 마련한 인물이다.

은 충렬왕(재위 1274-1308) 시기에 활약한 안향이다. 당시 고려는 원의 내정 간섭을 받고 있었음에도 불구하고 문화적 교류는 지속되었고, 이 과정에서 성리학이 소개되었다. 안향은 이를 바탕으로 한국 성리학의 기틀을 세운 인물로 평가받고 있다.

충선왕(재위 1298, 1308-1313) 시기, 이제현은 원의 학문 중심지였던 만권당에서 저명한 학자들과 학술 토론에 참여하며 성리학을 깊이 탐구했다. 이 새로운 학문에 대한 고려 지식인들의 열정은 점차 고조되었고 이는 성리학이 한국의 지적 전통에 깊이 뿌리내리는 데 결정적인 역할을 했다. 결과적으로 성리학은 이후 한국 사상과 문화 발전에 큰 영향을 미쳤다.

공민왕(재위 1351-1374) 시기에는 이제현의 제자인 이색을 중심으로 정몽주, 권근, 정도전 등이 성리학을 깊이 탐구하며 이 사상이 널리 확산되었다. 이때 새롭게 등장한 신진 사대부(신진사류)는 성리학을 기반으로 사회 모순을 개혁하려 했으며 이는 개혁 세력의 사상적 중심이 되었다. 신진 사대부들은 성리학적 원칙을 바탕으로 토지제도의 개혁, 과거제도의 개선, 관료 체제의 효율화를 주장하며 권문세족의 부패를 비판했다.

또한 당시 사회 지배 세력이었던 불교의 폐단을 지적하며 철저한 사회 개혁을 추진하고자 했다. 성리학적 개혁 사상이 점차 고조되며 권력 재편을 향한 서막이 열렸다. 이제 고려 사회는 변혁을 향한 갈등과 충돌의 국면에 들어섰고, 권문세족과 신진 사대부 사이의 정치적 긴장이 격화되기 시작했다.

2 권문세족과 신진 사대부의 대립 속에서 고려 정치 질서가 재편되다

원의 영향력이 커지자 고려에는 국왕을 교체할 수 있을 정도로 원과 밀접한 관계를 맺은 친원 세력이 등장했다. 이 친원 세력은 몽골어에 능통한 역관들, 매사냥과 매 사육을 담당한 가문들, 원 공주와 함께 고려에 들어온 몽골인들, 그리고 원의 고위층과 혼인 관계를 맺은 가문들로 이루어졌다. 이들은 고려 전기부터 이어진 문벌 귀족과 무신 정권 시기에 성장한 무신 가문과 함께 고려 후기의 새로운 지배층을 형성했으며 그들의 영향력은 원과의 밀접한 관계를 통해 더욱 공고해졌다.

고려 후기의 지배층을 형성한 이들 권문세족은 주로 음서를 통해 고위 관직에 올라 권력과 부를 장악했다. 그들은 최고 의결 기구인 도평의사사에 참여해 국정을 이끌며 친원적 성향을 바탕으로 강력한 권력을 행사했다. 이러한 권문세족은 권력을 이용해 토지를 개간하거나 남의 토지를 불법적으로 빼앗아 농장을 확장했으며 이로 인해 막대한 부를 축적했다. 특히 가난한 민중을 노비로 삼아 농장 노동력으로 활용하면서 국가의 재정과 국방력은 점차 약화되었다.

현정릉
고려 말 왕릉 양식의 전형을 보여 주는 역사적 유산으로 평가받는 현정릉의 전경이다. 현릉은 공민왕의 무덤, 정릉은 공민왕이 사랑했던 왕비 노국대장공주의 무덤으로 개성에 있다.

충선왕은 이러한 권문세족의 불법 토지 확장을 철저히 조사하여 원래의 주인에게 토지를 반환하는 조치를 시행하고 소금 전매 제도를 도입하는 등 국가 재정을 개선하려는 개혁을 추진했다. 그러나 이 개혁은 근본적인 문제 해결에는 미흡했다. 충목왕(재위 1344-1348) 시기, 이제현 등은 정치적 기강을 바로잡기 위한 개혁안을 제시하고 권문세족의 불법 농장 운영을 조사했으나 원의 간섭과 기득권층의 반발로 큰 성과를 거두지 못했다. 개혁을 추진할 정치 세력이 부족했고 개혁에 대한 사회적 공감대가 충분하지 않았기 때문이다.

14세기 중반에 이르러 원이 쇠퇴하자 공민왕은 원의 영향에서 벗어나기 위해 반원 개혁과 권문세족 억제 정책을 강력히 추진했다. 그는 몽골식 의복 착용과 머리 모양을 금지하고 친원 세력을 숙청하여 원과

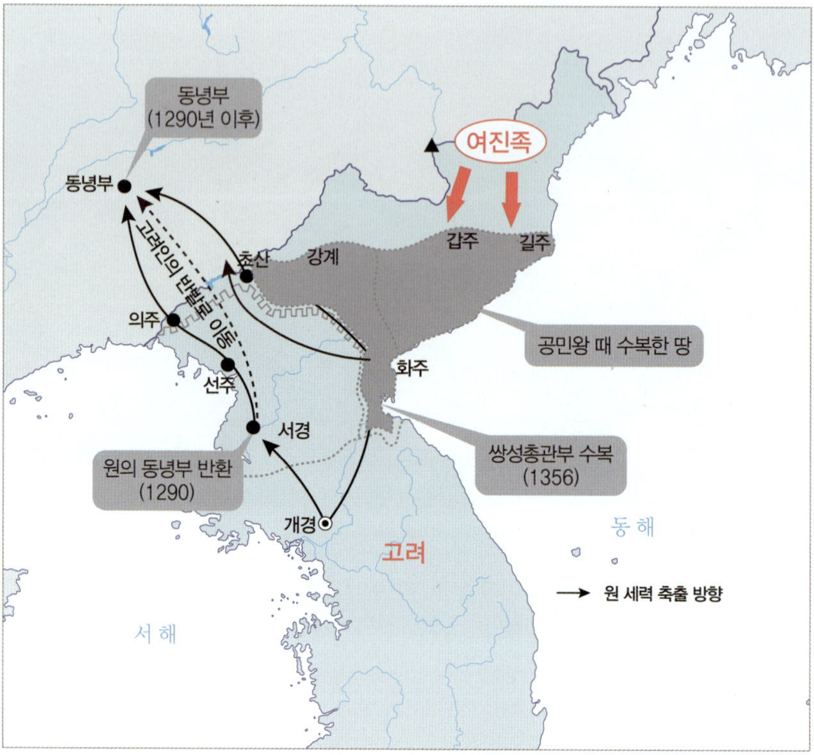

고려의 영토 수복
공민왕이 주도한 영토 회복 과정이다. 원의 간섭에서 벗어나 왕권을 강화하고, 북방 지역에서의 군사적·외교적 활동을 통해 영토를 되찾는 과정을 확인할 수 있다.

의 관계를 재정립하려 했다. 또한 원의 연호 사용을 중지하고 축소되었던 관제를 복원하여 고려의 자주성을 회복하려 했다. 나아가 쌍성총관부를 공격하여 철령 이북의 영토를 되찾는 데 성공했다. 이러한 반원 개혁은 고려의 자주권을 회복하고 권문세족의 권력을 약화시키는 성과를 거두었으며 이를 통해 공민왕은 민생의 안정을 꾀하고 왕권을 강화하고자 했다.

공민왕은 내정 개혁에 주력하며 권문세족의 인사권을 장악하던 정방을 폐지하고 친원 세력의 이익을 수호하던 정동행성 이문소를 철폐했다. 또한 신돈의 주장을 받아들여 개혁을 위한 임시 특별 기구인 전민변정도감을 설치하고 권문세족이 불법적으로 소유한 토지를 본래의 주인에게 돌려주었다. 강제로 노비가 된 사람들을 양민으로 복귀시켜 국가 재정 기반을 확충하고자 했으며 성리학 장려와 성균관을 통해 신진 사대부의 성장을 도모했다. 이색, 정몽주, 김구용, 이숭인, 정도전과 같은 신진 사대부들은 공민왕의 개혁을 지지했다.

주원장이 명(明)을 건국하자 공민왕은 명과 우호적인 관계를 맺고자 했다. 이에 신진 사대부들은 공민왕의 친명 정책을 적극적으로 지지하며 고려의 자주성을 회복하고 성리학을 바탕으로 새로운 국가 체제를 수립하려는 이상을 실현하고자 했다. 이들은 고려 후기의 정치적 변화를 주도하며 사회문제 해결을 위해 개혁적 열의를 표출했다. 공민왕과 신진 사대부들의 개혁 의지와 친명 정책은 고려의 자주성을 되찾고 새로운 국가 체제를 세우는 목표를 가졌지만 그 노력은 곧 외부의 심각한 위협에 직면하게 되었다.

원의 통제력이 약화되면서 붉은 두건을 착용한 홍건적이 고려를 두 차례 침입했다. 특히 두 번째 침입에서는 개경이 함락되고 공민왕이 안동으로 피난하는 상황이 벌어지며 고려 사회에 큰 혼란을 초래했다. 홍건적의 침입은 고려의 정치적 안정에 심각한 타격을 가했고 국방 체계의 허점을 드러냈다.

한편 일본에서는 가마쿠라 막부의 쇠퇴와 남북조 분열로 중앙 권력이 약화되자 하층 무사와 민중이 생계를 위해 해적 활동에 나섰다. 이들은 왜구로 활동하며 서남해에서 내륙 깊숙이 침투해 재산과 식량을 약탈하고 다수의 민중을 살해하거나 노예로 팔아넘기며 고려 경제와

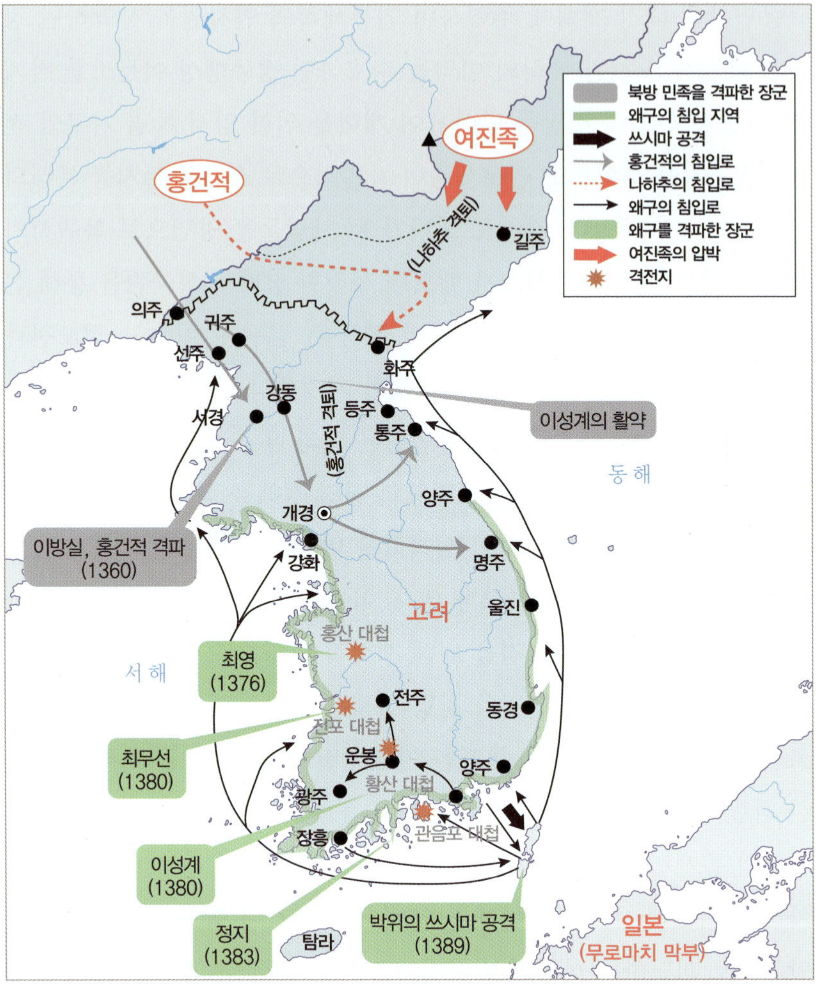

홍건적과 왜구의 침입과 격퇴
14세기 중반 홍건적과 왜구의 침입 및 격퇴 과정이다. 이를 통해 서경전투와 개경전투, 그리고 홍산대첩, 진포대첩, 황산대첩의 상황을 알 수 있다.

사회 구조에 심각한 위협을 가했다.

이 위기 속에서 정세운, 안우, 김득배, 이방실, 이성계 등이 활약해

홍건적을 격퇴했으며, 또한 왜구의 위협에 맞서 최영, 최무선, 이성계가 중요한 승리를 거두고, 왜구의 본거지인 쓰시마섬을 점령하기도 했다. 이러한 과정에서 큰 전과를 올린 신흥 무인 세력은 이후 고려 정치의 중심 세력으로 성장했다.

한편 명이 원에 강력한 공격을 가하자 원 순제가 북방으로 도피하며 원은 북원으로 불리게 되었다. 이후 명은 고려에 조공을 요구하고 요동 지역을 폐쇄하는 등 강경한 외교 정책을 펼치며 고려의 자주권을 위협했다. 이 와중에 명의 사신이 살해되는 사건이 발생하여 양국 간의 긴장은 급격히 고조되었다. 우왕(재위 1374-1388)이 즉위한 뒤, 친원파 이인임이 북원과의 외교 관계를 재개하며 명의 압박에 대응하고자 했다.

그러나 이 정책은 고려 내부에서 정치적 갈등을 심화시켰다. 정몽주와 정도전을 중심으로 한 신진 사대부는 명과의 화친을 주장하며 사회 개혁을 요구했으나 권문세족의 강한 반대에 부딪혀 개혁은 실현되지 못했다. 이로 인해 고려 조정 내 갈등은 더욱 깊어졌고 정치적 불안정이 심화되며 고려의 위기는 가속화되었다.

명의 철령위 설치 통고는 고려가 회복했던 철령 이북 지역을 명의 직속령으로 삼겠다는 의도에서 비롯된 것으로, 이는 고려의 주권과 영토를 직접적으로 위협하는 행위였다. 이에 고려는 강하게 반발했으며 최영은 비리를 저지르던 이인임을 축출하여 권력을 장악한 후 우왕을 설득해 요동 정벌을 추진했다. 요동 정벌은 명의 압박에 맞서 고려의 결의를 보여 주기 위한 시도였지만 이를 반대하던 이성계를 출정시킨 것은 무리수였다고 볼 수 있다.

이성계는 위화도까지 진격했으나 명과의 전쟁이 불가능하다고 판단하여 군대를 돌려 개경으로 돌아왔고 이를 통해 고려 조정을 공격했다. '위화도회군'이라고 불리는 이 사건 이후 이성계는 우왕을 폐위하고 최영을 처형하여 권력을 장악했다. 이 위화도회군은 고려 말 정치적 전환의 중대한 계기로, 새로운 권력 구조의 탄생을 예고하는 사건이었다.

이성계는 우왕의 아들 창왕(재위 1388-1389)을 즉위시켰으나 곧 폐위하고 우왕과 창왕이 신돈의 후손이라 주장하며 왕실의 정통성을 부정했다. 이후 공양왕(재위 1389-1392)을 옹립하며 개혁을 추진했다. 정도전은 《불씨잡변》에서 불교를 비판하고 성리학을 새로운 통치 체제의 기초로 삼으려 했다. 조준 등 신진 사대부는 토지 개혁법인 과전법을 통해 권문세족의 경제 기반을 약화하고 민중 생활 안정과 국가 재정 확충을 도모했다.

신진 사대부는 온건파와 급진파로 나뉘어 고려 왕조를 유지하려는 세력과 조선을 건국하려는 세력으로 분열되었다. 온건파의 정몽주는 이성계를 제거하려 했으나 이성계의 아들 이방원이 선죽교에서 정몽주를 암살하며 급진파가 승리했다. 결국 이성계가 왕위에 오르며 475년간 이어진 고려가 막을 내리고 조선이 시작되었다(1392).

조선의 통치 체제와 성리학적 사회질서 9

1 중앙집권 체제를 확립하고 양반 중심 사회를 형성하다

조선을 건국한 신진 사대부들은 고려의 유산을 계승하면서도 새로운 시대를 열어 가기 위해 성리학을 국가의 근본 이념으로 삼았다. 이들 중에서도 정도전은 민본주의와 덕치를 강조하여 재상이 주도하는 정치 체제를 확립하려 했는데 이는 왕권을 견제하고 신권을 강화하려는 목적이었다. 또한 이들은 불교의 영향력을 크게 축소시키고, 국가 주도로 열리던 불교 행사를 중단시켰으며 승려가 되는 길을 어렵게 만들었다. 이렇게 성리학이 사회 전반에 뿌리내리며 사회구조와 가치관의 근본적인 전환이 촉발되었다.

이성계는 왕위를 받아 태조(재위 1392-1398)로 즉위한 뒤 명의 허락을 통해 국명을 조선으로 정하고 수도를 서울 지역으로 옮겨 한양이라 명명했다. 한양은 국가의 중심부에 자리하여 전국을 통치하기 용이했고 한강이 있어 교통이 편리하며 물자 공급에도 유리한 위치였다. 또한 주변이 산으로 둘러싸여 있어 외부 침입을 방어하는 데에 용이했다. 한

태조
익선관을 쓰고 푸른 곤룡포를 입은 〈태조어진〉이다. 고려 말의 무신이자 정치가였던 태조는 위화도회군을 통해 고려의 실권을 장악하고 신진 사대부의 지원을 받아 조선을 건국한 인물이다.

양에는 경복궁을 비롯하여 종묘, 사직, 시전, 성균관 등 유교적 이념을 반영한 주요 건물이 세워졌으며 그 명칭도 유교 경전에서 가져왔다. 이는 유교적 이상 국가를 실현하려는 도시 계획의 일환이자 조선의 정체성을 건축과 공간을 통해 구체화하려는 시도였다.

조선 건국의 핵심 인물 중 하나인 이방원은 재상 중심 체제와 왕위 계승에 불만을 품고 쿠데타를 일으켰다. 이를 통해 정도전과 세자 및 그 지지자들을 제거한 뒤 권력을 장악했다. 그는 형(정종, 재위 1398-1400)을 왕위에 올린 뒤 반대파를 숙청하고 명분을 만들어 왕위에 올라 태종(재위 1400-1418)이 되었다. 태종은 왕권을 강화하기 위해 6조 직계제를 도입해 의정부의 권한을 축소하고 사간원을 독립시켜 신하들을 견제했으며 사병을 혁파했다. 이는 중앙집권적 체제를 확립하려는 일련의 조치로, 이후 조선 정치 구조의 중요한 요소로 자리 잡았다.

태종은 중앙집권 체제를 강화하기 위한 일련의 조치를 시행했다. 그는 토지와 인구에 대한 정밀한 조사를 통해 양안과 호적을 작성하고 16세 이상의 남성들에게 호패를 소지하게 하는 호패법을 도입했다. 호

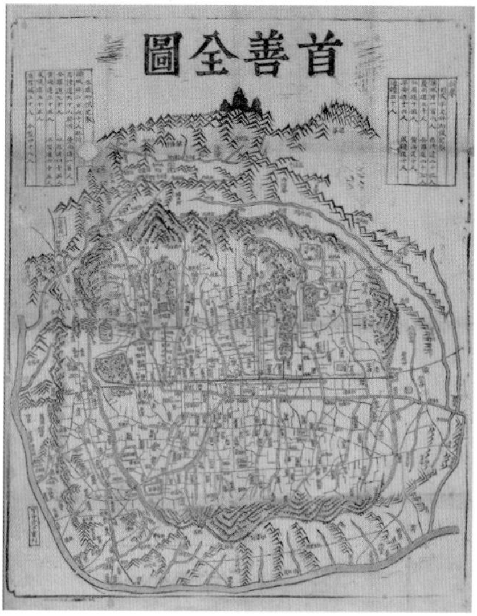

한양의 모습
김정호가 제작한 것으로 추정되는 〈수선전도〉이다. 한강과 산세, 청계천 등 주요 지형과 궁궐, 관청, 행정구역, 도로망이 세밀히 묘사되었으며, 도로는 단선, 하천은 쌍선으로 표현되었다.

패는 현대의 주민등록증과 유사한 역할을 했지만, 소지자의 신분에 따라 기록된 내용이 달랐다는 점에서 차이가 있었다. 이는 중앙집권 체제 확립과 통치 기반 마련을 목표로 한 조치였다.

태종의 행정 개혁은 국가의 통제력을 강화하고 조세와 병역 체계를 효율적으로 구축하기 위한 근본적 변화로 평가된다. 그러나 그는 왕권 강화를 위해 자신의 집권에 기여한 공신들조차 가차 없이 숙청했으며 외척을 비롯하여 왕권에 위협이 된다고 판단되는 인물들을 제거하는 데 주저하지 않았다. 이러한 태도는 태종이 자신의 권력을 공고히 하기 위해 지속적인 견제와 통제를 필수로 여겼음을 나타낸다.

세종(재위 1418-1450)은 태종의 강력한 왕권과 경제력을 바탕으로 유교적 통치를 실현하고자 했다. 그는 집현전을 세워 젊고 유능한 학자들이 연구에 몰두할 수 있는 환경을 제공했으며 경연을 자주 개최하여 왕과 신하가 함께 유교 경전을 토론하는 자리를 마련했다. 또한 의정부서사제를 부활하여 재상의 권한을 보장하되 인사와 군사에 관한 주요 사안은 국왕이 처리하여 왕권과 신권의 균형을 이루려 했다. 세종의 이러한 접근은 조선 왕조의 통치 이념을 더욱 확고히 다지려는 유

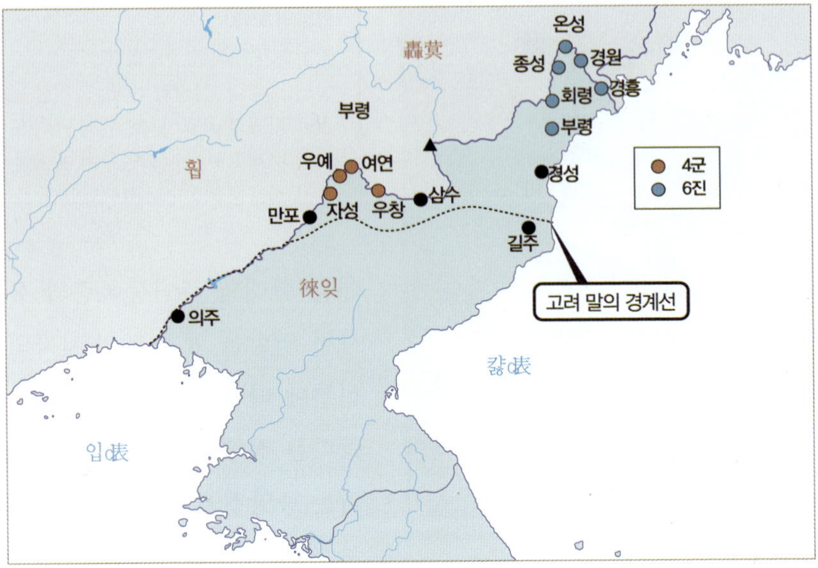

4군 6진

세종이 북방 방어를 위해 설치한 4군 6진의 위치이다. 이를 통해 세종이 4군 6진을 설치하여 오늘날의 국경선과 유사한 영토를 안정적으로 확보한 것을 알 수 있다.

교적 이상 정치의 실현이 목표였다.

세종은 또한 과학적 문자 체계인 훈민정음(訓民正音)을 창제했는데 집현전 학자들과 함께 창제 과정을 주도했다. 훈민정음은 '민중을 가르치는 바른 소리'라는 뜻으로, 당시 일부 지배층의 반대에도 불구하고 민중이 글을 쉽게 읽고 쓰도록 함으로써 지식의 독점을 깨고 사회 전반의 의식 수준을 높이는 데 기여했다. 단순한 문자 체계 이상의 의미를 띤 이 혁신적인 문자는 민중의 교화와 국가 통치의 효율성을 높이는 데 활용되었다. 훈민정음은 현대에 와서는 컴퓨터 자판 등에서 효율적인 입력 체계로 발전해 전 세계 언어학자들의 큰 관심을 받는 독창적 문자로 자리 잡았다.

장릉 재실
단종의 제사를 지내기 위해 제관들이 머물며 준비를 하던 재실이다. 단종은 왕위에서 쫓겨나 유배 중 사약을 받고 사망했으나 약 220년 후 왕으로 추존되어 묘호를 받았다

세종은 북방으로의 영토 확장에 나서 4군 6진을 설치하여 오늘날의 국경선과 유사한 영토를 확보했다. 이는 이곳에 살던 여진족들에게 고통스러운 경험이었음은 자명하다. 그러나 조선의 영토 내로 편입된 여진족들은 점차 조선 사회에 동화되었고 이는 단순한 군사적 정복을 넘어선 문화적 통합의 일환이 되었다. 그럼에도 불구하고 조선 영토 밖의 여진족과는 여전히 갈등이 있었고 이들 중 일부는 후에 후금(청)을 건국하게 된다. 조선의 북방 정책은 영토 확장에 성공했으나 여진족과의 관계에서는 복잡한 영향을 미쳤다고 할 수 있다.

나이가 어린 단종(재위 1452-1455)이 즉위한 후 정치적 권한은 재상에게 넘어가며 왕권이 약화되었다. 이에 세종의 아들 수양대군은 반란을 일으켜 조카인 단종을 폐위하고 세조(재위 1455-1468)로 등극했다. 이후 단종을 복위시키려는 사육신 사건이 발생했으나 세조는 그들을 잔혹하게 처형했다. 이 사건은 세조의 왕위 계승의 정당성 논란을 불러일으켰다.

세조는 왕권 강화를 위해 집현전을 폐지하고 경연을 중단했으며 6조 직계제를 다시 도입하여 6조 판서들이 의정부를 거치지 않고 왕에게 직접 보고하게 했다. 또한 《경국대전》 편찬을 시작하여 그의 치세에 〈호전〉과 〈형전〉이 완성되었는데 이는 후에 조선의 기본 법전이 되었다. 그는 왕권을 반대하는 자는 처단하고 자신을 지지한 공신들에게는 막대한 특권을 부여했다. 이때의 공신들은 후에 훈구파로 불리며 권력과 부를 독점하며 권력 남용을 일삼았다.

한편 세조는 말년에 불교에 심취하여 왕실의 안녕을 비는 행사를 통해 불교의 명맥을 유지하게 했다. 이는 조카를 폐위하고 죽인 것에 대한 세조의 죄책감에서 비롯된 것으로 보인다. 이러한 행보는 그의 통치에서 드러나는 모순적인 면모를 보여 준다.

성종(재위 1469-1494)은 지방 출신의 선비들, 즉 사림을 중용하고 집현전을 계승한 홍문관을 설치하여 경연을 재개했다. 이를 통해 왕과 신하가 정책을 토론하고 심의할 수 있는 체계를 마련했다. 성종은 《경국대전》을 완성하고 반포하여 법전 기반의 합리적인 국가 운영을 추구했다. 《경국대전》은 조선의 유교적 통치 체계를 정비하고 강화하는 데 중요한 역할을 했으며 이후 법전이 개정되더라도 조선의 통치는 《경국대전》의 틀 내에서 이루어졌다.

조선 시대의 정치 체계는 의정부서사제를 기본 구조로 삼았으며, 영의정, 좌의정, 우의정으로 구성된 3정승이 주요 정책을 합의하고, 6조는 의정부의 지휘 아래 정책을 집행했다. 승정원은 왕의 비서 기관으로 왕의 명령을 신속히 전달하는 역할을 수행했으며, 오늘날의 비서실과 유사한 기능을 했다. 조선의 정치 체계는 신하들의 발언권을 중시하여 국왕이 독단적으로 통치하기 어려운 구조를 형성했다. 3사(사헌부, 사간원, 홍문관)는 강력한 발언권을 보유하고 있었으며 춘추관과 성균관 또한 주요한 역할을 맡았다. 이러한 기관들은 국왕과 신하 간의 권력 균형을 반영하여 조선의 정치적 안정성을 보장하는 중요한 역할을 했다.

지방 행정 체계는 전국을 8도로 나누고 부, 목, 군, 현에 지방관을 파견하여 중앙집권적 통치를 강화했다. 관찰사는 각 도의 재정, 재판, 군사 업무를 총괄하며 수령은 세금 징수와 군사 지휘 등을 맡아 지역에서 막대한 영향력을 행사했다.

조선은 교육을 중시하여 한양에는 성균관과 4부 학당을 설치하고 각 지방에는 향교를 세웠다. 성균관은 최고의 교육 기관으로서 관료 양성과 유교 이념 확산에 중요한 역할을 맡았다. 외국어, 의술, 법률 등 실무 교육은 전문 관청에서 담당했다. 조선의 국왕들은 향교 교육에 특별한 관심을 기울여 지방에서도 인재를 양성하려 했다. 이러한 교육 체계는 유교적 가치관을 전파하며 조선의 지식 체계를 확립하는 데 기여했다.

조선 시대 관료 선발은 과거 시험을 중심으로 음서와 천거 같은 절차가 더해져 이루어졌다. 고위 관직에 오르려면 과거 시험 통과가 필수였으며 이는 고려 시대보다 개인의 능력과 자질을 중시한 제도적 변화였다. 다만 평안도와 함경도 출신자는 관직 진출에서 불이익을 받았다. 이들 지역 출신이 과거 시험에 응시하는 것은 가능했으나, 실제로 고위 관직에 오르는 경우는 극히 드물었고 이는 제도와 현실의 괴리를 보여 준다. 과거제는 단순한 신분 상승 통로를 넘어 능력 있는 인재를 발굴하려는 체계로 기능했지만 지역적 차별과 현실적 한계는 여전히 존재했다.

과거 시험은 문관을 선발하는 문과, 무관의 무과, 기술 관리의 잡과

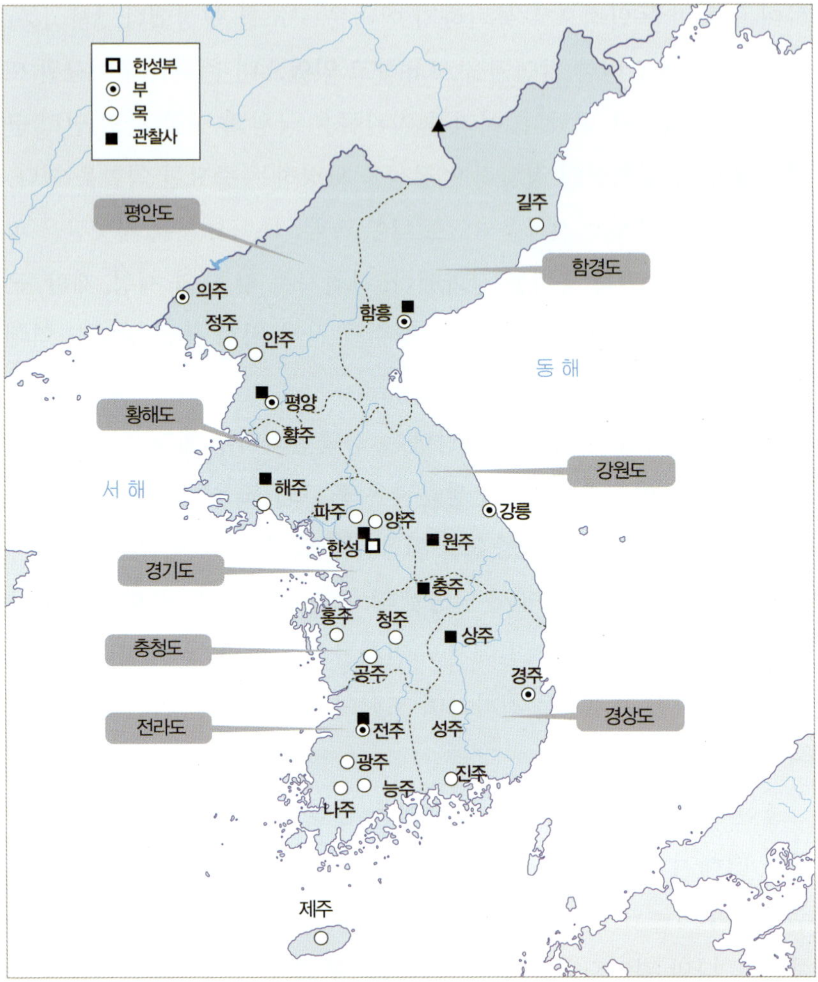

조선의 지방 행정 조직
조선 시대의 지방 행정 구역과 구조이다. 각 지역의 수령 체계와 행정 기관, 도의 경계와 부·목의 분포를 통해 지방 통제와 행정 운영의 특징을 보여 준다.

로 나뉘었다. 문과는 3년마다 정기적으로 치렀고 특별한 경우에도 시행되었으며, 천인을 제외한 응시가 가능했으나 탐관오리 자손, 재가한 여성의 자손, 서얼 등은 응시가 제한되었다. 반면 무과와 잡과에는 이

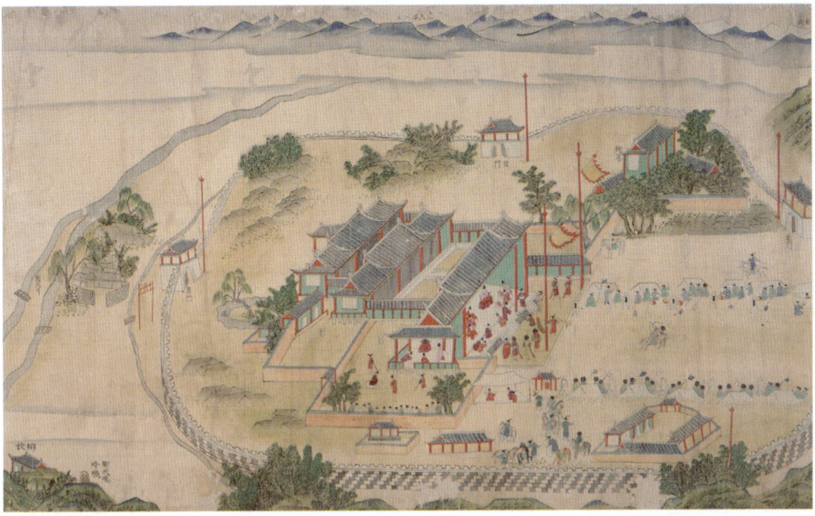

별과
함흥에서 별과를 치르는 장면을 묘사한 〈북관별과도〉이다. 별과는 정기적인 과거 시험인 식년시와 달리, 특별한 사유로 왕명에 의해 비정기적으로 시행된 과거 시험을 의미한다

런 제한이 없었지만 시간과 비용 부담으로 양인의 합격은 드물었다. 조선의 과거제는 관료 체계를 확립하며 고려보다 영향력이 컸다.

과거제를 통해 선발된 관리들로 조선 시대 지배 계층이 형성되었으며 이들을 양반이라 불렀다. 원래는 문반(문관)과 무반(무관)을 통칭하는 명칭이었으나 시간이 지나면서 그들의 가족과 가문까지 양반으로 인정받았다. 양반 계층은 법률과 제도로 특권을 보장받으며 국역에서 면제되었다. 이들은 기득권 유지를 위해 향리와 서리 같은 하급 신분을 중인으로 격하해 양반 수의 증가를 억제했고 민중의 사회적 상승을 더욱 어렵게 만들었다.

지방에 거주한 양반은 그 지역의 문화와 정치에 깊숙이 관여했다. 이들은 지방 행정의 핵심으로, 수령의 자문 역할을 수행하며 향청을 통해 지방 행정에 참여했다 향리는 세습적으로 지방관아에서 행정 실무를 담당했으며 오늘날의 지방 공무원과 비슷한 역할을 했다. 이들 양반은 민중을 지도하고 여론을 형성하는 데 기여했지만 자신들의 특권을 남용하여 민중을 수탈하는 경우도 있었다.

오늘날 일부 한국인들은 양반의 후예라는 것에 자부심을 느끼지만 이는 역사적 실체와 다를 수 있다. 따라서 양반 계층의 긍정적·부정적 측면을 균형 있게 이해하는 것이 중요하다. 선비 정신에서 드러나는 학문 열정, 도덕적 가치관, 공동체에 대한 책임감 등은 현대 사회에서도 계승할 가치가 있는 반면, 신분 차별 의식과 같은 역사적 한계는 비판적으로 검토해야 한다. 이는 역사를 객관적으로 바라보고 과거의 교훈을 현대 사회 발전에 활용하는 데 중요한 자세이다.

2 사림이 성장하며 성리학적 질서를 정착시키다

조선 시대에 유학, 특히 성리학이 학문적 토대로 자리 잡으면서 이를 바탕으로 한 사림 세력의 영향력이 점차 확대되었다. 이들은 성리학의 도덕적 이념을 정치와 사회에 반영하고, 국가를 도덕적 기반 위에서 개혁하고자 했다. 성종은 훈구파의 확장을 우려하여 김종직을 중심으로 사림을 등용하여 훈구파를 견제하기 시작했다. 김종직과 성종의 협력은 사림 세력의 확대를 이끌었으며, 이를 통해 사림파라는 새로운 정치 세력이 형성되었다. 사림파는 3사(사간원, 사헌부, 홍문관)에 포진해 훈구파의 권력 독점과 부패를 비판하며 개혁을 주장했다.

이 갈등은 연산군(재위 1494-1506)이 왕위에 오른 후 더욱 심화되었다. 훈구파는 연산군을 설득해 사림파에 대한 대대적 숙청을 감행했는데 이를 무오사화라 부른다. 김종직의 〈조의제문〉이 숙청의 구실이 되었는데 이 글은 세조의 왕위 찬탈을 은유적으로 비판한 것으로 훈구파는 이를 문제 삼아 사림파를 제거하려 했다. 무오사화는 단순한 권력 다툼이 아니라 기득권 세력이 개혁 세력을 억압하려는 상징적인 사건이다. 이러한 대립은 조선 정치의 구조적 문제를 더욱 부각시켰다.

사림파는 처음에는 훈구파와의 권력 투쟁에서 패했으나 도덕적 우위와 학문적 성과를 바탕으로 지방 사회에서 꾸준히 세력을 확장해 마침내 권력의 중심에 서게 되었다. 이 과정에서 사림파는 지방에서 향촌 사회를 기반으로 지지를 얻었고 이를 통해 중앙 권력에 도전할 수 있는 토대를 마련했다. 그러나 시간이 흐르면서 사림파는 보수화되고, 권력을 독점하기 위해 대립했다.

이러한 내부 분열은 당쟁으로 이어졌다. 선조(재위 1567-1608) 때 사림파가 집권했지만 동인과 서인으로 나뉘어 서로 다른 정치적 입장을 형성했다. 동인은 신진 사림으로서 개혁을 추구하며 이조 전랑의 인사권을 두고 서인과 갈등했다. 서인은 보수적인 입장에서 기존의 기득권을 유지하려 했으며 주로 이이와 성혼의 학문을 계승한 경기도, 충청도, 전라도 지역의 인물들과 연합하여 권력을 다졌다. 동인은 이황과 조식의 학문을 계승하여 영남 지역의 사림을 중심으로 향약과 서원을 통해 지역 사회를 기반으로 삼았다. 이 갈등은 조선의 정치와 사회에 새로운 긴장과 변화를 불러일으켰다.

정여립의 모반 사건은 서인에게 정치적 우위를 안겨 주었으나, 이후 서인 정철이 광해군의 왕세자 책봉을 주도하면서 선조의 반감을 사게 되어 정치적 타격을 입었다. 이 사건은 조선에서 왕권과 신권의 균형, 그리고 왕위 계승 문제가 얼마나 민감한 사안이었는지를 보여 준다. 정여립의 난 이후 동인은 북인과 남인으로 분화되었으며 북인 중에서도 대북 세력이 광해군의 주요 지지 기반으로 자리 잡았다.

광해군(재위 1608-1623)은 실리적 외교 정책을 시도하며 남인 이원익 등을 등용해 정국의 균형을 맞추려 했으나 대북 세력의 방해로 큰 성과를 거두지 못했다. 오히려 대북 세력은 다른 정파들을 제거하며 권력을 독점했고 이는 정치적 갈등을 더욱 심화시켰다. 결국 이러한 갈등은 쿠데타로 이어져 광해군이 왕위에서 쫓겨났고 북인 세력도 함께 몰락했다.

이후 조선 정치에서는 서인과 남인이 주도권을 잡았고 서인이 권력을 장악했지만 남인의 존재 역시 무시할 수 없었다. 현종(재위 1659-1674) 시기 복상 기간을 두고 첨예하게 벌어진 예송 논쟁은 서인과 남인 간의 대립을 상징하는 사건이었다. 서인은 법과 질서를, 남인은 왕실의 예법을 강조하면서 기해예송과 갑인예송에서 서로 다른 주장을 펼쳤고 이로 인해 권력 균형이 계속 변화했다. 그러나 이러한 균형은 매우 불안정했다.

숙종(재위 1659-1720)이 즉위한 후, 남인의 정치적 영향력이 확대되었으나 숙종은 경신환국을 단행하여 남인을 축출하고 서인이 정권을 잡도록 했다. 그러나 서인 내부에서도 송시열과 윤증 간의 갈등으로 인해 노론과 소론으로 분열되었으며 이는 정치적 균열을 더욱 심화시켰다. 숙종은 이를 이용해 기사환국을 통해 노론을 제거하고 남인에게 권력을 맡겼으나 갑술환국에서는 다시 남인을 몰아내는 등 정국이 혼란이 반복되었다.

이 과정에서 특정 붕당이 정권을 독점하고 당파적 이익을 우선시하는 현상이 심화되었다. 당시 군사와 국정의 최고 기구인 비변사의 고위직을 장악한 집권 붕당은 의정부와 6조의 행정 기능을 사실상 무력화시켰고 왕위 계승 문제에까지 개입하며 왕권을 위협했다. 이는 조선

송시열과 윤증

〈송시열 초상〉과 〈윤증 초상 일괄〉이다. 송시열과 윤증은 스승과 제자 관계였으나, 노론과 소론의 지도자로 활동하며 정치적 갈등을 빚었다.

의 초기 정치 체계를 뒷받침했던 견제와 균형의 원리가 붕괴되었음을 의미하며 조선 후기 정치의 구조적 문제를 드러냈다.

그러나 이러한 정치적 갈등과 변화에 단순히 부정적인 측면만 있었던 것은 아니다. 초기 붕당 정치는 왕권의 남용을 견제하며 긍정적인 기능을 수행하기도 했다. 또한 이러한 혼란 속에서도 조선의 학문과 문화는 꾸준히 발전했으며 이는 특히 지방에서 더욱 두드러졌다. 지방 양반들에게 서원은 성리학적 질서를 확립하고 유지하는 데 중요한 역할을 하면서 단순한 제사 장소를 넘어 선비들이 학문을 닦고 사상을 교류하는 중심지로 기능했다.

서원은 자체적으로 운영되며 지역 사회의 인재를 배출하고 학문적 유산을 세대에서 세대로 전승했다. 나아가 지방 정치와 중앙 정계에까

소수서원
안향을 기리기 위해 세워진 소수서원의 전경이다. 주세붕이 1542년에 회헌사를 세운 후, 이를 백운동서원으로 개편했으며, 1550년에 사액된 이후 이름이 바뀐 것이다.

지 영향을 미치며, 단순한 교육 기관을 넘어선 정치적·사회적 영향력을 가진 중요한 기관으로 자리 잡았다. 이러한 서원의 역할은 조선 후기 사회와 문화를 풍성하게 만드는 데 크게 기여했다.

서원의 역사는 중종(재위 1506-1544) 때 주세붕이 설립한 백운동서원으로 거슬러 올라간다. 안향을 기리기 위해 세워진 이 서원은 성리학이 조선에 깊이 뿌리내리는 데 중요한 역할을 했다. 이후 명종(재위 1545-1567) 시기, 이황의 요청으로 왕이 서원의 현판에 이름을 지어 주면서 사액서원이 등장하게 되었다. 사액서원의 탄생은 서원을 지방 학문과 문화 발전의 중심지로 성장시키는 계기가 되었다. 서원들은 학문적·문화적 발전에 긍정적인 영향을 미쳤지만 동시에 사림들의 정치적 도구로 이용되며 부정적인 결과를 초래하기도 했다.

서원은 교육을 위한 건물, 기숙사, 사당 등으로 구성되었으며 지역 사회의 학문과 문화를 풍성하게 했다. 유네스코는 소수서원을 포함한 9개의 서원을 세계문화유산으로 지정하며(2019) 그 교육적, 문화적, 건축적 가치를 인정했다. 이는 서원이 조선 시대의 학문과 문화에 미친 영향력을 국제적으로 인정받은 것으로, 조선 서원의 역사적 중요성을 보여 준다.

한편 향약은 조선 시대 지방 사회의 윤리적 지침으로서 성리학적 가치를 지역민의 생활에 심어 주는 중요한 역할을 했다. 지방에 거주하던 양반들은 이 규약을 적극적으로 수용하여 지역 사회의 풍속을 유교적 윤리로 다듬고 도덕적 기준을 확립했다. 중종 시기 조광조가 마련한 향약은 이황과 이이와 같은 성리학자들에 의해 널리 보급되었다. 이들은 향약을 통해 지역민에게 성리학적 이념을 가르치고, 이를 지역 사회 전반으로 전파하여 유교적 질서를 강화했다.

향약이 보급됨에 따라 양반들은 지역에서 더욱 강한 영향력을 행사할 수 있었고 성리학의 확산은 일상생활에도 명분론을 중시하는 가치관을 깊이 뿌리내리게 했다. 그러나 이러한 영향은 지방 사회에서 계층과 성별에 따른 역할과 차별을 점차 강조하는 결과로 이어졌다. 이는 향약이 성리학적 질서를 유지하는 데 기여했지만 동시에 사회적 불평등을 심화시키는 역할도 했음을 보여 준다.

이에 따라 지방 사회에서는 계층, 성별에 따른 역할과 차별이 강조되었다. 또한 성리학자들은 유교적 의례와 가문의 전통을 중시하여 이를 사회적 교양으로 여기고 충신, 효자, 열녀 등의 유덕한 인물을 발굴하고 표창하는 데에도 앞장섰다. 이와 같은 성리학적 윤리의 권장은 지역 사회의 일상생활에 깊숙이 스며들어 사람들의 생활양식과 사고방식에 영향을 미쳤다.

대규모 전쟁 이후 조선 왕조의 존속 이유

10

1 조일전쟁으로 위기에 처한 조선이 돌파구를 찾다

조선은 건국 이후 일본의 무로마치 막부와 평등한 외교 관계를 추구하며 서로를 존중하는 자세로 교류했다. 부산포(부산), 염포(울산), 제포(창원) 등의 항구를 개방하여 조선과 일본 사이에는 통신사와 국왕사를 통한 정기적 왕래가 이루어졌다. 삼포왜란과 같은 긴장도 있었으나 양국은 〈임신약조〉와 같은 평화 조약을 통해 기본적으로 평화적 관계를 유지했다.

한편, 가마쿠라 막부의 몰락과 무로마치 막부의 쇠퇴를 거쳐 일본은 전국시대를 맞이했다. 이 시기는 다이묘들 간의 끊임없는 전쟁으로 혼란스러웠으나 도요토미 히데요시가 일본을 통일하며 그 혼란을 종식시켰다. 그의 통일은 일본 내 정치적 안정의 기반을 마련했지만 주변국들과의 관계에서는 부정적인 영향을 끼쳤다.

한국인들은 도요토미 히데요시를 포악하고 인성이 부족한 지도자로 기억하는 반면 일본인들은 그의 탁월한 지도력과 능력을 높이 평가하며 존경하고 있다. 이러한 인식 차이는 각국의 역사적 경험과 관점의 차이에서 비롯되었다. 그러나 그는 조일전쟁을 일으켜 한일 관계에 심각한 갈등을 초래한 인물로, 일본인들 또한 그에 대한 역사적 평가를 재검토할 필요가 있다.

도요토미 히데요시는 일본을 통일한 후 다이묘들의 독립적 군사력을 약화시키고 중앙집권화를 강화하기 위해 새로운 외부 목표가 필요했다. 그는 중국과 인도를 정복하려는 야심을 품었고, 명과의 교역을 시도했으나 거부당하자 중국 정복을 계획했다. 그 과정에서 조선에 길을 빌려 달라는 요구가 거절되자 이를 구실로 조선을 침략했다. 이 침략은 조선을 명으로 가는 교두보로 삼으려는 그의 야망에서 비롯된 것이었다.

한국인은 일본이 역사적으로 지속해서 한국을 침략해 왔다고 인식하지만 한민족의 형성 이후부터 이때까지 일본의 정규군이 직접 침략한 사례를 찾아보기 힘들다. 고려 말과 조선 초에 조선을 괴롭힌 왜구의 침입 역시 일본의 정규군이 아닌 해적 세력의 약탈이었으며 조선은 정규군의 침략 가능성을 크게 경계하지 않았다. 대규모 병력을 실은 일본 선단이 부산진에 도착했을 때도 조선은 이를 무역선으로 착각했을 정도였다.

한국에서는 이 전쟁을 '임진왜란'이라고 부르고 있다. '왜'라는 용어가 과거에 일본을 지칭하긴 했지만 비하의 의미를 담고 있어 지금 쓰기에는 부적절하다고 할 수 있다. 이에 따라, 임진왜란을 제1차 조일전쟁으로, 정유재란을 제2차 조일전쟁으로 부를 것을 제안한다. 이러한 명칭을 제안하는 것은 역사적 사실을 존중하면서도, 현시점에 더 적합한 표현을 사용하기 위함이다.

일본군은 상륙 직후 부산진을 점령하고 동래성을 공격했다. 부산진

〈부산진순절도〉
1592년 일본군의 대규모 침공에 맞서 부산진 첨사 정발과 군민들이 끝까지 항전하다 순절한 장면을 비단에 묘사한 그림이다. 부산진은 1407년에 설치된 수군첨절제사의 진영이다.

첨사 정발과 동래 부사 송상현이 저항했지만, 치열한 전투 끝에 사망했다. 당시 선조(재위 1567-1608)가 신뢰한 신립이 배수진을 치며 지키려 했던 충주 방어선이 무너지면서 일본군은 전쟁 시작 20일 만에 한양까지 진격했다. 이는 일본군의 우수한 전술과 무기, 조선 방어 체계의 취약함이 맞물린 결과였다. 지리, 교통상의 조건을 고려할 때 일본군의 신속한 한양 진격은 이례적이며 조선의 국방 준비와 상황 판단에 심각한 문제가 있었음을 보여 준다.

조선의 국왕 선조는 지도자로서 여러 한계를 드러낸 인물이었다. 특히 충주 방어선이 무너지자 그는 공황 상태에 빠져 도피에만 몰두했다. 선조가 도피한 이후 경복궁은 불길에 휩싸였다. 이와 관련된 여러 주장이 있지만 정확한 원인은 알 수 없다. 다만 선조의 도피로 인한 민심 이반과 혼란 상태에서 일본군이 아닌 민중에 의해 불태워졌다는 것이 가장 설득력이 있다. 선조는 세자 책봉을 미루다 위기의 순간에 광해군을 세자로 책봉하고 전쟁을 지휘하도록 했다. 그러나 본인은 명과

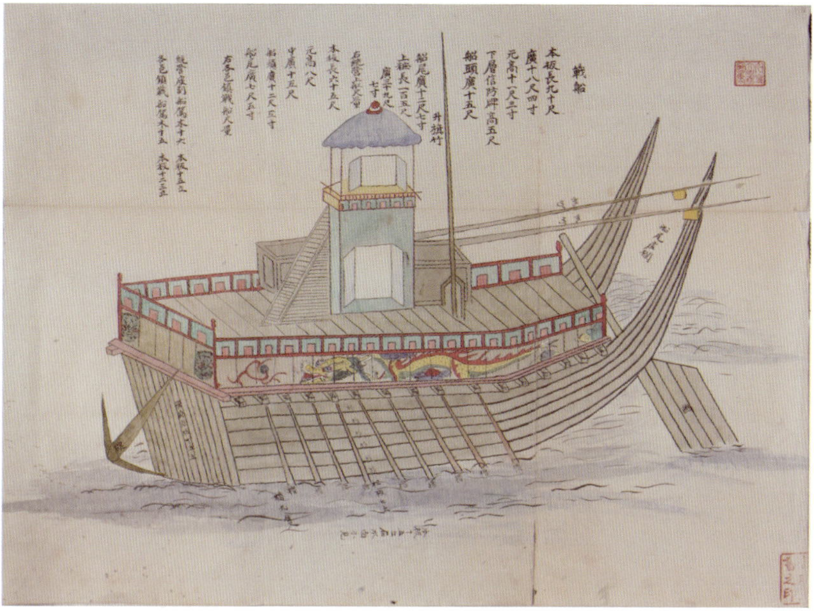

판옥선
조선 후기 함선을 기록한 《각선도본》에 수록된 판옥선의 모습이다. 판옥선은 명종 대에 개발된 중층 구조의 전투용 함선으로, 효율적인 전투와 격군의 안전을 위한 갑판 구조를 갖추었으며, 거북선의 기본 구조로 활용되었다.

접경한 의주로 피란하여 명에 군사 지원을 요청했으며 이는 외국군의 개입이 초래할 문제를 충분히 고려하지 않은 선택이었다.

조선이 위기 속에서 시간을 벌 수 있었던 것은 이순신의 뛰어난 활약 덕분이었다. 전쟁 이전부터 이순신은 해군을 양성하고 군함을 건조하며 대비 태세를 갖추고 있었다. 다수가 전쟁을 예측하지 못한 상황에서 그의 군함들은 중요한 역할을 했으며 특히 거북선은 상징적인 존재였다. 거북선은 한때 세계 최초의 철갑선으로 여겨졌으나 실제로는 철판을 덮은 목선이었다. 실전에서는 판옥선이 더 큰 역할을 하여 전투에서 중추적 기여를 했다.

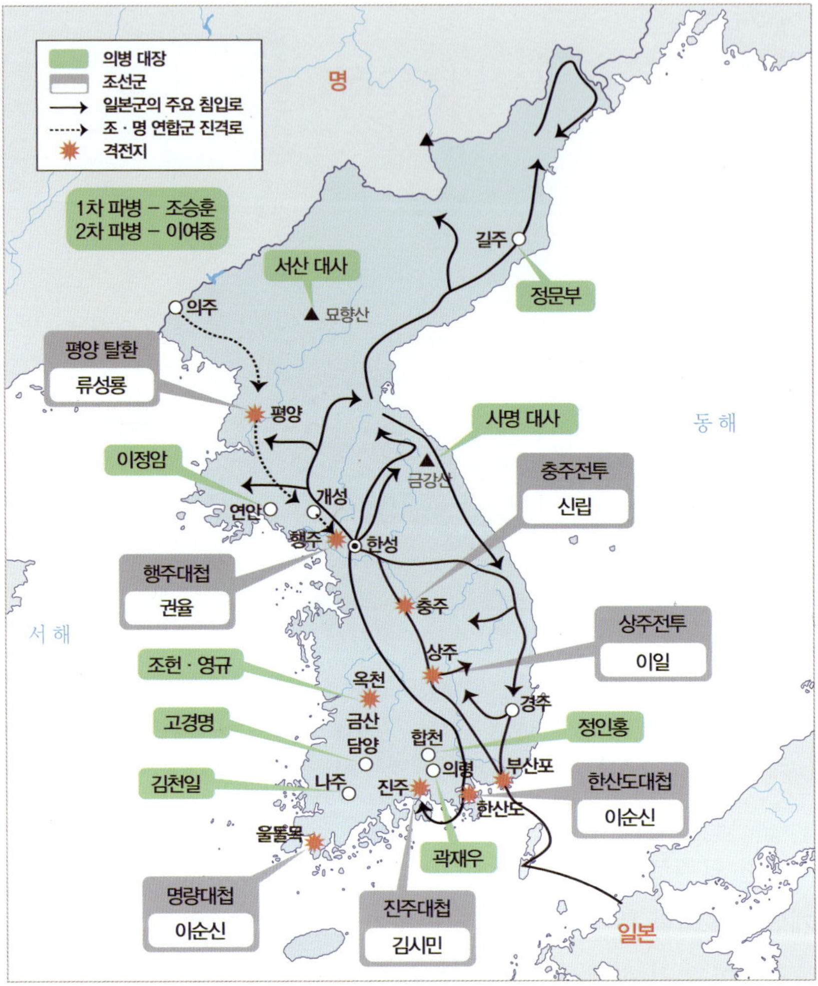

조선과 일본의 전쟁 과정

조일전쟁 동안 조선과 일본 간의 주요 전투가 벌어진 지역과 활약한 인물들이다. 격전지의 위치와 전황을 통해 전쟁의 흐름과 양상을 살펴볼수 있다.

이순신이 이끄는 해군은 23전 23승의 전적을 기록하며 일본군의 서해안 진출을 저지했다. 이를 통해 곡창 지대인 전라도를 보호하고 일본군의 보급로를 차단함으로써 전쟁을 장기화시켰다. 그의 활약이 없

이순신

장우성의 작품으로 표준 영정으로 지정되었으나, 작가의 친일 행적으로 논란이 된 이순신의 초상화이다. 이순신은 조일전쟁 당시 삼도군통제사로 활약하며 옥포, 한산도, 명량, 노량 해전에서 연전연승을 이끌었으나, 전투 중 유탄에 맞아 전사했다.

었다면 일본군이 중국까지 침략했을 가능성이 컸을 것이며 이는 동북아시아 정세에 악영향을 미쳤을 것이다. 따라서 이순신은 한국뿐 아니라 세계 해전사에서도 불멸의 영웅으로 평가받고 있다.

이순신이 해상에서 일본군과 맞서 싸우는 동안 조선 전역에서는 의병들이 용감히 일본군에 대항했다. 의병은 일본군이 점령 지역에서 저지른 잔혹 행위와 고향 마을의 위협에 맞서 싸우기 위해 조직된 자발적인 민간 군대였다. 일본은 이러한 의병의 등장을 전혀 예상하지 못했다. 일본에서는 민중이 무기를 소지할 수 없었고 사무라이가 패배하면 전쟁이 끝났다고 여기는 경향이 있었기 때문이다.

조선에서는 병농일치제를 통해 민중도 군사 훈련을 받았으며 피지배 계층도 무기를 다룰 수 있는 경험이 있었다. 이 제도는 항상 완벽하지는 않았으나 의병이 신속히 조직되고 효과적으로 활동할 수 있는 기반이 되었다. 조선 의병들은 일본군에 비해 전투력이 열세였지만 지형의 활용과 게릴라 전술로 일본군을 괴롭혔다. 이들의 용기와 지혜는 조선이 일본의 침략에 맞서 영토를 방어하는 데 결정적인 역할을 했다.

한편 전쟁이 발발하자 명은 조선이 일본과 결탁할 가능성을 우려하여 개입을 주저했다. 그러나 조선과 일본이 전쟁 중임을 확인한 후 지원군을 보내기로 결정했다. 조선과 명의 연합군은 평양성을 탈환하고 한양을 되찾기 위해 남진했으나 벽제관(고양)전투에서 일본군에 패배했다. 이 패배로 명은 병력 손실을 우려하며 적극적인 전투를 꺼리게 되었는데 이는 명군이 조선을 위해 과도한 희생을 감수하지 않겠다는 태도에서 비롯된 것이다.

일본군도 조선 해군과 의병의 끈질긴 저항으로 물자 보급이 원활하지 않아 전쟁을 지속하기 어려운 상황에 직면했다. 이러한 교착 상태 속에서 일본은 명과의 강화 교섭을 시도했으며 명은 조선과의 협의 없이 일본과 단독으로 교섭에 임했다. 명은 도요토미 히데요시를 일본의 왕으로 책봉하기 위해 책봉사를 파견했고 도요토미 히데요시는 이를 받아들였으나 자신의 요구 사항이 모두 수용되지 않자 재침을 결심하고 다시 조선을 침략했다.

이때 선조는 이순신을 의심하고 심지어 문초하기에 이르렀다. 이는 이순신을 향한 모함과 선조 자신의 불안이 결합된 결과로, 선조는 아들 광해군의 명성에 시기심마저 느끼고 있었다. 이러한 사건은 선조의 개인적 불안감과 권력 유지에 대한 집착을 보여 준다. 류성룡의 적극적인 변론으로 이순신은 목숨을 건지고 해군을 다시 지휘할 수 있었으나 당시 이순신이 지휘할 수 있는 군함은 단 12척에 불과했다. 그러나 이순신은 이 열악한 상황에서도 명량해전에서 열 배에 달하는 일본군을 상대로 대승을 거두며 그의 탁월한 지휘 능력을 입증했다.

전쟁 초기에 조선군은 일본군에게 크게 패했으나 이순신이 이끄는 해군의 대승과 의병, 명군의 활약으로 차츰 전세를 반전시킬 수 있었다. 특히, 일본군의 재침략에 대비하여 조선은 훈련도감을 설치하고 화포와 조총을 제작하는 등 군사력을 대폭 강화했다. 이러한 노력은 전쟁의 양상을 초기와는 확연히 다르게 만들었다.

도요토미 히데요시의 사망으로 전쟁의 향방이 크게 바뀌었다. 그의 죽음으로 일본군은 전쟁을 종결하고 귀국을 원하게 되었으며 이에 따라 명과 일본은 전쟁 종료에 합의했다. 그러나 이순신은 일본군의 재침 가능성을 우려해 노량해전에서 철수하는 일본군을 공격해 큰 승리를 거두었다. 이 전투에서 안타깝게도 이순신은 유탄에 맞아 전사했다. 이후 이순신은 현충사 등 다양한 기념 공간을 통해 기려지며 한국인들에게 깊은 존경을 받고 있다.

7년간의 조일전쟁은 조선과 일본에 막대한 희생과 고통을 남겼다. 많은 사람이 부상을 입거나 목숨을 잃었고 조선의 포로들이 일본으로 끌려갔으며 이때 끌려간 도자기 기술자들은 일본 도자기 문화에 영향을 미쳤다. 전공 입증을 위해 적의 머리를 베어 오는 잔혹한 관행 대신 일본군은 효율성을 이유로 귀와 코를 잘라 갔다. 전공 과장을 위해 조선인뿐 아니라 일본인의 귀와 코까지 가져가는 일도 있었다. 전쟁의 잔혹성을 드러내는 일면이다.

일본인들에게는 사람이 죽으면 그 영혼이 귀신으로 남는다는 믿음이 있으며 죽은 이들의 영혼에 노여움을 사면 보복받을 것으로 생각하는 독특한 문화적 심리가 있다. 이러한 신념 때문에 그들은 적군일지라도 죽은 이들을 위해 제사를 지내 주는 전통이 있다. 이러한 배경 속에서 만들어진 것이 바로 '귀무덤'이다. 양국의 국민들이 이곳을 찾아 참배하는 것은 고통스러웠던 과거를 기억하고 반성하는 중요한 행위로서 양국 간 역사를 반추하게 만든다.

조일전쟁으로 인해 양국 간의 교류가 단절되면서 그에 따른 외교적, 경제적 문제가 발생했다. 전쟁의 상흔이 남아 있던 상황에서 일본이

귀무덤
도요토미 히데요시를 받드는 교토의 도요쿠니 신사 근처에 있는 귀무덤의 전경이다. 귀무덤은 조일전쟁 당시 일본군이 조선인들의 귀와 코를 베어 가져가 묻은 장소로, 전쟁의 참혹함과 희생을 상징한다.

먼저 화해의 손길을 내밀었고 조선이 이를 수용하면서 양국 간의 국교가 재개되었다. 이러한 외교 관계의 복원은 도요토미 히데요시의 사망 이후 일본 내부에서 벌어진 권력 투쟁과 깊이 연관되어 있다. 권력 다툼의 최종 승리자는 도쿠가와 이에야스로, 그는 에도 막부를 세워 새로운 시대를 열었다.

도쿠가와 이에야스는 조선과의 전쟁에 직접 참전하지 않았기에 자신이 무관하다는 입장을 내세우며 포로로 잡힌 조선인을 돌려보내겠다고 약속해 양국 간 국교를 재개했다. 당시 조선이 입은 피해와 희생에 대한 충분한 보상이 이루어지지 않아 아쉬움이 남았지만 조선과 일본은 이후 200년 넘게 우호적 관계를 유지하며 장기간의 평화를 이어

갔다. 이는 전쟁의 잘못된 결정을 인정하고 근본적 원인을 해결함으로써 역사적 갈등을 극복할 수 있다는 사실을 보여 준다.

에도 막부 시기 동안 조선은 일본에 통신사를 파견하여 정치, 외교, 사회, 경제, 문화 등 다양한 분야에서 교류를 쌓았다. 이는 양국 관계의 중요한 발전 단계로 평가되며 양국 간 이해를 증진하는 계기가 되었다.

2 청의 침략과 조선의 굴욕적인 항복을 되돌아보다

조선은 건국 이후 여진족과도 동등한 외교 관계를 유지했다. 그러나 북방 영토 확장 과정에서 여진족과의 충돌은 불가피했으며 이에 따라 조선은 회유와 토벌이라는 이중 전략을 사용해 일부 여진족을 한민족에 편입시켰다. 조선은 협력적인 여진족에게 관직과 토지를 제공하여 그들을 안정적으로 관리했으며 이는 국경의 안정성을 확보하려는 조치였다.

누르하치는 분열된 여진족을 통합하면서 후금을 세웠다. 누르하치는 초기에는 조선과 우호적인 관계를 맺고자 하여 조일전쟁 당시 조선에 원병을 제공하겠다는 제안까지 했는데, 이는 그가 조선과의 관계를 중시했음을 입증한다. 자신을 금의 후계자로 선언한 그는 점차 국력을 키우며 명의 영토를 침공하기 시작했다. 명은 쇠약해진 상황에서도 여전히 중국 지역을 지배하고 있었고 후금의 위협에 대응하기 위해 조선에 원병을 요청했다.

광해군(재위 1608-1623)은 조일전쟁에서 얻은 경험을 바탕으로 국제 정세를 꿰뚫고 있었으며 명과의 조공 관계를 유지하되 후금과의 전쟁은

누르하치
누르하치의 초상화이다. 누르하치는 1616년에 후금을 세우고 명과의 전쟁에서 승리하며 만주 일대에 강력한 세력을 구축하여 청의 기틀을 마련했으나, 영원성전투에서 부상을 입고 사망했다.

피하고자 하는 입장을 택했다. 이에 따라 광해군은 표면적으로는 명의 요청에 응하는 척하면서도 비밀 지시를 통해 후금과의 직접 충돌을 피하라는 중립 외교를 펼쳤다. 이는 복잡한 국제 정세 속에서 조선의 안전을 지키기 위한 노련한 외교술로 평가된다.

북인은 광해군을 지지하며 그의 정책을 옹호했으나 서인은 후금과의 중립 외교에 강하게 반대하며 명과의 조공 관계를 존중해야 한다고 주장했다. 서인은 광해군의 외교 정책을 명에 대한 배신으로 간주했고 이는 정치적 긴장을 심화시켰다. 이러한 갈등은 광해군의 이복동생 영창대군의 비극적 죽음으로 이어졌다. 선조의 적통 아들인 영창대군은 서인의 지지를 받았으나 광해군은 후궁의 아들이었기에 왕위 계승 문제가 민감한 갈등의 불씨가 되었던 것이다. 결국 광해군은 불안을 해소하기 위해 영창대군을 살해하는 결정을 내렸다.

영창대군의 어머니 인목대비는 아들이 죽임을 당하자 서인들과 연합하여 광해군에 대항했다. 광해군은 인목대비를 서궁에 유폐시키는 등의 강력한 조치를 취했으나 이러한 행동은 윤리적 비난을 초래하며 광해군에 대한 반감을 키웠다. 이 사건은 서인이 쿠데타를 일으켜 광해군을 몰아내고 인조(재위 1623-1649)를 새 왕으로 추대하는 계기가 되었다. 역사적으로 인조반정이라 불리는 이 사건은 사실상 정권을 장악한 세력이 자신들의 정변을 정당화하기 위해 사용한 표현으로, 인조 쿠데타라고 부르는 것이 더 적절할 것이다.

인조가 왕위에 오른 후 조선은 만주족의 후금과 두 차례 전쟁을 치르게 되었다. 한국에서는 이를 호란이라고 부르나 '호(胡)'는 오랑캐를 뜻하는 경멸적 표현이므로 조선과 후금·청의 전쟁이라는 명칭이 더 바람직할 듯하다. 인조는 외교 정책에서 명확한 방향을 제시하지 못하고 혼란스러운 태도를 보였고 이는 조선을 더욱 어려운 상황에 처하게 했다. 척화파가 주장한 친명배금 정책은 성리학적 가치관에 뿌리를 두었으나 국제 정세 변화를 인식하지 못한 채 추진되었다. 이로 인해 조선은 외교적 위기와 내부 혼란에 빠지게 되었으며 이는 국가의 안위에 심각한 위협을 가하는 결정적 요인이 되었다.

조선은 당시 압록강 인근 가도에 주둔한 명의 모문룡 군과 복잡한 관계를 맺고 있었다. 모문룡 군은 조선 민중을 괴롭히며 약탈을 일삼았고 인조는 이들을 경계하면서도 물자를 제공해 후금의 침략 빌미를 제공했다. 후금은 이를 구실로 조선이 적대 행위를 저질렀다고 주장하며 조선을 침공했다(1627). 후금군은 용천과 선천을 지나 안주성 방향으로 진격했고 일부는 모문룡 군을 공격했다. 후금군의 침공에 직면한 인조는 강화도로 피난을 갔다.

후금은 형제 관계 수립과 세폐 제공, 명과의 관계 단절을 요구했다. 조선은 명과의 단절을 제외한 요구를 수용하여 후금과 화해했으며 이로 인해 후금은 조선을 통해 명을 공격할 수 있는 유리한 위치를 확보하게 되었다. 또한 조선으로부터 해마다 공물로 받던 세폐를 몽골을

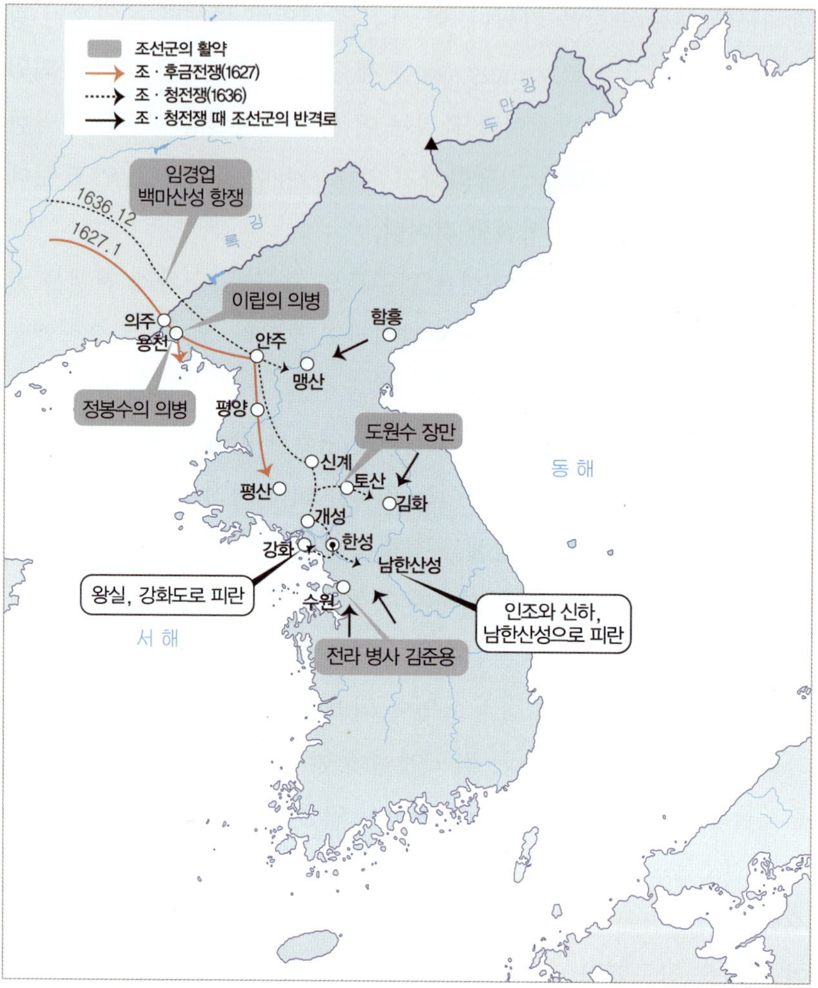

조선과 후금·청의 전쟁
후금과 청의 침략 경로와 주요 전투 지역이다. 이를 통해 왕실이 강화도로, 인조가 남한산성으로 피난한 상황과 조선이 전쟁에 대응한 모습을 알 수 있다.

회유하고 명을 공략하는 데 필요한 재원으로 활용했다.

홍타이지는 내몽골의 여러 부족을 정복한 후 세계적인 제국 건설을

삼전도비
청일전쟁 이후 훼손되어 방치되었던 삼전도비를 조선총독부가 복원하는 과정에서 촬영한 것이다. 삼전도비는 1639년에 청태종의 강요로 조선이 세운 비석으로, 원래 명칭은 '대청황제공덕비'이다.

목표로 국호를 청(淸)으로 바꾸고 청태종(숭덕제)으로 즉위했다. 그는 조선에 이를 알리며 군신 관계를 요구했으나 이는 곧 조선 내부에서 오랑캐에 굴복할 수 없다는 주전론과 청과의 화친을 주장하는 주화론 간의 극심한 대립을 초래했다. 인조는 이 복잡한 상황 속에서 명확한 결정을 내리지 못한 채 우왕좌왕했고 결국 주전론이 우세를 점하며 청의 요구를 거절했다. 그러자 청태종은 직접 군대를 이끌고 조선을 공격하며 무력으로 압박했다.

청의 침략이 예상되었음에도 인조는 적절한 대비를 하지 않았고 이는 그의 우유부단함과 결단력 부족을 여실히 드러냈다. 청군은 서북 지역을 지나며 약탈과 살육을 일삼아 지역을 황폐화했는데 인조는 강화도로 피난하려 했으나 청군의 빠른 진격으로 남한산성으로 피신할 수밖에 없었다. 남한산성에서 인조는 청군의 압도적인 전력에 맞서 항전했으나 결국 삼전도(서울 송파구)에서 청태종 앞에 무릎을 꿇고 항복했다. 그 후 청의 요구에 따라 삼전도비가 세워졌다.

전쟁이 끝난 후, 인조의 아들 소현세자와 봉림대군을 포함한 다수의 조선인들이 청에 포로로 끌려갔다. 이들은 중국 심양(선양)과 다른 지역에서 강제 노동에 동원되었으며 기술을 지닌 사람들은 다소 우대받았으나 대부분은 극심한 고통 속에 살아야 했다. 일부 포로는 몸값을 지불하고 송환되었으나, 몸값이 급격히 상승하면서 대부분은 송환되지 못해 포로와 그 가족들에게 깊은 상처를 남겼다. 돌아온 포로들의 삶도 순탄하지 않았고, 특히 여성 포로들은 사회적 낙인과 이혼 문제에 직면하며 새로운 고난을 겪었다. 이러한 고통과 상처는 조선 사회에 깊이 새겨져 오랜 후유증을 남겼다.

역사의 중요한 순간에 인조와 같은 부족한 지도력을 가진 인물이 권력의 중심에 서게 될 때 국가는 위기에 처하고 국민이 고통을 겪게 된다. 이는 특정 시대에 국한하지 않고 그 시대를 살아가는 사람들의 삶과 미래에까지 깊은 영향을 미친다. 인조 때의 조청전쟁은 지도자의 결정이 국가의 운명과 국민의 삶에 얼마나 큰 영향을 미칠 수 있는지를 극명하게 보여 준다.

이에 따라 지도자에 대한 평가는 공정하면서도 엄격해야 한다. 지도자의 결정은 단기적 결과에 그치지 않고 장기적으로 국민과 국가에 지속적인 영향을 미친다. 오늘날 국민이 직접 지도자를 선출할 수 있는 만큼 역사의 교훈을 되새기며 선거에서 신중히 판단하여 도덕적이고 책임감 있으며 유능한 인물을 선택해야 한다.

3 북벌론과 개혁 정책을 통해 조선 왕조의 생존을 도모하다

조선은 조일전쟁과 조청전쟁이라는 대규모 전쟁을 거치며 막대한 인적, 물적 피해를 입었다. 조일전쟁 동안에 국토는 황폐해졌고 수많은 사상자와 포로가 발생했다. 조청전쟁에서도 많은 조선인이 포로로 잡혀갔으며 귀환 과정은 더욱 참혹했다. 그 결과 전쟁 후 조선 사회는 오랜 기간 혼란과 불안정 속에 놓이게 되었다.

이러한 사회적 혼란은 국가의 경제 기반에도 치명적 영향을 미쳤다. 특히 농업 생산력의 저하와 인구 감소로 인해 토지세 징수에 큰 차질이 빚어졌다. 결(結)이라는 단위로 이루어진 징수 체계는 절대 면적을 의미하지 않고 생산량에 따라 상대적으로 결정되는 방식이었다. 재해가 발생한 토지는 세금이 면제되었고 경작하지 않은 토지는 결 수에 포함되지 않아 세금 부과 대상에서 제외되었다. 조일전쟁과 조청전쟁 이후에는 세금 징수액이 현저히 감소했다. 이는 조선이 겪은 심각한 경제적, 사회적 어려움을 잘 드러낸다.

그럼에도 조선 왕조는 이때 멸망하지 않아 500년 이상을 존속할 수 있었다. 이는 세계적으로도 매우 드문 사례로, 한 왕조가 이렇게 오랜 기간 유지된 경우는 역사적으로 손에 꼽힌다. 예를 들어 명은 조일전쟁 이후 점차 부상하는 후금의 압박에 시달리다 결국 멸망하고 말았다. 일본도 조일전쟁 이후로 권력자가 바뀌게 되었는데 도쿠가와 이에야스는 전쟁에 직접 참여하지 않아 군사력을 온전히 보존할 수 있었다. 이를 바탕으로 세키가하라전투에서 승리해 에도 막부를 수립하는 데 성공했다. 따라서 조선 왕조가 더 심각한 위기 속에서 어떻게 존속할 수 있었는지 살펴볼 필요가 있다.

조청전쟁에서 굴욕적 패배를 겪은 인조는 왕위를 지키기 위해 청의 요구를 받아들여 아들 소현세자와 봉림대군을 인질로 보냈다. 소현세자는 9년간의 인질 생활 끝에 명이 멸망하고 청이 북경에 입성한 이듬해에 귀국할 수 있었으나 의문의 죽음을 맞았다. 그의 가족들은 정치적 음모에 휘말리며 비극적 운명을 피하지 못했다. 인조의 사후, 봉림대군이 왕위에 올라 효종(재위 1649-1659)이 되었고 국방과 체제 강화를 위해 일련의 개혁을 추진했다.

효종은 국가 방위력 강화를 위해 군사 조직을 체계적으로 정비하고 금군(禁軍)의 병력을 늘리며 어영청 군대를 상주시켰다. 민중을 정기적으로 군사 훈련에 참여시키고 필요시 동원할 수 있는 체계를 구축했다. 그는 청을 정복하자는 뜻을 담은 북벌을 준비하면서 소총과 대포를 개량하고 정예 소총수를 양성했으며 수도 방어의 요충지인 남한산성의 취약점을 보강했다. 또한 송시열, 송준길 등 권력에 비판적이고 독립적인 입장을 취했던 세력과 협력해 북벌 분위기를 조성했다.

이러한 효종의 북벌 정책은 실제 전쟁보다는 내부 결속과 국가 체제 강화를 위한 상징적 수단으로 볼 수 있다. 이는 당시 조선 내부의 안정성을 도모하는 데 중요한 역할을 했다. 지금도 일부 지도자들이 전쟁을 이용해 정권을 유지하면서 국민들을 심각한 고통에 빠뜨리는 경우가 있다. 따라서 국민들은 이러한 전쟁 분위기를 조성하는 지도자를 경계해야 한다.

이 시기 국제적으로는 러시아가 시베리아 지역으로 진출하며 청과 국경 갈등을 일으켰다. 청은 조선에 군대 파병을 요청했고 이는 북벌을 준비한다는 효종에게 큰 딜레마를 안겨 주었다. 효종은 청군의 전력을 탐지한다는 명분으로 변급과 신유가 이끄는 군대를 흑룡강 방면으로 파견했는데, 이를 한국에서는 나선정벌로 부른다. 평화의 관점에서도 정벌은 긍정적이지 않은 용어이며 이 사건의 실제 성격과도 부합하지 않는다. 따라서 이 사건을 나선파병이라고 부르는 것이 더 적절할 것이다.

효종이 사망하며 북벌이 좌절되었다는 주장도 있지만 북벌론은 상징적 의미가 컸으며 실제 전쟁 계획이라기보다는 내부 결속을 위한 정치적 수단이었다. 실제로 효종이 살아 있었더라도 북벌은 불가능했을 것이다. 이는 당시 조선이 처한 국제적 상황과 현실적 한계를 잘 보여준다.

효종 사후 청은 강희제와 옹정제, 건륭제 시기를 거치며 중국 역사에서 황금기로 불릴 만큼 국력이 신장했다. 네르친스크조약과 캬흐타조약을 통해 러시아와의 국경을 유리하게 확정했다. 순치제 이후 강희제, 옹정제, 건륭제에 이르는 청의 강력한 통치와 영토 확장은 청의 황금기를 연출했다. 당시 조선이 청과 전쟁을 벌였다면 조선은 치명적인 피해를 입었을 가능성이 크다.

전쟁 분위기 조성은 일시적으로 정치적 안정을 가져올 수 있었으나, 장기적인 해결책은 되지 않았고 오히려 사회 불안을 심화시킬 위험이 있었다. 이에 개혁 세력은 다양한 정책을 통해 민심을 안정시키고, 사회적 불평등을 완화하며 민중의 경제적 부담을 줄이기 위한 노력을 기울였다.

당시 전통적인 세금 체계였던 호별세는 지방 특산물로 세금을 내는 방식이었으나 민중에게 큰 경제적 부담을 주었다. 특산물을 직접 납부하지 못하는 민중은 대행업자를 통해 세금을 대신 내야 했고(방납) 이 과정에서 부패가 발생하기 쉬웠다. 이러한 문제는 민중의 경제적 어려움

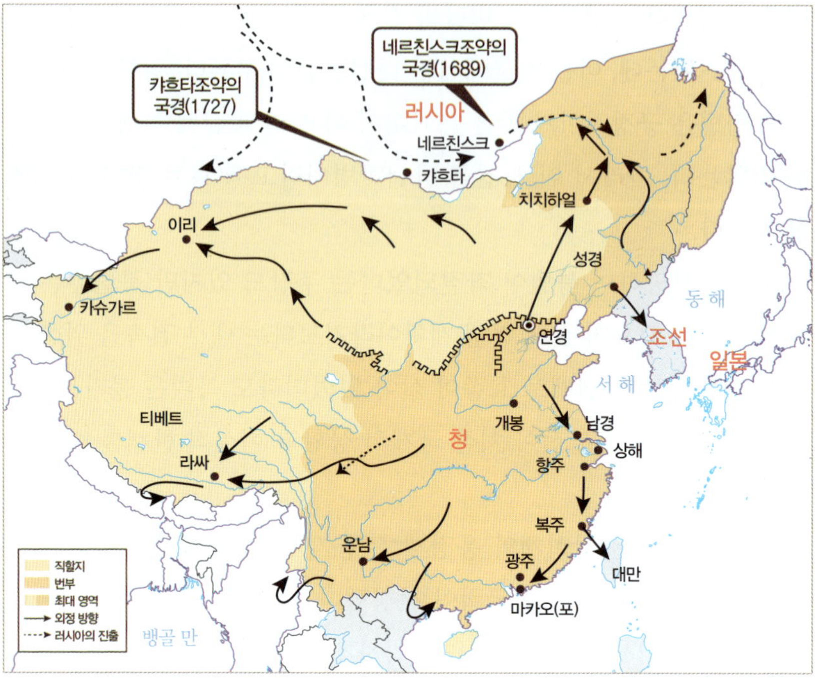

청의 최대 영역

청 제국이 전성기에 지배했던 최대 영토 범위이다. 청이 러시아와의 국경 분쟁을 네르친스크 조약(1689)과 캬흐타조약(1727)을 통해 해결한 과정을 알 수 있다.

을 가중하며 사회적 불안을 야기했다.

대동법은 이러한 문제를 해결하기 위해 토지 결 수에 따라 쌀, 삼베, 무명, 동전 등으로 세금을 납부하는 제도였다. 이는 민중에게 환영받았으나 기득권층의 저항에 부딪혀 전국 시행까지 약 100년이 걸렸다. 대동법은 사회적 안정을 도모하고 민중의 부담을 줄이려는 중요한 정책으로 평가받는다.

영조(재위 1724-1776)는 즉위 초기부터 붕당 간의 갈등을 해소하고 왕권을 강화하기 위해 탕평책을 시행했다. 그는 특정 당파에 치우치지 않

한강 배다리
1795년에 정조가 아버지 사도세자의 묘소인 현륭원을 참배한 후, 한강에 배다리를 설치해 건너는 장면을 그린 〈한강주교환어도〉이다. 한강 배다리는 왕이 한강을 건널 때 설치되었다.

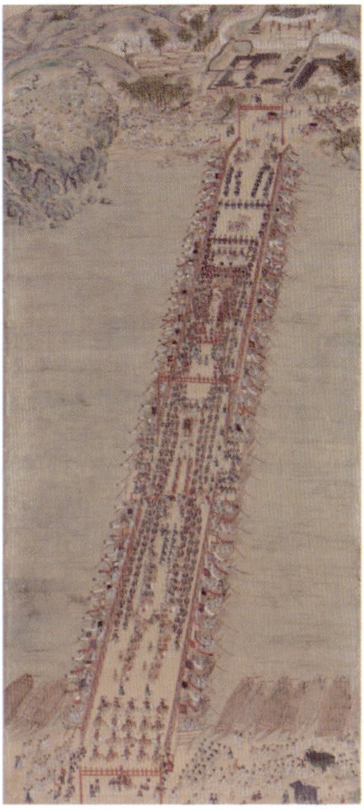

고 온건한 인물들을 등용하고 당쟁의 중심이었던 서원을 정리했다. 또한 신문고 제도를 부활시켜 민중의 억울함을 직접 들었고 《속대전》 편찬과 형벌 제도 개선으로 과도한 형벌을 금지하는 개혁을 단행했다.

균역법을 통해 군포를 기존의 2필에서 1필로 줄이며 민중의 부담을 경감했다. 부족한 재정은 지주에게 토지 1결당 쌀 2두를 부담하게 하고, 상류층에게 선무군관 칭호를 부여해 포(布)를 납부하게 했다. 기득권의 반발에도 불구하고 영조는 이러한 개혁을 통해 사회적 안정을 도모하려 했다.

정조(재위 1776-1800)는 강력한 왕권을 바탕으로 조선의 변화와 개혁에 대한 강한 열망을 담아 다양한 정책을 펼쳤다. 그는 규장각을 설립하여 젊고 유능한 인재들을 양성하고 초계문신 제도를 통해 관리들의 역량을 높이고자 했다. 또한 화성(수원)을 건설함으로써 새로운 정치와 경제의 중심지를 세우고자 했고 육의전을 제외한 시전 상인들의 금난전권(독점 판매권)을 폐지한 신해통공을 통해 상업을 활성화하려는 계획을 추진했다. 영조의 탕평책을 계승하면서도 정조는 더욱 적극적으로 왕권을 강화하려 했고 서얼과 노비의 신분 상승을 허용하는 등의 사회적 개혁을 과감히 시도했다.

정조는 학문적 권위로 노론을 압도하고 소론과 남인을 적극 등용했다. 군사적으로는 장용영이라는 친위 부대를 창설하여 왕권을 공고히 했다. 지방 통치에서도 향약을 수령에게 맡겨 국가의 통치력을 강화하고자 했다.

그러나 영조와 정조의 개혁에는 여러 한계가 있었다. 이들의 개혁은 왕권 강화를 목표로 했기에 근본적인 사회 구조의 변화를 이루지 못했다. 또한 토지 소유 불균형이나 민중 궁핍 같은 경제적 문제도 해결되지 않았다. 정조가 사망하고 세도 가문이 권력을 장악하면서, 그동안 진행되었던 제한적 개혁 정책마저 무력화되었다.

조선 후기 정치체제의 변질과 부분적 개혁

11

1 세도 가문의 부패 속에서 민중 항쟁이 거세지다

정조(재위 1776-1800)가 세상을 떠난 후 나이가 어린 순조(재위 1800-1834)가 왕위에 오르자 정순왕후가 국정을 장악했다. 그녀는 영조의 계비이자 순조의 할머니로서 노론 벽파와 결탁해 권력을 강화했고, 천주교 금지를 명분으로 삼아 남인 시파의 주요 인사들을 정계에서 배제하려 했다. 이들 중에는 정조에게 신임을 받았던 정약용도 포함되어 있었다.

그러나 정조의 아들이 왕위에 오른 만큼 정조의 반대 세력인 벽파가 권력을 계속 유지하는 것은 쉽지 않았다. 정순왕후의 수렴청정이 끝나고 순조가 직접 국정을 운영하게 되자 안동 김씨 가문이 정치의 중심에 서며 새로운 권력 구조가 형성되었다. 안동 김씨의 김조순을 중심으로 한 이 세력은 국왕의 후견인이라는 명분 아래 권력을 장악하고 자신의 가족과 친인척을 국가의 주요 요직에 앉혔다. 순조의 뒤를 이어 헌종(재위 1834-1849)이 즉위하면서는 풍양 조씨 가문이 권력의 중심에 서기도 했다.

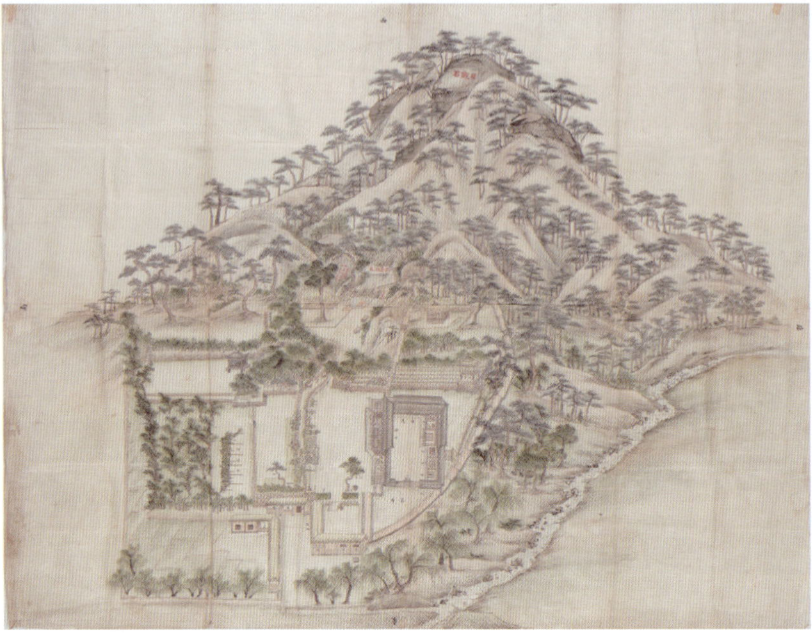

〈옥호정도〉

김조순의 별장 옥호정과 그 일대를 그린 그림이다. 김조순은 조선 후기의 문신이자 정치가로, 순조의 장인이며 안동 김씨 세도정치의 기틀을 마련했다.

이렇게 19세기에 접어들며 외척을 중심으로 한 소수 가문이 권력을 독점하는 체제를 세도정치라고 불렀다. 한양에서 오랜 세월을 지내며 권력에 참여해 온 유력 가문들은 혈연을 통해 세도 가문을 형성했고 중앙 정부의 주요 기관인 비변사를 장악하여 국가의 인사권과 재정을 통제했다. 이러한 권력 독점 구조 속에서 왕권이 점차 약화되었다.

특정 가문이 권력을 독점하면서 정치 기강이 점차 무너졌고 매관매직과 부패가 성행했다. 과거 시험조차 부정 행위가 만연하며 과거제는 그 본래의 선진성을 잃고 낡은 제도로 전락했다. 능력 위주의 인재 선발 원칙이 무너지면서 국가 운영에 필요한 실력 있는 관료를 확보하기 어려워졌고 이는 국가의 통치력 약화로 이어졌다.

세도 가문의 사치와 욕망에 국가의 재정 지출은 늘어났고 이로 인해 재정 위기는 불가피하게 되었다. 이를 해결하고자 세도 정권은 대동미의 상납량을 늘리고 환곡의 총액을 증대하는 조치를 강행했다. 심지어 화폐의 질을 떨어뜨려 이익을 취하려고 했으며 이러한 조치는 국가 운영 체제에 부정적 영향을 미쳤다.

한편, 세도 가문과 연계된 수령들은 향약을 통해 지방을 관리하며, 향리와 향임을 동원해 부세를 징수했다. 특히 돈을 주고 관직을 산 수령들은 민중을 가혹하게 착취하고 부세 제도를 악용했다. 이로 인해 지방 행정의 공정성과 효율성이 크게 떨어졌고, 중앙과 지방 간의 위계 또한 흔들렸다.

법적으로 정해진 세금의 종류와 액수가 있었음에도 관리들은 부당하게 새로운 항목을 추가해 민중에게 몇 배의 세금을 징수했다. 국가 재정의 근간이 되어야 할 전정, 군정, 환곡 제도는 악용되며 민중의 고통은 한층 깊어졌다. 이러한 상황은 조선 후기 사회의 구조적 문제를 더욱 악화시켰다.

수령들은 국가에 상납해야 할 전세를 규정된 금액을 훨씬 초과하여 징수했고 심지어 실제로 존재하지 않는 토지나 이미 황폐해진 토지에도 세금을 부과하는 만행을 저질렀다. 전세 징수 시 운송비와 손실비 같은 부가 비용이 더해졌으며 군포나 환곡에서 거두지 못한 부분까지도 민중의 토지에 덧붙여졌다. 그 결과 전세는 본래 규정된 액수보다 몇 배나 증가했고 이는 민중에게 거대한 부담으로 돌아갔다.

군포의 부담은 민중에게 점점 더 가혹해졌다. 양반 수의 증가로 군역 면제가 확대되자 정부는 부족한 군포 수입을 보충하려는 명목으로 일정한 군포액을 설정해 부과했고 수령들은 이를 핑계 삼아 죽은 이나 어린아이에게서까지 군포를 징수하는 상황에 이르렀다. 심지어 도망친 자의 군포 부담까지 이웃이나 친척에게 전가되었다. 이러한 부담에 지친 민중은 군역을 피하고자 노비로 위장하거나 재력이 있는 자들은 양반의 족보를 구입하여 신분을 상승시키려 했다. 그 결과 남은 민중에게 군포의 부담이 더욱 가중되었다.

환곡 제도는 애초에 민중의 봄철 식량난을 덜어 주기 위해 정부가 곡식을 빌려주는 방식이었으나 이는 관리들의 부정과 착취 대상이 되었다. 관리들은 곡식을 필요 이상으로 떠맡게 하거나 비축해야 할 곡식까지 강제로 빌려주고 고리대금업자처럼 고액의 이자를 요구했다. 나아가 곡식의 양을 줄여 빌려주고 되돌려 받을 때는 규정량 이상을 요구하거나 심지어는 빌려주지 않고 이자만 챙기는 등 각종 부조리가 횡행했다. 환곡 부담은 민중에게 집중되었고 양반들은 이러한 고통을 피할 수 있었다.

이와 같이 국가 재정과 행정 체계의 문란으로 인해 발생한 사회적 불균형과 부조리는 세도 가문의 주요 인사들과 지방 수령들이 결탁한 부패한 권력 구조를 견고히 했다. 이러한 상황을 인지한 정부는 문제를 해결하기 위해 암행어사를 파견하기도 했으나 근본적인 해결은 기대하기 어려웠다.

세도 정권 시기의 사회문제는 단순한 감찰로는 해결되지 않았고 민중의 저항이 연이어 발생하며 뿌리 깊은 부패와 권력 남용을 더 이상 방치할 수 없음을 드러내 주었다. 그 대표적 사건이 처음 가산에서 봉기하여 선천과 정주 등을 점거하고, 한때 청천강 이북을 포함한 평안도의 일부 지역을 장악한 평안도 민중 항쟁이다.

그러나 정부군의 반격이 시작되자 항쟁군은 정주성에 집결하여 방어를 강화했다. 이에 정부군은 땅굴을 파고 화약을 설치하여 성벽을

평안도 민중 항쟁
1811년 정주성을 포위한 정부군이 목책을 두고 주둔한 모습을 묘사한 〈홍경래진도〉이다. 홍경래가 주도한 평안도 민중 항쟁은 지역 차별과 민중 수탈에 대한 불만이 결합되어 확산되었다.

폭파하는 전략을 사용해 정주성을 함락시켰다. 결국 홍경래를 비롯한 항쟁의 주도자들은 전사하거나 체포되었으며 체포된 항쟁군의 상당수가 처형되는 비극을 맞았다. 이 사건은 홍경래의 난, 관서농민전쟁이라고 불리기도 하는데, 이 책에서의 통일성을 위해 평안도 민중 항쟁이라는 새로운 용어를 제안해 본다.

이 항쟁은 단순히 민중의 불만이 폭발한 사건을 넘어서 조선 사회의 깊은 구조적 모순을 드러낸 복합적인 저항운동이었다. 홍경래 등 지휘부는 평안도 지역에 대한 중앙 정부의 차별 정책에 반발하여 항쟁을 주도했으나, 대부분의 항쟁군은 세도 정권과 관료들이 행한 무리한 수탈에 직접적인 불만을 가지고 있었다. 이처럼 지휘부와 일반 항쟁군 간의 동기와 목표가 완전히 일치하지 않음은 항쟁의 한계로 작용했다. 이러한 한계에도 불구하고 이 항쟁은 세도 정권의 부당성과 왕조의 권력 구조에 대한 민중의 문제의식을 각인시키는 계기가 되었다.

철종(재위 1849-1863) 시기, 전국 각지에서 민중 항쟁이 폭발적으로 일어났으며 이는 조선의 중앙 정부가 세도 정치의 폐해를 통제할 수 없는 상태에 놓여 있었음을 여실히 드러낸다. 경상도, 전라도, 충청도 등 삼남 지방에서 확산된 민중 항쟁은 부패한 관료들이 민생을 도외시한 채 사익만을 추구하면서 민중의 불만이 극에 달했음을 보여 준다.

그중에서도 진주에서 일어난 민중 항쟁은 특히 눈여겨볼 만하다. 경상우병사 백낙신이 환곡 수납 과정에서 횡령과 부패를 저지르고 민중이 개간한 토지를 강탈하는 등의 악행을 저지르자, 유계춘을 중심으로 조직된 항쟁군이 분연히 일어섰다. 이들은 초군(樵軍)이라 불리며 머리에 흰 수건을 동여매고 몽둥이를 들고서 노래를 부르며 진주성을 공격했다.

이 항쟁은 주변 지역의 민중이 대거 합세하면서 규모가 수만 명에 이르는 대규모 저항으로 확대되었다. 백낙신을 포위한 항쟁군은 그가 저지른 악행을 규탄하며 불법적인 수탈에 대한 대가를 치르도록 요구했다. 이에 따라 항쟁군은 백낙신과 그의 측근들을 겨냥해 그들의 집을 부수고 불태웠으며 민중의 원한을 샀던 악질 아전들과 토호들의 집도 파괴했다. 이로써 6일 동안 이어진 진주 민중 항쟁은 마침내 중앙정부가 안핵사를 파견하여 백낙신을 귀양 보내고 유계춘 등 항쟁의 주동자들을 처형하면서 일단락되었다.

다른 지역에서도 민중 항쟁은 비슷한 형태를 보였다. 지방 관리들의 부정부패에 항의하며 모인 민중은 수령에게 개선을 요구하고 악랄한 아전들을 처단하고 관청을 불태우며 조세, 군포, 환곡 장부를 소각했다. 그러나 이러한 행동은 일시적인 불만 해소에 그치는 경향이 있었다. 이는 당시 민중이 구조적인 문제를 충분히 인식하지 못했으며 근본적인 해결책에 대한 정치적 의식과 조직력이 부족했음을 의미한다.

정부는 이러한 저항을 막기 위해 안핵사를 파견해 주동자들을 처형하고 부패한 향임이나 아전을 파면하거나 문책하는 임시방편으로 대

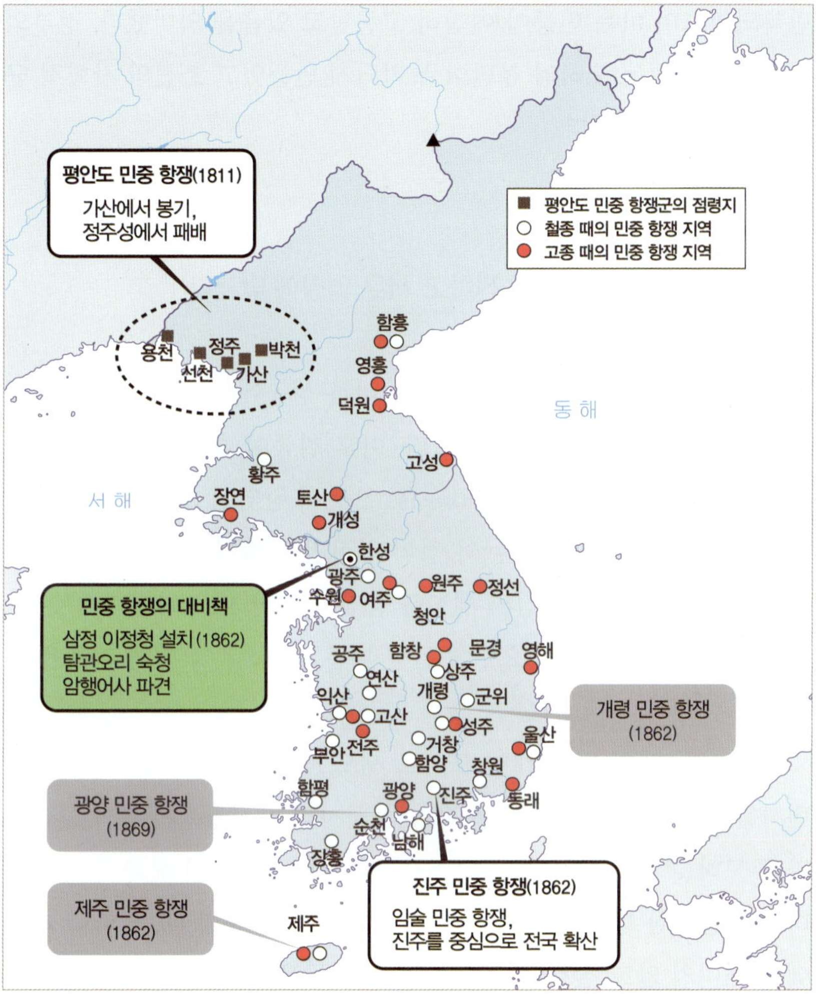

19세기 민중 항쟁

19세기 조선에서 발생한 주요 민중 항쟁 지역과 전개 과정이다. 당시 조선 왕조가 미봉책으로 대응하면서 민중 항쟁이 끊이지 않고 계속되었다.

응했다. 이러한 방식은 단기적으로 민중의 분노를 잠재우는 데 효과적이었으나 근본적인 개혁에는 이르지 못했다. 결과적으로 민중 항쟁은 반복되었으며 이는 민중이 여전히 고통받고 있음을 의미했다. 정부의 임시적인 조치는 오히려 불만이 누적되게 만들었고 조선의 사회적 균열을 더욱 심화시켰다.

2 흥선대원군이 개혁을 추진하고 서구 열강에 맞서다

19세기 중반, 전국적인 민중 항쟁은 비록 성공에는 이르지 못했으나 지배층 전체에 강한 충격을 안겼다. 이후 철종이 후사를 남기지 못하고 사망하자 나이가 어린 고종(재위 1863-1907)이 왕위에 오르고 고종의 아버지인 흥선대원군(이하 대원군)이 정치적 실권을 쥐게 되었다. 대원군은 왕권 강화를 위해 안동 김씨 세도를 중심으로 한 세도 가문과 양반 관료층을 견제하며 민중의 요구에 일정 부분 부응하는 유연한 정책을 펼쳤다.

대원군은 그 첫 번째 개혁 조치로 세도 정치의 핵심 기관이었던 비변사를 폐지하고 조정의 모든 정치적·군사적 결정을 의정부와 삼군부가 주도하도록 재편성했다. 비변사의 해체는 곧 왕권 강화의 기초를 다지는 중요한 변화였다. 그는 정치적 인재를 등용할 때, 정파나 지역에 얽매이지 않고 실질적 능력을 갖춘 이들을 발탁하고자 했다. 대원군은《대전회통》과《육전조례》라는 법전을 편찬하여 통치 규범을 새롭게 수립하고 통치력을 강화했다. 그는 이러한 정책을 통해 중앙 정부의 권한을 회복하고 국정 운영의 체계성을 높이려 했다.

대원군의 군사 개혁은 국방력을 강화하고 조선 내부의 안정을 유지하는 데 중요한 역할을 했다. 그는 서양의 화포 기술을 도입하고 해군을 보강했으며 주요 해안 지역에 보루를 설치하여 외부 침략에 대비했

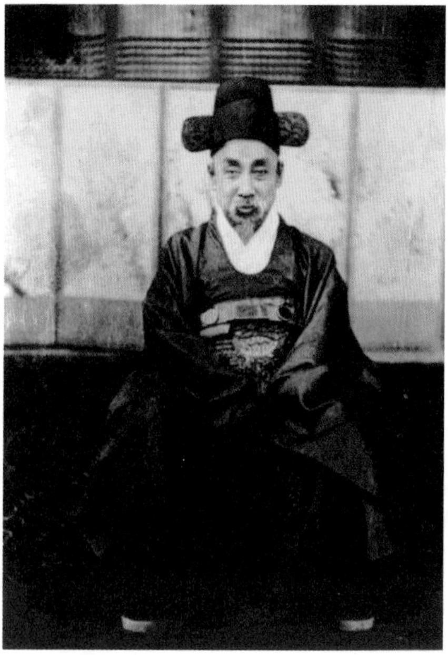

흥선대원군

관복을 입은 대원군의 모습이다. 대원군은 세도 정치 시기 세도 가문의 위협 속에서 살아남아 1863년 둘째 아들을 왕위에 올린 뒤 실권을 잡고 왕권 강화와 개혁을 꾀한 인물이다.

다. 이러한 조치는 단순한 방어책에 머무르지 않고 왕권과 중앙집권 체제를 더욱 공고히 하기 위한 정치적 방편이었다. 이를 통해 그는 민심을 진정시키고 왕권 강화를 꾀하며 중앙 권력에 대한 신뢰를 회복하고자 했다.

특히 서원 철폐 정책은 대원군이 추진한 개혁 가운데서도 가장 과감한 조치로 평가된다. 서원은 양반 유생들이 지방에서 정치적 영향력을 넓히며 당쟁의 기반이 되었고 종종 왕권을 위협하는 정치적 구심점 역할을 했다. 대원군은 서원 철폐를 통해 이들 유생 세력이 권력을 남용하지 못하게 막고 면세와 면역 특권을 철폐함으로써 민중에게 돌아가던 경제적 부담을 덜어 주었다.

이러한 조치는 왕권 강화뿐만 아니라 중앙 정부의 재정 확충과 민중의 경제적 안정에도 큰 기여를 했다. 하지만 유생들은 자신들의 권리와 기득권을 잃는 데 강하게 반발했다. 그들의 강한 반대와 저항은 대원군이 이후 권력을 상실한 원인이 되었다.

대원군은 조선 사회에 만연한 문제를 해결하기 위해 삼정 개혁을 추진하며 특히 군정과 환곡의 개선에 주력했다. 군정의 불합리함을 해결하기 위해 도입된 호포제는 양반 계층에게도 군포를 부과하며 사회적 공정성을 추구했다. 이 제도는 이전부터 논의되었으나 기득권층의 저항으로 실행되지 못했다. 대원군은 노비 명의로 군포를 납부할 수 있도록 허용하여 현실적 실행 가능성을 높였다.

대원군은 환곡 운영 과정에서 만연한 부정부패와 횡포를 줄이기 위해 사창제를 시행했다. 이 제도는 중앙 정부 대신 지역 사회가 환곡 운영을 직접 관리하도록 하여 지방 관리의 부패를 억제하려는 시도였다. 사창제는 환곡의 공정한 분배를 가능하게 하며 민중에게 더 나은 혜택을 제공하려는 개혁적 조치였다. 대원군의 삼정 개혁은 부패한 체제를 변화시키고 조선 사회에 새로운 균형을 부여하려는 그의 의지를 보여준다.

대원군은 왕실 권위를 되살리기 위해 경복궁을 중건하며 종묘와 종친부, 의정부, 육조 관아를 비롯한 주요 시설들을 다시 지었다. 하지만 이 과정에서 공사비를 충당하기 위해 발행된 당백전은 경제적 혼란을 초래했다. 급격한 물가 상승으로 민중은 생계에 큰 타격을 입었고 강제로 동원된 민중은 더욱 큰 불만을 품게 되었다. 결국 경복궁 중건으로 왕실의 위상을 어느 정도 회복했지만 대원군의 강압적 통치 방식은 양반과 민중 모두의 반발을 사며 그의 정치적 기반을 약화시켰다.

19세기 중엽에 이르러 조선은 역사적으로 중대한 외적 위기에 직면했다. 서양 열강의 팽창 정책과 천주교의 확산은 조선 왕조에 심각한 위기를 초래했다. 서양 열강의 침략 위협이 현실화되면서 천주교를 통한 외세의 영향력이 국내 정치에까지 깊숙이 파고들었다.

대원군은 외세의 영향력 확대를 저지하고자 천주교를 금지하고 프랑스 선교사와 천주교도들에 대한 탄압을 강화했다. 이러한 정책은 병

절두산 순교 성지
김대건 동상과 한국천주교순교자박물관이 있는 절두산 순교 성지의 전경이다. 이곳은 1866년의 병인박해 때 수많은 천주교 신자가 순교한 장소이다.

인박해라는 참혹한 사건으로 이어져 수많은 천주교도와 프랑스 선교사가 희생되는 비극을 낳았다. 이에 대한 보복으로 프랑스군은 강화도를 침략했으며, 외규장각의 귀중한 도서를 약탈하는 만행을 저질렀다(1866). 그러나 조선군은 대원군의 지도 아래 양헌수가 이끄는 군세를 중심으로 정족산성에서 프랑스군에 대항해 승리를 거두며 프랑스군을 퇴각시켰다.

프랑스군은 약탈한 외규장각 도서들을 프랑스로 가져갔다. 이 도서들은 오랫동안 프랑스 국립도서관에 보관되었다. 그런데 프랑스 국립도서관의 사서였던 한국인 박병선이 이 도서들을 발견한 후(1975), 한국과 프랑스 사이에는 수십 년에 걸쳐 도서의 반환을 둘러싼 협상이 이어졌다. 이 과정에서 297권의 도서가 한국으로 임시 반환되었지만

(2011), 이는 영구 반환이 아닌 5년마다 갱신되는 장기 대여 형태라는 점에서 아쉬움을 남겼다. 외규장각 도서의 귀환을 바라보며 한국인들은 일시적이 아닌 완전한 반환을 소망하고 있다.

한편, 미국 상선 제너럴셔먼호가 대동강을 따라 평양까지 진입해 강제 통상을 시도하며 횡포를 자행했다(1886). 이에 대해 평양감사 박규수는 민심을 수습하고 조선의 자주권을 지키기 위해 화공 작전을 펼쳐 제너럴셔먼호를 격침했고 이 사건으로 승무원들이 전원 사망했다. 처음에는 이 사건의 진상을 모르던 미국은 탐문을 통해 사건의 경위를 파악한 후 이를 조선과의 통상 개방을 위한 명분으로 삼고 군사 행동의 계기로 활용했다.

미국은 제너럴셔먼호 사건에 대한 배상과 개방을 요구하며 군함 5척과 1,200명의 병력을 파견하여 강화도를 침략했다(1871). 이 사건은 조선과 미국 간의 첫 무력 충돌로, 조선군은 화력과 전술 면에서 크게 뒤처져 있었다. 강화도 광성보에서 어재연이 지휘하는 조선군은 완강히 저항하며 미군과 격전을 벌였으나 조선군은 전력의 차이로 인해 다수의 병력을 잃고 패배할 수밖에 없었다. 상대적으로 피해가 적었던 미군은 조선과의 군사력 격차를 파악했으나 조선군의 결사적인 저항을 보고 전쟁에서 얻을 실익이 없다고 판단하고 철수했다.

미군은 철수하며 수자기(帥字旗)를 비롯한 조선의 문화재를 약탈해 갔다. 세월이 흘러 빼앗긴 수자기는 한국으로 반환되었지만(2007) 소유권은 미국 해군사관학교에 있으며 앞으로의 처리 방향은 여전히 불확실하다. 이 수자기의 반환 과정은 단순한 유물의 회복을 넘어 역사적 기억과 상징성의 회복이라는 중요한 의미를 내포하고 있다.

약탈된 문화재의 반환은 한국만의 문제가 아니라 전 세계 여러 국가가 공통적으로 해결해야 할 과제이다. 제국주의 시기에 강탈된 문화재

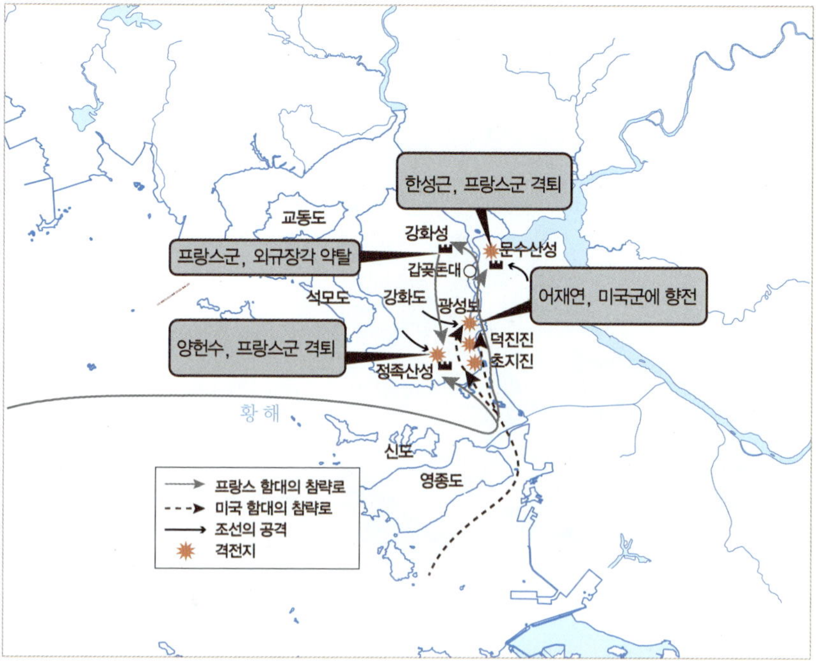

조선과 프랑스·미국의 전쟁
프랑스와 미국이 조선을 침략한 경로와 주요 전투 지역이다. 1866년에 프랑스군이 강화도에 상륙하여 정족산성에서 조선군과 교전한 상황과, 1871년에 미군이 강화도 초지진, 덕진진, 광성보 등을 공격한 경로를 보여 준다.

는 원소유국의 역사와 문화적 자부심을 상징하며, 그것을 반환할 경우 상호 간 신뢰가 회복되고 진정한 화해를 이룰 것이다. 제국주의 정책을 시행했던 국가는 과거의 잘못을 반성하며 문화재 반환을 통해 과거의 상처를 치유할 수 있도록 전향적인 태도를 취해야 할 것이다.

한편 미국군이 조선을 철수한 후 대원군은 외세의 침입에 대한 강력한 거부 의사를 담아 배타적인 대외 정책을 강화했다. 그 상징적인 조치로 전국에 200여 개의 척화비를 세웠다. 이 척화비에는 "서양 오랑캐가 침범하는데 싸우지 않으면 화친을 하는 것이고, 화친을 주장하

수자기

조미전쟁에서 전사한 어재연 장군의 수자기 앞에 선 미 해군 병사의 모습이다. 수자기는 조선시대 최고 군사 지휘관의 권위를 상징하는 깃발로, '수(帥)'자가 새겨져 있다.

는 것은 나라를 파는 것이다"라는 문구가 새겨져 있다. 이는 외세의 압력에 굴하지 않고 나라를 지키겠다는 강력한 의지의 표상이다.

그러나 척화비는 서양이 요구한 개방을 거부하는 고립주의의 상징이기도 하다. 대원군이 퇴진하고 개항이 이루어진 이후 대부분의 척화비는 철거되었으나 일부는 오늘날까지 남아 있다. 이는 당시 조선의 배타적 대외 정책을 상기시키는 역사적 유물로 평가받고 있다.

조선 후기의 국제 교류와 경제 변화 12

1 국제 교류를 확대하며 조선이 변화의 흐름을 따르다

조선 후기에 연행사와 통신사는 조선과 청, 일본 간의 국제 교류에서 중요한 역할을 수행했다. 연행사는 조선에서 청으로 파견된 사신과 사절단을 의미하며 이들의 주된 임무는 외교적 활동이었지만, 실제로는 문화적, 학문적 교류의 주요 채널이기도 했다. 특히 1637년의 조청전쟁 종료 이후부터 1893년까지 256년 동안 총 507회에 걸쳐 파견된 연행사는 조선과 청 간의 교류가 얼마나 빈번했는지를 잘 보여 준다.

연행사의 활동은 단순히 공식적인 외교 업무를 수행하는 것에 그치지 않고 문화와 학문의 교류를 촉진하는 데에도 크게 기여했다. 연행사들은 청의 관리들과 학문적, 사상적 교류를 활발히 했다. 조선의 관리들은 대부분 학자였기 때문에 이들은 청의 학자들과 사적인 교류를 통해 새로운 지식과 문화를 배우려 했다.

이 과정에서 연행사들이 자주 방문한 북경의 유리창 서점가는 중요한 역할을 했다. 연행사들은 이곳에서 다양한 서적을 구입하여 조선으

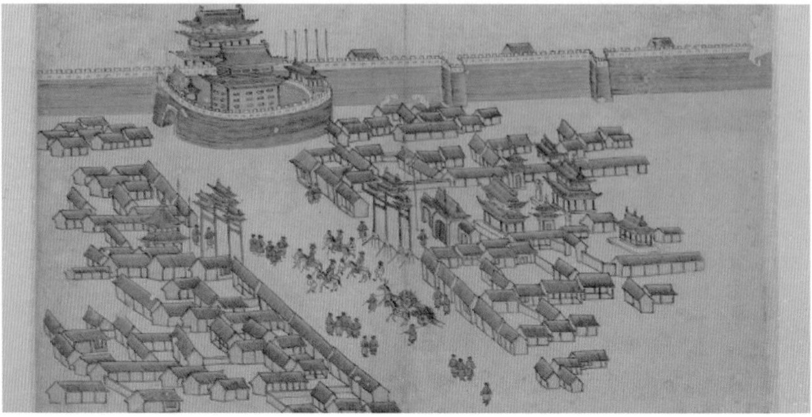

〈연행도〉
14폭으로 구성된 〈연행도〉의 일부로, 연행 기록과 청의 문물, 당시 풍경을 생생히 보여 준다. 〈연행도〉는 조선 사신이 청에 파견될 때의 여정과 연경에서의 공적 행사를 묘사한 기록화이다.

로 가져갔으며 이를 통해 조선에서 학문과 사상의 융성이 이루어졌다. 당시 조선 지식인들이 책을 소유하고 책을 베껴 지인에게 선물하는 풍습은 학문에 대한 강렬한 열망을 보여 준다.

연행사는 청에서 배운 새로운 기술과 지식을 조선에 전달하는 역할을 했다. 그들이 남긴 기록인 연행록은 당시의 사상과 문화 교류를 담은 방대한 자료로, 오늘날까지도 중요한 역사적 문헌으로 평가받고 있다. 연행록들 중 특히 박지원의 《열하일기》는 조선 사회에 큰 영향을 끼쳤으며 중국의 다양한 문화와 학문을 조선에 소개하는 데 중요한 역할을 했다. 이 책은 중국 사회에 대한 심도 있는 관찰을 토대로 조선 사회에 필요한 개혁과 변화를 제안한 점에서 주목받고 있다.

통신사는 조선에서 일본에 파견된 사절단을 의미한다. 통신사는 조선과 일본 사이의 문화적·외교적 교류에서 중요한 역할을 했다. 청과의 교류에 비해 통신사 파견 횟수는 적었으나 일본과의 교류는 쌍방향적인 문화적 상호작용이라는 특징이 두드러졌다. 즉 조선의 문화와 학문이 일본에 전해졌을 뿐만 아니라 일본의 문화와 학문 역시 조선으로 유입되었다. 이러한 상호작용을 통해 조선은 일본의 학문적 성과를 받아들였고 이는 조선의 문화적 발전에도 기여했다.

조선의 실학은 17세기 초반 이수광과 한백겸의 연구에서 비롯되었다. 18세기에는 이익, 박지원, 정약용 등의 학자들이 이를 더욱 체계화했는데 이들은 조선의 현실 문제를 비판적으로 인식하고 실용적인 해결책을 제시하며 실학의 발전을 이끌었다. 실학의 발전 과정에서 일본과의 교류도 일정 부분 영향을 미쳤다. 정약용과 김정희와 같은 학자들은 실학을 바탕으로 일본과의 교류에서 얻은 새로운 지식과 정보를 접목하여 학문을 한층 더 발전시켰다.

조선 후기에 조선 사회는 이전과 다른 양상으로 국제 무역이 활발해지기 시작했다. 비록 서구 국가들과의 직접적 교류는 이루어지지 않았지만 중국과 일본을 통한 간접적인 문화와 상품의 유입은 점차 조선 내부에 변화를 일으켰다. 이는 조선이 외부로부터 완전히 폐쇄적인 태도를 취하지 않았음을 드러낸다.

이 시기 가장 중요한 무역 상대국은 청이었다. 조선은 청과의 무역을 통해 다양한 물자와 자원을 교환하며 이를 통해 사회에 새로운 기술과 문화가 유입되기도 했다. 청과의 무역은 2가지 방식으로 나뉘었다. 하나는 국가가 공인한 개시무역이며 다른 하나는 비공식적으로 이루어진 후시무역이었다. 후시무역의 존재는 조선이 성리학적 원칙과 경제적 필요 사이에서 절충을 시도했음을 보여 준다.

조선의 무역은 주로 국경 지역에서 활발히 이루어졌는데 경원, 중강, 회령, 책문 등이 대표적인 교역 도시로 자리 잡았다. 조선의 주요 수출품으로는 인삼, 종이, 무명, 은 등이 있었으며, 그중에서도 인삼은 가장 중요한 수출품이었다. 조선의 인삼은 중국에서 고려인삼으로 불리며 큰 인기를 누렸다. 반면 청으로부터 수입된 주요 품목으로는 비단, 차, 약재 등이 있었고 문방구를 비롯한 다양한 물품도 포함되었다.

일본과의 기유조약 체결(1609) 이후, 왜관이 복구되었으나, 오늘날 한국인들 사이에서 왜관에 대한 인지도가 낮고 부정적인 인식이 형성되어 있다. 이는 왜관을 중심으로 발생한 일본인의 불법 행위와 그로 인한 조선과 일본 간 갈등을 강조한 역사 다큐멘터리의 영향 때문이다.

그러나 최근 연구자들은 왜관이 문화 교류에 기여한 중요한 역할을 재조명하면서, 이러한 인식을 긍정적으로 변화시키려는 움직임을 보이고 있어 고무적이다. 왜관은 단순히 외교와 무역의 중심지에 그치지 않고, 양국 간 문화 교류의 중요한 통로로 기능하며 상호 이해와 문화적 전파에 크게 기여했다.

조선과 일본 간 무역에서 인삼, 쌀, 무명이 주요 수출품이었으며 특히 인삼은 일본 상류층에서 큰 인기를 끌었다. 조선은 쌀 수출을 제한하려 했으나 일본 상인들은 이를 늘리기 위해 끊임없이 노력했다. 주요 수입품은 은, 구리, 유황, 후추 등이었는데 그중 은은 조선과 중국 간 무역에서 중요한 결제 수단으로 사용되며 조선이 동북아시아 무역에서 중개국 역할을 했음을 보여 준다. 이후 은 생산의 증가와 다양한 교역품의 부상으로 조선의 무역 구조는 점차 변화해 갔다.

국제 무역의 확대로 조선 상인들의 활동 범위가 크게 확대되었다. 한양에서는 경강상인과 특허 상인인 시전 상인이, 개성에서는 송상이, 평양에서는 유상이, 의주에서는 만상이, 동래에서는 내상이 활동했다. 만상은 청과의 무역에서 중심적 역할을 맡았으나 송상, 유상, 경강상인도 사신들과 함께 청과의 무역에 참여하며 중요한 역할을 했다. 일본과의 무역에서는 내상이 핵심적인 역할을 수행했다. 이처럼 다양한

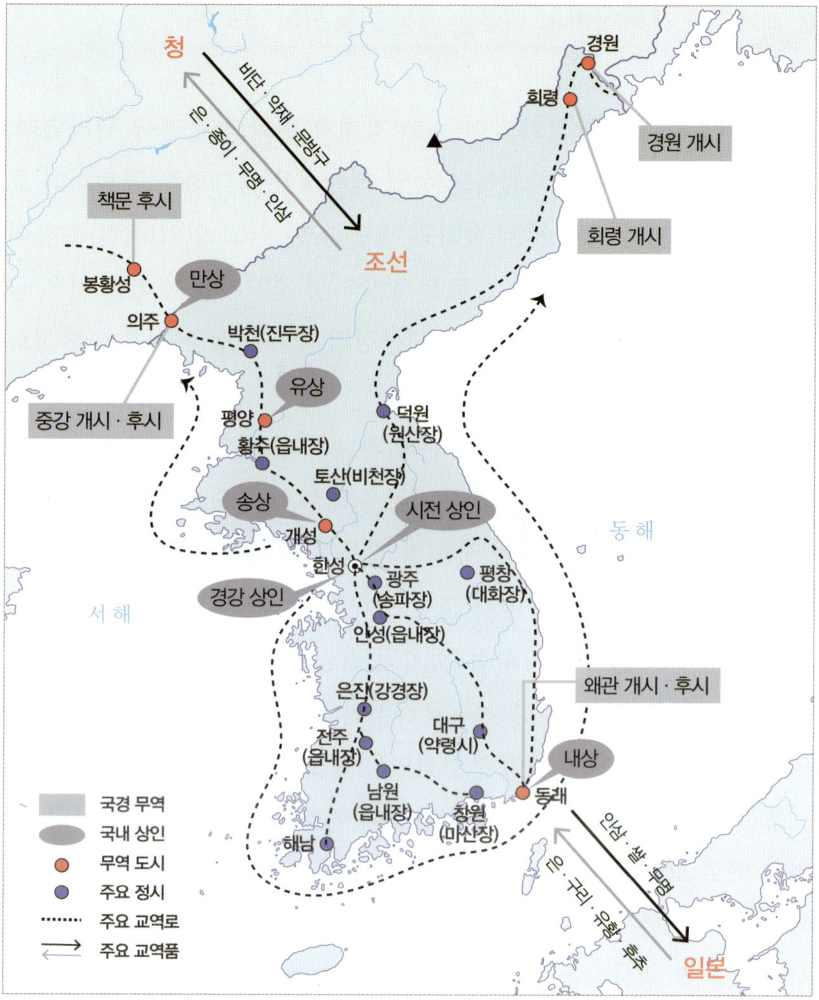

조선 후기의 상업과 무역 활동

조선 후기 국내 상인의 활동과 주요 교역로, 교역 품목이다. 상업의 발달과 교역망 확장을 통해 조선 경제 구조가 변화하는 모습을 확인할 수 있다.

상인 집단은 조선 후기 경제 교류를 활성화하면서 무역 구조의 변화를 이끄는 데 큰 기여를 했다.

2 경제구조가 변화하며 새로운 성장 가능성이 열리다

농지 개간 사업이 활성화되며 농촌 경제가 변화의 물결에 휩싸였다. 개간 사업은 경작지를 확장하고 농업 생산성을 증대하는 긍정적인 효과를 가져왔지만 동시에 부정적인 측면 또한 안고 있었다. 지주층이 황무지를 개간하여 새로운 농토를 창출하며 경작지를 넓히는 것은 긍정적인 변화였고 이로 인한 농업 생산성의 증가는 농촌 경제의 활성화를 이끌었다.

반면 왕족에게 지급하는 궁방전의 확대로 인해 일반 민중은 자신의 토지를 빼앗기게 되었고 왕족과 지주층의 이익 추구는 민중의 토지권을 침해하며 경제적 고난과 사회적 갈등을 심화시켰다. 이러한 토지 불균형은 시간이 지남에 따라 조선 사회의 안정성에 치명적인 위협이 되었고 경제적 문제가 사회적·정치적 갈등으로 번져 나갔다. 농지 확대와 상업 발달은 경제 성장의 긍정적인 측면을 보여 주었지만, 민중의 경제적 고통을 초래하며 부정적인 영향도 남겼다.

조선 후기로 넘어가면서 농업 방식에 혁명적인 변화가 일어났다. 그것은 바로 모내기 기술의 도입이다. 모내기는 볍씨를 먼저 못자리에서 키운 후 일정한 크기로 자란 모를 논에 심는 방식으로, 노동력을 절감하면서도 쌀 생산량을 크게 늘리는 이점이 있었다. 이 기술은 농업 생산성을 비약적으로 향상시켰다.

모내기는 단순히 쌀 생산량을 늘리는 것뿐만 아니라 다른 작물과의 연속적 경작(이모작)을 가능하게 했다. 직파법에서는 볍씨를 뿌리는 시기가 보리 수확 시기보다 빨라 이중 경작이 어려웠지만 모내기가 일반화되면서 보리와 같은 다른 작물을 경작할 수 있는 가능성이 열렸다. 이러한 변화는 농업 경제의 다변화를 이끄는 데 중요한 기여를 했다.

모내기

논에서 사람들이 함께 모를 심는 모습을 생생히 묘사한 〈경직도〉의 일부이다. 조선 전기에는 일부 지역에서만 이루어졌으나, 조선 후기에 이르러 전국적으로 널리 보급되었다.

농업 기술은 지속적으로 발전하며 조선의 생산력을 크게 향상시켰다. 비료 사용 방법의 개선은 토양의 질을 개선하여 곡물 수확량을 증가시켰으며 농기구의 개량은 노동 효율성을 높이는 데 중요한 역할을 했다. 이 같은 기술적 진보는 단순한 생산량 증대를 넘어 농업의 상업화를 촉진하는 계기를 마련했다.

조선 후기에는 외래 작물의 도입이 생활에 큰 영향을 미쳤다. 조엄이 통신사로 일본에 파견되어 고구마를 들여온 이후, 고구마는 전국적으로 빠르게 확산되었으며, 기근 시 중요한 식량 자원으로 자리 잡아 농업 생산성을 높였다. 이는 민중의 생활 안정에 크게 기여했다. 고추의 도입은 한국의 김치 문화에 혁신적인 변화를 가져왔고, 고추 재배가 확산되면서 각 지역의 김치 맛이 더욱 다양해졌다. 또한 감자, 토마토 등 다양한 작물이 중국과 일본을 통해 유입되면서 농업의 다각화가 이루어져 경제 구조에도 변화를 가져왔다.

이는 민중에게 다양한 작물 선택의 기회를 제공하여 경제적 안정성을 높이는 데 기여했다. 이처럼 농업의 변화는 경제적 구조뿐 아니라, 조선인들의 생활 방식에도 큰 변화를 초래했다. 외래 작물의 도입과

상평통보
앞면에는 상하좌우에 상(常)·평(平)·통(通)·보(寶)라는 네 글자가 새겨져 있다. 뒷면에는 주조한 관청의 명칭을 줄여 쓴 글자, 또는 천자문, 오행, 부호, 숫자 등이 표시되어 있다.

농업 기술의 발전은 한국 식문화의 새로운 장을 열었고 조선 농업이 전통을 고수하지 않고 외부의 요소를 수용하며 발전할 수 있었음을 보여 준다.

한편, 조선 후기 경제에서 상평통보는 중요한 역할을 수행했으며 화폐 유통의 증가는 조선의 경제 생활에 큰 변화를 불러왔다. 육의전과 약 40여 개의 시전 상인들은 상업 활동의 중심에 서 있었고, 이들 특권 상인들은 정부의 후원과 특혜를 받으며 상업을 주도했다. 시전 상인들의 활발한 활동은 상업적 번영을 상징하며 조선 후기의 상업 규모와 영역이 확대되었음을 의미한다.

대동법 시행으로 특산물 유통을 담당하는 공인 상인 계층이 형성되었고 장시는 조선 전역에 걸쳐 일반화되었다. 여관업과 위탁 매매를 맡았던 객주와 여각의 활동도 활발해졌으며 보부상 또한 전국을 돌아다니며 상업 활동을 확장했다. 조선 후기의 보부상은 이전 시기보다

보부상

조선 후기 문인화가 권용정이 등짐장수의 휴식 장면을 그린 것으로, 옹기의 색을 선염 기법으로 표현한 작품이다. 보부상은 봇짐장수(보상)와 등짐장수(부상)를 통칭하는 용어로, 조선 시대 유통의 핵심 역할을 했다.

더 조직적이고 체계적인 유통망을 구축해 상품의 운반과 판매를 통해 상업과 경제 활성화에 크게 기여했다. 이들의 활동은 조선 후기 상업의 성장을 상징한다.

조선 후기에는 수공업과 광업에서도 조선 전기와 비교해 현저한 발전이 이루어졌다. 조선 전기의 관영 수공업은 주로 국가의 통제하에 운영되었으나 후기에는 민간 수공업을 점차 허용하면서 민간 주도의 생산 활동이 확산되었다. 장인들이 주도하는 경제 활동의 증가는 국가 주도의 생산 체제를 벗어나려는 조선 사회의 변화를 상징했다. 조선 초기 광업은 국가의 통제 아래 운영되었으나 17세기 중엽부터 민간 광산 개발이 허용되면서 활성화되었다. 이 시기 금, 은, 동, 철 등 다양한 광물 자원이 채굴되었으며 대규모 금광과 은광의 등장은 광업의 경제적 중요성을 크게 높였다. 이는 조선 사회가 점점 더 복잡하고 다각적인 경제구조로 발전했음을 보여 준다.

오랫동안 한국 역사학계는 조선 후기의 경제 변화를 자본주의 맹아론이라는 관점에서 해석해 왔다. 자본주의 맹아론은 조선 사회 내부에서 자본주의 초기 형태가 형성되기 시작했음을 강조하며 한국의 자체적인 발전 가능성을 주장하는 이론이다. 이 이론은 조선 후기의 경제적 변화와 농업, 상업, 그리고 사회구조의 발전을 설명하는 데 중요한 학문적 기반을 제공했다.

자본주의 맹아론은 일제강점기 관변 사학자들이 주장한 한국사 정체론에 대한 반박으로 등장했다. 당시 관변 사학자들은 한국사가 스스로 발전할 가능성을 부정하며 일본의 강점이 필요했다는 논리를 펼쳤지만 이는 역사적 사실을 왜곡한 것에 불과했다. 이러한 왜곡된 주장에 맞서, 해방 이후 한국의 역사학계는 내재적 발전 가능성을 입증하려는 연구를 지속적으로 진행하게 된 것이다.

타율성론을 극복하고 내재적 발전 가능성을 강조한 자본주의 맹아론은 한국사의 자체적 발전을 입증하려는 노력의 일환이었다. 그러나 이 이론은 현실과 다소 동떨어진 무리한 해석을 포함하고 있다. 역사는 내부적인 요인뿐만 아니라 외부적인 요인이 결합하여 변화와 발전이 이루어지는 과정이며, 침체와 후퇴를 겪기도 하지만 장기적으로는 발전적인 방향으로 나아간다. 따라서 조선 후기의 경제 변화 역시 이러한 역사적 맥락 속에서 균형 있게 이해해야 할 것이다.

제 2 부

근현대

The Modern and Contemprary History of Korea

1876-2000

근대 사회로의 전환 · 동북아시아 국제 정세와 대한제국의 비극

근대 시기 사회문화적 변화 · 일제강점기 한국인의 삶

국내에서 전개된 독립운동 · 해외에서 펼쳐진 독립운동

8·15해방과 한국전쟁 · 이승만 정권과 4·19혁명

군부독재 정권의 시대와 민주주의 운동 · 한국 민주주의와 평화통일 전망

근대 사회로의 전환 13

1 근대 조약 체결 이후 내부 갈등과 외세의 개입 속에서 개혁이 난항을 겪다

근대 세계는 과학혁명, 계몽사상, 정치혁명, 산업혁명, 그리고 도시화의 급격한 확산으로 특징지을 수 있다. 과학혁명은 인류가 자연과 우주를 이해하는 방식을 근본적으로 바꾸어 놓았으며 요하네스 케플러(Johannes Kepler)와 아이작 뉴턴(Isaac Newton)의 법칙과 이론은 기계와 기술 발전의 토대를 마련하며 산업혁명의 기반이 되었다. 계몽사상은 볼테르(Voltaire)와 장자크 루소(Jean-Jacques Rousseau)와 같은 사상가들에 의해 발전한 철학적 흐름으로, 이성의 힘을 강조하며 미신과 전통적 권위에 도전했다. 이러한 사상적 변화는 국민혁명으로 이어졌으며 영국에서 시작된 정치혁명은 미국과 프랑스를 거쳐 전 세계로 민주주의와 공화주의의 씨앗을 퍼뜨렸다.

이 거대한 변화의 물결이 동북아시아에 도달했을 때, 조선은 그 흐름에 느리게 반응했다. 주변국들이 근대화의 과정을 이미 시작한 상황에서 조선은 여전히 전통적 체제를 유지하고 있었다. 그러나 19세

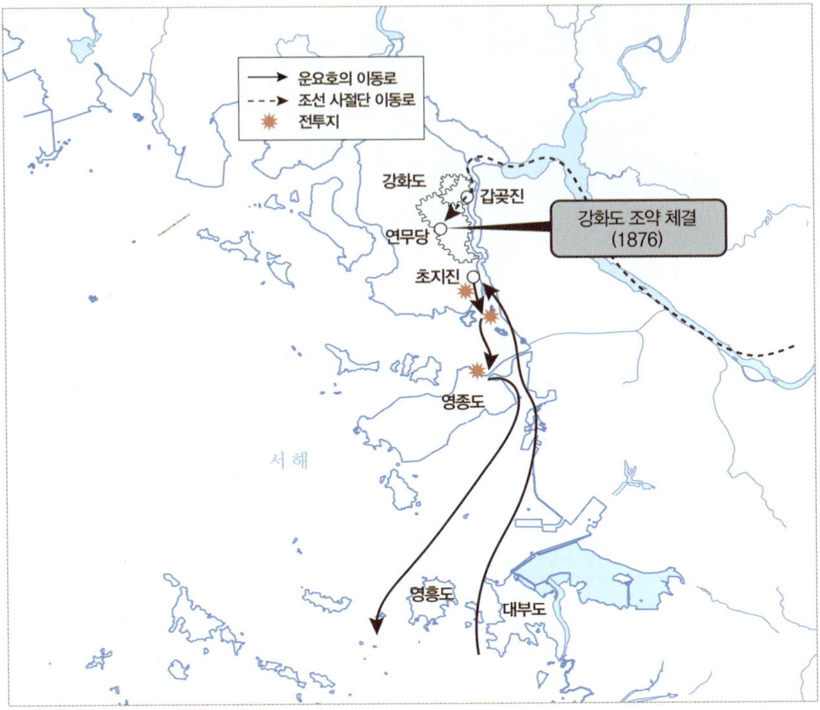

강화도조약 체결 경위
1875년에 일본 군함 운요호가 강화도 인근 해역에 접근해 조선군과 교전한 전투지이다. 이를 통해 1876년, 강화도조약이 체결된 역사적 상황을 알 수 있다.

기 후반에 이르러 조선도 근대화의 흐름에 불가피하게 편입되기 시작했다. 그 계기가 된 것이 바로 강화도조약(1876)이었다. 이 조약은 청, 일본, 그리고 서구의 여러 강대국들과 체결된 불평등 조약들 중 하나로, 비록 부정적인 측면을 내포하고 있었지만, 조선이 국제 사회의 일원으로서 첫발을 내딛게 된 계기가 되었다.

일본은 서구 열강보다 앞서 조선과 통상 조약을 체결하여 자국의 세력을 확장하려는 야심을 드러냈다. 일본은 운요호를 앞세워 영종도에 상륙해 살인과 방화, 약탈을 자행하게 했으며, 이후 조선군이 방어를 위해 강화도에 접근한 운요호를 향해 발포한 사건을 구실로 강화도조약 체결을 강요했다.

강화도조약은 조선을 독립국으로 인정하는 조항이 포함되어 있었다. 그러나 이는 단순히 조선의 자주성을 보장하기 위한 것이 아니라 청의 영향력을 견제하려는 일본의 의도가 담긴 것이었다. 이 조약의 결과로 부산, 인천, 원산이 개항되었다. 강화도조약은 치외법권과 해안 측량권 같은 조항을 포함하고 있었으며, 이는 조선의 주권을 심각하게 훼손하며 일본의 침략 기반을 다지는 역할을 했다.

한편, 강화도조약이 태극기의 기원과 관련이 있다는 점은 흥미롭다. 일본 사절이 조선의 국기를 물었을 때 오경석이 연무당에 그려진 태극이 조선을 상징한다고 답했다는 이야기가 전해진다. 이후 태극기는 점진적으로 발전하며 조선의 정체성을 나타내는 중요한 상징이 되었다. 미국과 통상조약을 체결할 때 이응준이 제작한 태극기가 처음 사용되었고 박영효가 일본에 파견될 때도 사용되었다. 박정양이 미국 공사로 파견되었을 때 사용된 태극기는 대한제국 시기에 들어와 기본적으로 현재와 유사한 형태로 정리되었지만 여러 형태가 있었다. 그러다 대한민국 정부 수립 이후 대한민국의 국기로 공식 채택되면서 표준 양식이 확정되었다.

조선은 서양 국가들 중 최초로 미국과 통상조약을 체결하여 국교를 수립했다(1882). 조미수호통상조약은 양국 간 우호 협력을 강조했지만 치외법권과 최혜국 대우와 같은 불평등 조항이 포함되어 있었다. 이 과정에서 청은 일본의 영향력을 견제하기 위해 조선과 미국의 조약 체결을 중재했다. 이후 조선은 영국, 독일, 이탈리아, 러시아, 프랑스 등과도 조약을 체결하며 국제적 외교 관계를 확립해 나갔다.

연무당

강화도조약 체결 당시 회담이 열린 강화부 진무영 연무당의 전경으로, 일본이 이곳에 개틀링 기관총 4대를 설치하고 군사를 배치해 무력을 과시한 모습을 볼 수 있다. 연무당은 1870년에 강화유수부의 군사 훈련을 위해 세워진 조련장이다.

한국 역사학계는 이러한 조약들을 주로 불평등의 관점에서 평가해 왔으나, 이를 통해 조선이 국제사회의 일원이 되고 근대적 제도와 문물을 받아들이는 전환점을 맞이했다는 사실도 함께 고려할 필요가 있다. 조약 체결 이후 조선은 개혁 정책을 실행하며 새로운 시대를 열어갔다. 비록 조약은 불평등했지만 이를 계기로 조선은 국제 질서 속에서 근대화를 모색하며 변화와 발전의 가능성을 타진하게 되었다.

개화파는 근대화의 변화 중심에 있던 새로운 정치 집단이었다. 이들은 주로 조선의 상류층인 양반과 중인들로 구성되었으며 김옥균, 박영효, 김홍집, 어윤중 등이 주요 인물로 활동했다. 개화파는 개혁의 방법론을 둘러싸고 갈등을 빚었는데 이는 조선의 근대화 과정에서 분열과 논쟁의 축이 되었다. 급진 개화파는 일본의 메이지유신을 모델로 하여

별기군
신식 군대인 별기군의 모습이다. 1881년, 조선 정부는 근대화를 추진하며 일본식 군사훈련을 도입해 별기군을 창설했다.

빠른 변화를 추구했으며 온건 개화파는 청의 양무운동을 참고하여 전통을 유지하면서 서양의 기술을 도입하는 점진적 개혁을 지향했다.

강화도조약 이후 조선은 국제 정세와 선진 문물을 이해하기 위해 외교적 노력을 강화했다. 일본에는 수신사를 파견해 근대화를 연구하고 미국으로는 보빙사를 보내 첨단 문물을 직접 관찰하고 학습하려 했다. 또한, 청으로 유학생을 보내 전통적 학문과 근대적 변화가 조화를 이룰 방법을 탐색했다. 이러한 노력의 일환으로 조선은 통리기무아문이라는 새로운 정책 기구를 설립했고 군사 체제를 근대화하기 위해 별기군을 조직, 기기창을 설치하는 등 군비를 강화했다.

개혁이 진전될수록 문호 개방에 반대하던 세력들의 저항이 더욱 거세졌다. 이러한 반대 움직임은 《조선책략》의 유입으로 더욱 확산되었다. 이 책은 김홍집이 일본에 파견되었을 때(1882), 청 외교관이 조선에 제안한 외교 전략들을 정리한 것으로, 청과의 친밀한 관계 유지, 일본과의 협력 강화, 그리고 미국과의 연합을 주장했다. 이러한 전략은 조선의 외교 정책에 반영되어 미국과의 통상조약 체결에도 중요한 역할을 했다. 그러나 이러한 변화는 전통적 질서를 수호하려는 세력들에게 위기의식을 불러일으켰다.

특히, 영남 지역의 유림 세력은 〈영남만인소〉를 통해 조선의 외교 정책에 대해 강력히 반대 의사를 표명했는데 조선의 전통적 가치와 사회질서가 훼손될 것을 경계했기 때문이다. 이러한 저항은 조선이 근대화의 길로 나아가는 과정에서 전통과 변화가 충돌하는 모습을 보여준다.

이는 단순히 정치적 차원을 넘어, 조선의 사회경제적 문제와 깊이 얽혀 있었다. 강화도조약 체결 이후 일본으로의 대규모 쌀 유출은 국내 곡물 가격의 급등을 초래했고 민씨 척족 정권의 부패와 무능은 민중의 고통을 가중시켰다. 이러한 상황은 개혁 반대 운동에 대한 민중의 지지를 확산시키며 조선의 근대화 과정에 큰 장애물이 되었다.

이러한 배경 속에서 임오군란이 발생했다(1882). 일반 군인들은 별기군이 특별 대우를 받는 것에 대해 불만을 품었으며, 자신들은 급여가 체불되고 차별적인 처우를 받는 현실에 크게 분노했다. 특히 체불되었다가 급여로 지급된 쌀이 저질인 데다 모래까지 섞여 있었다는 사실은 군인들의 분노를 폭발시키는 도화선이 되었다. 이는 폭동으로 이어졌고 민중이 합세하면서 사태는 더 이상 통제할 수 없는 상태로 치달았다.

아들인 고종이 성년이 되어 권력을 상실한 대원군은 이 폭동을 수습하는 과정에서 다시 정치적 영향력을 회복했지만, 고종이 청에 지원을

갑신정변의 주도자들
갑신정변을 주도한 인물들로, 왼쪽부터 박영효, 서광범, 서재필, 김옥균이다. 갑신정변은 1884년 12월, 급진 개화파가 자주독립과 근대화를 목표로 민씨 수구 세력을 타도하려 했으나, 청군의 개입으로 3일 만에 실패한 사건이다.

요청하면서 상황은 반전되었다. 청군이 조선에 파견되어 군란을 진압했고 이 과정에서 대원군은 청군에 의해 납치되어 천진으로 끌려갔다. 이후 청은 군대를 주둔시키며 조선의 내정과 외교에 적극적으로 간섭하기 시작했다. 이는 조선의 주권을 약화시키는 결과를 낳았다. 임오군란은 조선이 근대화로 나아가는 과정에서 겪은 복잡한 내외적 어려움을 생생히 나타내는 사건이었다.

왕비의 일족인 이른바 민씨 척족 세력이 권력을 농단하고 청이 조선의 개혁을 방해하는 정치적 혼란 속에서 급진 개화파는 조선의 변혁을 이루기 위해 극단적인 방법을 모색했다. 급진 개화파는 청군이 베트남 전쟁으로 병력을 조선에서 철수한 상황과 일본의 암묵적 지지를 고려하여 행동을 결심했다. 우정총국 개국 축하연회에서 불을 지르는 것을 신호로 삼아 반개혁 세력을 제거하고 새 정부를 수립하려 했다(1884). 이 사건이 바로 갑신정변이다.

갑신정변은 청군의 신속한 대응으로 인해 불과 3일 만에 좌절되었다. 급진 개화파는 일본군의 지원을 기대했으나, 일본군은 적극적으로 개입하지 않았다. 고종은 김옥균, 박영효, 홍영식, 서광범, 서재필을 역적으로 규정하고 체포를 명령했다. 이 중 홍영식은 청군에 의해 살해되었으며 김옥균, 박영효, 서광범, 서재필은 일본으로 망명했다. 이후 서재필은 미국으로 건너갔다.

갑신정변의 실패는 조선 사회에 심대한 파장을 가져왔다. 당시 조선인들은 일본에 대해 부정적인 인식을 가지고 있었으며 급진 개화파가 일본과 연계되었다는 점은 민중의 분노를 자극했다. 그 결과 일본 공사관이 습격당했고 이로 인한 피해를 보상하기 위해 조선과 일본은 한성조약을 체결했다(1884). 조선은 일본에 공사관 신축비와 배상금을 지불해야 했으며 이는 조선 재정에 큰 부담을 주었다. 청과 일본은 이러한 상황에서 조선 내 군사적 긴장이 가져올 위험성을 인식하고, 양국 군대의 철수와 추후 군대 파견 시 사전 통보를 명시한 천진조약을 체결했다(1885).

갑신정변은 조선 사회에 근본적인 변화의 필요성을 명확히 보여 주었다. 급진 개화파는 청의 내정 간섭에서 벗어나 독립적인 정치 외교권을 확보하고자 했으며, 이를 통해 조선의 근대화를 추진하려 했다. 그러나 이들의 시도는 청의 개입과 국내 보수 세력의 반발로 좌절되었다. 정변의 실패는 개혁을 반역으로 간주하게 만들며, 개화파를 정치적 고립으로 몰아넣었다. 이로 인해 조선의 개혁 움직임은 중단되었고 청의 내정 간섭은 더욱 심화되었다. 이는 조선이 근대화 과정에서 마주한 내외적 위기와 한계를 상징적으로 보여 주는 사건이었다.

2 동학 민중 항쟁과 갑오개혁을 통해 변화를 모색하다

조선의 재정은 늘 위태로웠으며 개혁 정책 또한 그다지 성공적이지 못했다. 이로 인해 민중은 과중한 세금에 시달리며 집권층의 부패로 인

최시형
교수형을 당하기 직전에 촬영된 최시형의 모습이다. 동학의 2대 교주였던 그는 처음에는 항쟁을 반대했으나, 일본군의 개입과 정부군의 탄압이 심화되자 직접 항쟁을 이끌었다. 이후 도피 생활을 이어가다 1898년에 체포되었다.

해 더욱 절망적인 삶을 강요받았다. 1880년대 민중 항쟁은 이러한 문제들에 대한 민중의 저항이었다. 하지만 이 항쟁은 지역적으로 제한된 범위에서 이루어져 근본적인 개혁으로 이어지지 못했다. 그러나 동학 운동의 형태로 조직이 전국적으로 확대되면서 민중의 분노는 더 큰 가능성을 품게 되었다.

동학은 새로운 사상 체계였다. 최제우가 창시한 이 사상은 세도 정치의 부패와 외세 침입이 초래한 혼란 속에서 희망의 불씨를 던졌다. 그 핵심 교리는 '인내천', 즉 '사람이 곧 하늘'이라는 단순한 문구로 요약되었지만 이는 당시 사회의 불평등과 부패에 고통받던 민중에게 혁명적인 메시지가 되었다. 최제우는 처형당했으나(1864), 그가 남긴 사상은 최시형의 지도 아래에서 체계화되었다

최시형은 동학의 교리를 확립하고 이를 전파하기 위해 접소를 설립

하고 전국적으로 포교 활동을 전개했다. 그는 "밥 한 그릇을 먹는 것만으로도 모든 이치를 깨달을 수 있다"라는 말을 남기며 단순한 일상의 행동 속에서도 심오한 깨달음을 얻을 수 있음을 역설했다. 이러한 가르침은 민중에게 희망을 주며 사회적 변화를 이끌어 낼 정신적 기반을 마련했다. 최시형은 경전을 발간하고 조직 체계를 강화했다. 그는 지역별 교화를 체계화하고 포제를 통한 관리 체계를 구축했다. 이러한 조직적 확장은 동학교단이 단순한 신앙 집단에서 벗어나 사회 변혁을 주도하는 단체로 성장하는 기반이 되었다.

그 과정에서 동학교도들은 최제우의 억울한 죽음을 밝히고 포교의 자유를 요구하며 교조신원운동을 벌였다. 충청도 관찰사 조병식이 동학을 탄압하자 서장옥과 서병학은 최시형에게 조직적인 대응을 요청했다. 이에 최시형은 삼례에서 대규모 집회를 주도하며 동학교도들의 단합된 힘을 과시했다. 그러나 정부의 탄압은 더욱 거세졌다. 동학교도들은 경복궁 앞에서 최제우의 명예 회복을 강하게 요구했으며 한편으로는 서울에서 외국 공관에 외세를 배척하는 글을 게시하기도 했다.

보은에서 벌어진 교조신원운동은 단순한 종교적 요구를 넘어선 동학운동의 진화된 형태를 보여 준다. 이 운동은 동학의 합법화를 추구하는 동시에 반정부 세력과 손을 잡아 정치적 압력을 가하는 강력한 전략으로 확장되었다.

이 시기, 고부군수 조병갑의 부패에 맞서 전봉준은 고부 관아에 시정을 요구했다. 그러나 그는 일시적으로 구금되었고 이 사건은 동학운동이 보다 체계적이고 강력한 방식으로 확대되는 계기가 되었다. 전봉준은 동학교도들과 함께 사발통문을 돌리며 거사를 계획했고 이는 동학운동의 정치적 목표를 구체화하는 중대한 첫걸음이었다. 전봉준은 고부 민중 항쟁을 주도했다(1894). 항쟁군은 무기고를 탈취하고 부정

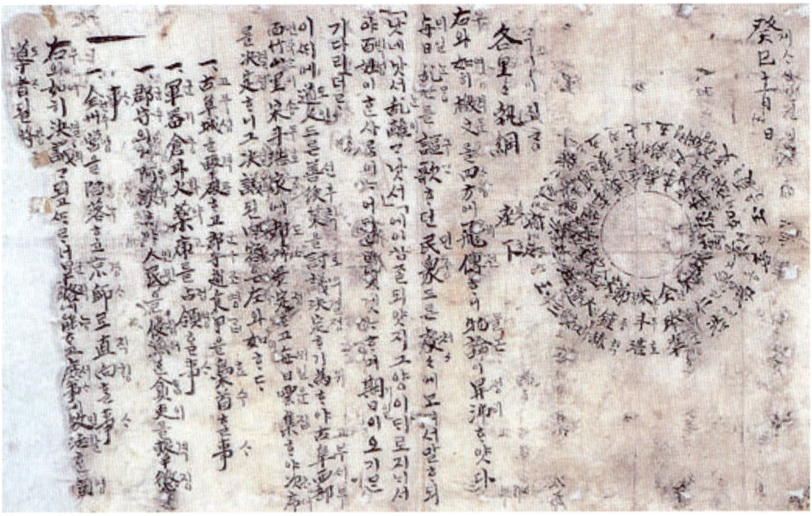

사발통문

유네스코 세계기록유산에 등재된 고부 민중 항쟁 당시의 사발통문이다. 사발통문은 주모자가 드러나지 않도록 사발을 엎어 그린 원 주위에 참가자들의 이름을 둥글게 적은 문서이다.

한 관리들을 처벌하며 강력한 행동력을 과시했다. 하지만 새로운 고부 군수 박원명의 설득으로 항쟁군은 해산했다. 이 항쟁은 단순한 지역적 사건으로 그치지 않았으며 동학운동이 전국적인 사회 개혁 운동으로 발전할 가능성을 강하게 시사했다. 이는 조선 후기 사회의 모순과 민중의 변화에 대한 열망이 결합된 결과였다.

그런데 안핵사로 파견된 이용태는 동학교도와 농민들을 반란군으로 몰아 무차별 탄압과 약탈을 자행하며 상황을 악화시켰다. 그러자 전봉준은 무장현에 포교소를 설립하고 영향력 있는 인사들과 협력해 동학 민중 항쟁을 준비했다. 전봉준은 백산에서 8,000명의 항쟁군을 이끌며 여러 지역을 장악하고 관군을 상대로 승리를 거두었다. 정부는 이를 막기 위해 홍계훈과 그 군대를 파견했으나 항쟁군의 강력한 저항 앞에 패배했다. 항쟁군은 충청도와 경상도에서도 활동 범위를 넓히며 조선 전역으로 그 세력을 확대했다.

전봉준이 이끈 항쟁군은 전주로 진격해 전주화약을 체결했다(1894). 이 협정은 항쟁군이 단순한 무력 투쟁에서 벗어나 평화적인 개혁을 통해 자신들의 이상을 실현하려 했던 중요한 순간이었다. 협정의 결과로 전라도 지역에는 자치기관인 집강소가 세워졌다. 집강소에서는 항쟁군이 선발한 집강들이 각종 개혁안을 실행하며 민중의 요구를 실질적으로 반영했다.

그러나 전주화약으로 항쟁군이 무력을 내려놓은 사이, 정부는 군사력을 재정비할 시간을 얻었다. 이 과정에서 고종은 청에 군사적 지원을 요청했는데 이는 조선의 독립성을 약화시키는 결과를 낳았다. 고종의 이러한 행보는 임오군란 당시 청에 원병을 요청해 내정 간섭을 자초했던 과거의 실수를 되풀이하는 것이었다. 이는 조선 사회의 깊은 모순과 지도자의 무능력을 여실히 드러내며 근대 국가로 나아가는 길목에서 겪었던 고통과 좌절의 상징이 되었다.

청은 고종의 요청을 받아들여 군대를 파병하기로 결정하고 천진조약에 따라 일본에 이를 통보했다. 일본은 이를 계기로 조선에 군대를 파견하며 청과의 전쟁을 도발할 기회를 엿보았다. 일본군은 경복궁을 점령하고 친일 정부를 수립한 뒤 청군에 대한 공격을 개시하며 청일전쟁으로 이어 갔다. 이 과정에서 일본은 조선 내정에 깊이 개입했고 이러한 상황은 항쟁군에게 새로운 투쟁의 필요성을 절감케 했다.

김개남은 일본의 내정 간섭에 맞서 전면적인 저항을 주장했지만 전봉준과 손화중은 신중론을 고수하며 이를 유보했다. 그러나 일본군이 항쟁군을 진압하려 하자 이들은 다시 결속하여 투쟁을 결의했다. 항쟁군은 논산에 집결해 대본영을 설치하고 공주 우금치에서 일본군과 결

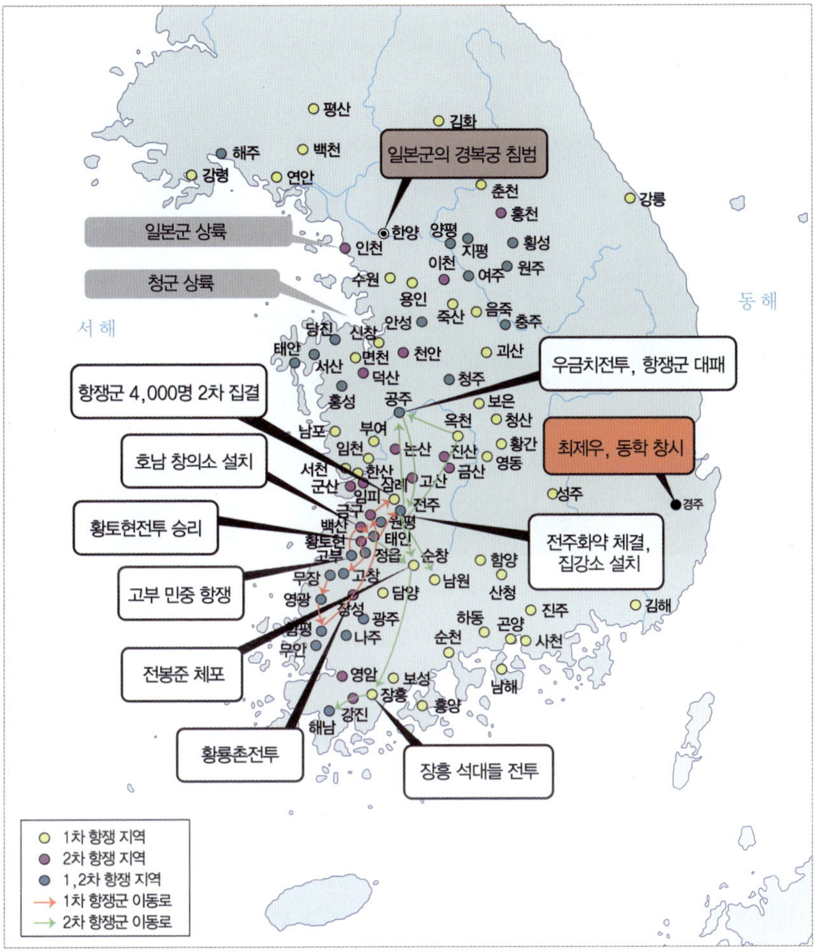

동학 민중 항쟁 과정

1894년 동학 민중 항쟁의 주요 전투 지역과 이동 경로이다. 항쟁군의 주요 활동과 청군 및 일본군의 상륙 과정을 알 수 있다.

전을 벌였으나 일본군의 신식 무기는 항쟁군의 저항을 압도했다. 이후 일본군은 항쟁군을 진압하며 대규모 학살을 자행했다. 우금치전투 이후 항쟁군은 전라도로 후퇴하며 다시 세력을 모으려 했지만 전봉준의

전봉준
전봉준이 일본 영사관에서 법무아문으로 이송되기 직전의 모습이다. 고부 민중 항쟁을 시작으로 동학 민중 항쟁에서 항쟁군을 이끌었으나, 우금치전투에서 패배한 뒤 재기를 모색하다 체포되어 1895년에 처형되었다.

체포로 인해 저항은 사실상 종결되었다. 전봉준은 체포된 이후에도 자신의 신념을 꺾지 않았고 일본의 회유와 협박에도 불구하고 끝까지 자신의 길을 고수했다. 그는 죽음을 맞으며 조선의 개혁과 민중의 권리를 위한 투쟁을 자신의 유산으로 남겼다.

동학 민중 항쟁은 실패했지만 그 여파는 한국 사회에 깊은 흔적을 남 겼다. 항쟁군이 주장했던 개혁 요구는 이후 정부의 갑오개혁에 일부 반영되었으며 특히 외세에 저항하는 의식은 항일운동의 밑거름이 되었다. 동학 민중 항쟁은 단순한 종교적 운동에서 벗어나 조선 사회의 근본적 개혁과 민중의 정치적 각성을 이끈 중대한 사건이었다.

동학 민중 항쟁은 그동안 동학란, 동학혁명, 갑오농민전쟁, 동학농민

전쟁, 동학농민운동 등 다양한 명칭으로 불려 왔다. 이는 각기 다른 학문적·사회적 해석을 반영한 결과로, 사건의 본질에 대한 다양한 접근을 보여 준다. 동학의 사상적 기반과 조선 후기 민중의 사회적 개혁 열망이 결합된 폭넓은 민중 항쟁이라는 관점에서 이 사건을 이해하여, 새로운 용어를 사용했음을 밝혀 둔다.

한편 일본은 동학 민중 항쟁을 기회로 삼아 청과의 전쟁을 도발하고 이를 조선 내정 개혁의 필요성으로 포장했다. 일본의 논리는 조선의 내부 불안, 항쟁군의 봉기, 그리고 청·일 양국 군대의 개입이 동북아시아 평화를 위협한다는 것이었다. 그러나 이러한 주장은 일본의 제국주의적 야망을 정당화하려는 핑계에 지나지 않았다.

조선을 둘러싼 정세가 급박하게 전개되는 가운데 조선 정부는 자주적 개혁을 모색하기 위해 교정청을 설치했다. 그러나 일본은 군사력을 동원해 경복궁을 포위하고 교정청 체제를 붕괴시켰다. 이는 조선의 자주적 개혁 시도를 좌절시킨 중대한 사건이었다. 이후 일본은 대원군을 섭정으로 하는 김홍집 내각을 출범시키고 군국기무처를 조직해 조선의 개혁 작업을 주도하도록 했다.

김홍집은 복잡한 국내외 정세 속에서 조선의 정치 개혁을 추진하는 데 매진했다. 그는 의정부의 권한을 대폭 강화하며 전통적인 6조 체제를 폐지하고 내무, 외무, 탁지, 군무, 법무, 학무, 공무, 농상 등 8아문 체제로 정부 조직을 재편했다. 이를 통해 권력의 재분배를 꾀하며 조선의 행정 체제를 근대화하려 했다. 더 나아가 김홍집은 국왕의 인사권, 재정권, 군사권을 제한하고 왕실의 부서를 궁내부로 통합해 그 권위를 축소하려는 조치도 시행했다. 이러한 대대적인 개혁은 그가 초대 총리대신으로 임명되면서 더욱 공고해졌다.

김홍집 내각은 사회적 측면에서도 과감한 변화를 시도했다. 노비 제도의 폐지, 조혼 금지, 과부 재혼 허용, 연좌제 철폐 등은 당시로서는 혁신적인 개혁이었다. 경제적으로는 은본위제를 도입해 근대적 화폐 체계를 마련하고 전국적으로 도량형을 통일하려는 시도를 통해 경제의 표준화를 꾀했다.

그러나 이러한 개혁은 일본의 강한 영향 아래 진행되었고 그로 인해 일본에 유리한 제도들도 포함되었다. 일본인 고문의 초빙, 일본 군사 교관의 도입, 일본 화폐의 조선 내 유통 허용 등이 그것이었다. 특히 일본 화폐의 유통은 조선 경제를 일본 경제에 종속시키는 중요한 계기로 작용했다. 이는 조선의 경제적 독립성을 약화시키며 일본이 조선의 경제를 장악하는 발판이 되었다.

김홍집 내각의 개혁은 조선 사회에 깊은 영향을 미쳤지만 그 여파는 갈등으로 점철되었다. 대원군은 이러한 개혁을 전통에 대한 위협으로 간주하며 강하게 반대했다. 일본은 초기에는 김홍집 내각에 직접적인 간섭을 하지 않았지만 청일전쟁에서 평양전투의 승리를 계기로 조선을 보호국으로 삼으려는 의도를 본격화했다. 이 시점에서 일본의 전략적 목표는 조선의 내부 개혁을 명분으로 삼아 자신의 영향력을 극대화하는 것이었다. 항쟁군의 진압은 단순한 군사 작전을 넘어 조선의 자주성을 억압하고 일본의 지배를 공고히 하려는 일본의 계획 중 일부였다.

청일전쟁의 승리로 일본은 시모노세키조약을 통해 요동반도를 확보하려 했으나 러시아, 프랑스, 독일의 삼국간섭으로 인해 그 야망은 좌절되었다(1895). 이 사건은 일본의 팽창 정책에 중대한 도전이었으며 국제 관계에서 일본이 직면한 첫 번째 큰 장애물로 기록되었다. 일본은 이 좌절로 인해 조선에서의 영향력을 더욱 강화하고자 했다.

한편 조선에서는 삼국간섭으로 일본의 위상이 일시적으로 약화되었음을 포착해 새로운 외교적 전략을 모색했다. 조선은 친러 성향을 가진 정동파를 중심으로 러시아와의 협력을 강화하기 시작했다. 이는 조선 왕실이 일본의 간섭에 대응하기 위한 선택이었으며 러시아와의 협력은 그 핵심이었다. 이러한 상황은 조선이 일본, 러시아, 청이라는 강대국들 사이에서 균형을 잡으려는 복잡한 외교적 노력의 일부였다.

박영효는 일본의 지지를 통해 자신의 권력을 확립하려 했지만 조선 왕비를 살해하려는 음모에 연루되었다는 의혹으로 그의 계획은 실패로 돌아갔다. 정동파는 내각과 국왕의 정치적 역할이 조화를 이루는 체제를 추구하며, 러시아의 힘을 일부 활용해 일본의 간섭에 맞서 자주적 개혁을 도모했다. 이에 대응하여 일본은 미우라 고로를 새 공사로 임명하며 강경하게 대응했다. 고종은 일본의 영향력을 축소하려 했으나 이러한 긴장은 을미사변으로 귀결되었다(1895). 일본 공사관이 주도한 조선 왕비의 잔혹한 살해는 조선의 정치적 불안정을 극대화시켰고 외세에 대한 반감을 더욱 심화시켰다.

을미사변 이후, 김홍집을 중심으로 한 정부는 건양(建陽) 연호를 도입하고 태양력을 채택하는 등 일련의 근대적 개혁을 시도했다. 군사적으로는 서울에 친위대를, 지방에 진위대를 설치하여 군사력을 강화했으며, 단발령과 종두법을 시행하여 사회적 변화를 도모했다. 그러나 단발령으로 상투를 자르라는 명령은 유생과 민중의 격렬한 반발을 초래했고 이는 의병 투쟁으로 이어졌다. 의병 투쟁은 단순한 저항을 넘어 조선 민중의 정체성과 전통을 지키려는 집단적 항거로 발전했다.

이 혼란 속에서 고종은 러시아 공사관으로 피신하는 아관파천을 단행했다. 이는 김홍집 내각의 붕괴를 가져왔으며 개혁파 인사들이 분노한 민중에 의해 살해되는 비극적인 사태로 이어졌다. 이로써 갑오개혁은 사실상 중단되었고 조선의 정국은 새로운 국면을 맞이했다. 아관파

옥호루
명성황후가 피살된 현장으로 알려진 경복궁 내 옥호루의 1900년대 초 모습이다. 옥호루는 경복궁 건청궁 안에 위치한 건물로, 1873년 건청궁 부속 건물로 지어졌으며 1909년 철거되었다가 2007년에 복원되었다.

천 이후 친러 성향의 새 내각이 구성되었으며 조선의 대외 정책도 러시아와의 협력을 중심으로 큰 변화를 겪었다.

3 아관파천 이후 개혁을 시도하지만 내부 갈등 속에서 한계를 보이다

러시아 공사관에 머물던 고종이 열강의 이권 침탈에 효과적으로 대응하지 못하면서 조선의 위상은 크게 실추되었다. 이는 조선의 관료와 지식인들에게 국가의 위기를 타개하기 위한 개혁의 필요성을 절감하게 만든 중요한 계기였다. 이 시기에 갑신정변 이후 미국으로 망명했던 서재필이 조선으로 돌아온 뒤 정부의 지원을 받아 최초의 한글 신문인 《독립신문》을 창간했다. 그는 근대적 개혁 사상을 지닌 관료 및 지식인들과 함께 독립협회를 결성하며 조선 사회에 새로운 바람을 불러일으켰다(1896).

독립협회는 청의 사신을 맞이하던 전통적 장소였던 영은문을 철거하고 그 자리에 독립문을 세워, 조선이 청의 영향에서 벗어나 독립 국가로서의 정체성을 확립하려는 의지를 분명히 드러냈다. 또한, 청 사신을 맞이하던 모화관을 개조해 독립관으로 삼은 것은 과거의 굴욕적 외교 관계를 청산하고, 자주적이고 독립적인 새로운 시대를 열겠다는 상징적 선언이었다.

독립협회는 초기에는 왕실의 재정적 지원을 받아 관료 중심으로 운영되었으나, 점차 학생, 여성, 노동자, 상인, 농민 등 다양한 계층이 참여하며 조선 사회 전반의 변화를 주도했다. 강연회, 토론회, 집회, 회보 발간 등을 통해 독립협회는 계몽적인 주제에서 시작해 열강의 이권 침탈 반대, 정치 제도 개혁 등의 폭넓은 의제를 다루었다. 특히 아관파천 이후 러시아가 조선의 광산, 철도, 삼림 등의 이권을 강탈하자, 독립협회는 이를 강하게 비판하며 고종의 환궁을 촉구했다.

고종이 환궁한 이후에도 러시아의 내정 간섭이 심화되자 독립협회는 만민공동회를 조직하여 반러시아 여론을 확산시켰다. 만민공동회는 러시아의 이권을 저지하기 위한 강력한 사회적 움직임을 주도하며 조선 사회의 단결과 자주성을 대변했다. 동시에 일본이 부산 절영도의 석탄고 부지를 획득하려 하자 이에 대한 반대 운동을 전개했다. 결과적으로 만민공동회의 노력은 러시아와 일본이 각각의 요구를 철회하

독립문
1900년 전후로 추정되는 독립문의 전경이다. 독립문은 1897년에 청의 사신을 맞이하던 영은문 자리에 세워진 구조물로, 파리 개선문을 모델로 설계되었다.

게 하는 성과로 이어졌다.

독립협회의 개혁 운동은 정부와 보수적인 관료들의 강한 반발에 부딪혔다. 협회 회원 4명이 유언비어 유포죄로 체포되었을 때, 정부는 법적 절차를 무시하고 황제의 명령만으로 그들에게 유배형을 선고했다. 이에 독립협회는 신체의 자유와 재산권 보호를 포함한 법치주의의 확립을 요구하며 자유민권운동을 전개했다. 하지만 보수파는 이에 대응해 갑오개혁 때 폐지된 참형 제도와 연좌법을 부활시키며 독립협회의 활동을 억압하려 했다.

그럼에도 불구하고 독립협회는 이에 굴하지 않고 관련 대신들의 사임을 요구하며 학생, 시민, 상인들의 지지를 이끌어 내어 정부에 압력을 가했다. 결국 고종은 박정양을 중심으로 한 개혁 내각을 구성하고, 독립협회와 협력할 것을 지시했다. 이는 당시 조선 정치 체제에서 개

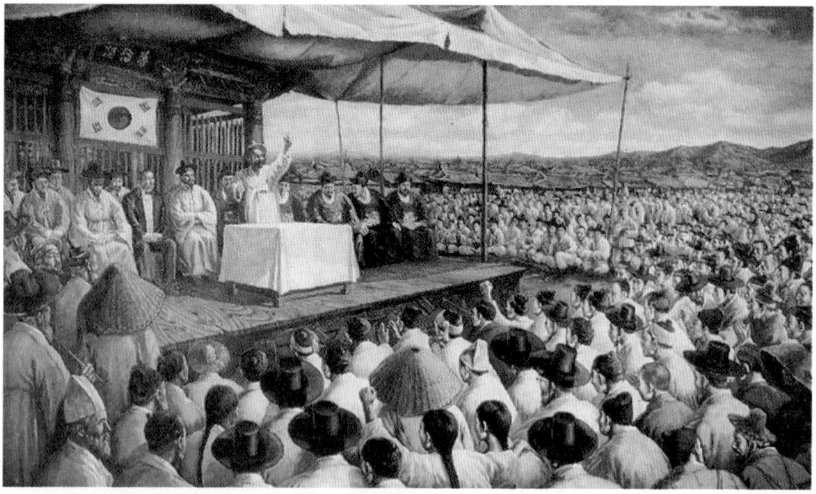

만민공동회
만민공동회의 모습을 그린 민족 기록화이다. 만민공동회는 1898년 독립협회 주도로 열린 민중 집회로, 자주독립과 자유민권, 개혁을 요구한 집회이다.

혁 세력이 중요한 위치를 차지하게 된 순간이었다.

만민공동회에 관리들이 참여함으로써 사회 각계각층의 동참이 이루어졌다. 여기서 의결된 헌의 6조는 황제의 권위를 인정하면서도 중추원의 권한을 확대하여 황제권을 제한하려는 내용을 담고 있었다. 이는 전제군주제를 약화시키고 의회 제도를 가능하게 하는 역사적 순간이었다. 고종은 이를 수용하여 새로운 중추원 관제를 제정했다. 새롭게 구성된 중추원은 일부 관원이 황제에 의해 임명되고 나머지는 독립협회 회원들의 투표로 선출되도록 규정되었다.

그러나 독립협회의 세력 확장은 보수 관료들에게 점차 위협으로 간주되었다. 보수파는 독립협회가 공화정을 수립하려 한다는 유언비어를 퍼뜨려 고종의 불안을 자극했다. 이러한 주장은 사실과는 거리가 멀었지만, 고종은 보수파의 경고를 받아들여 이상재를 비롯한 독립

고종
서양식 황제복을 입고 있는 고종이다. 조선의 제26대 국왕이자 대한제국의 초대 황제로, 1897년 국호를 대한제국으로 선포하고 황제로 즉위하며 근대적 국가 체제를 표방했으나, 실제로는 전제군주제를 강화하는 데 주력했다.

협회 지도부를 체포하고, 결국 독립협회를 해산시켰다(1898). 이로써 독립협회의 활동은 중단되었고 개혁 세력의 정치적 활동은 어려움에 처했다.

한편 고종은 환궁 이후 실추된 왕권을 회복하고 조선의 독립성을 대내외적으로 과시하기 위해 대한제국을 선포했다(1897). 그는 광무(光武)라는 새로운 연호를 채택하며 만국공법에 기초해 조선이 독립국임을 국제사회에 알렸다. 일본, 청, 러시아 등 열강은 이를 공식적으로 인정했다. 이는 조선이 청의 속국에서 벗어나 독립국으로 거듭났음을 상징하는 중요한 사건이었다. 그러나 대한제국의 독립 선언은 외형적으로는 독립국임을 선포했지만 실제로는 외세의 간섭 속에서 이루어진 허울뿐인 제국이라는 한계가 있었다. 고종의 권력 강화 의도는 국가의 실질적인 자주성과는 거리가 멀었고 대한제국은 열강의 틈바구니 속에서 여전히 취약한 위치에 머물렀다.

대한제국은 갑오개혁과 을미개혁이 지나치게 급진적이었다는 평가를 바탕으로 옛것을 근본으로 삼고 새것을 참고한다는 구본신참(舊本新

參)의 원칙에 따라 점진적인 개혁을 추진했다. 이러한 일련의 개혁 조치를 광무개혁이라 부른다. 대한제국은 법규교정소라는 황제 직속의 입법 기구를 설립하고, 〈대한국 국제〉를 제정하여 헌법을 도입하는 시도를 보였다. 그러나 이 국제는 입헌군주제와는 거리가 멀었으며 민권을 보장하지 않았다. 오히려 이는 전제군주제를 강화하려는 고종의 의도를 분명히 드러내는 것이었다.

고종은 군사권을 장악하여 자신의 권력을 공고히 하고자 했다. 그는 경운궁 내에 원수부를 설치하여 자신을 대원수로 임명하고 군 통수권을 직접 장악했다. 이는 과거의 군영 체제가 정치 세력들 간의 경쟁으로 인해 초래한 혼란을 해결하고 군사 지휘권을 일원화함으로써 정치적 안정을 도모하려는 조치였다. 이를 기반으로 고종은 근대적 군대 양성을 목표로 친위대, 시위대, 진위대를 증강했다. 이러한 군사 개혁은 고종의 전제 권력 강화를 뒷받침하는 중요한 요소로 작용했다.

대한제국은 재정적 기반을 강화하기 위한 방편으로 양지아문을 설치하여 근대적 토지제도를 마련하려는 개혁을 시작했다. 양지아문은 5년에 걸쳐 전국적으로 토지를 측량하고 소유자를 확인하는 양전 사업을 수행했으며 이를 바탕으로 지계라는 토지 소유권 증명서를 발급했다.

대한제국은 식산흥업 정책을 추진하며 국가의 경제적 자립을 도모하려 했다. 이 정책의 일환으로 회사 설립을 장려하고 황실이 직접 경제 활동에 참여해 경제를 활성화하려는 계획을 세웠다. 우무학당과 전무학당 같은 실업 학교를 설립해 기술 인재를 양성했으며 궁내부 산하에 서북 철도국을 설치해 경의철도 부설 작업을 시작했다. 또한 중앙은행 설립을 통해 금본위제에 기반한 지폐 발행을 계획했다. 그러나 러일전쟁의 발발로 이러한 경제적 근대화 계획은 중단되었다.

대한제국 애국가
대한제국 애국가 악보 원본의 표지이다. 대한제국 애국가는 1902년 고종의 명령으로 작곡되어 대한제국의 공식 국가로 제정되었다.

민간에서도 한성은행과 대한천일은행 같은 은행들이 설립되었고 직물 방적 회사나 해운 회사 같은 근대적 기업들이 등장했다. 그러나 대부분의 기업은 관료와 상인이 합작하여 설립되었기 때문에 근대적 경영 경험이 부족했고 효율성의 한계를 드러냈다. 이러한 어려움은 대한제국이 경제적 근대화 과정에서 직면한 난제를 상징적으로 보여 준다.

한편 대한제국 시기에는 다양한 형태의 애국가가 존재했다. 초기의 애국가 일부는 스코틀랜드 민요나 영국 국가의 가사와 곡조를 차용한 경우도 있었다. 이후 프란츠 에케르트(Franz Eckert)가 한국 민요 〈바람이 분다〉의 선율을 바탕으로 애국가를 작곡했다. 이 곡은 고종을 찬양하는 내용으로 작곡되었으며 초기에는 '황제'라는 단어가 사용되다가 이후 '나라'나 '민족'으로 대치해 사용했다.

현재 한국의 애국가는 안익태가 작곡한 것으로 명확히 표기되어 있으며 작사자는 윤치호로 추정된다. 그러나 안익태와 윤치호 모두 친일 행위로 인해 논란의 대상이 되었고 이로 인해 애국가 변경을 주장하는 목소리도 존재한다. 그럼에도 불구하고 애국가는 한국인들에게 국가적 정체성과 자긍심을 표현하는 노래로 자리 잡았다. 애국가는 창작자의 논란을 넘어 한국인들이 공유하는 민족적 유산이자 역사적 자긍심을 상징하며 현재의 저작권 없는 애국가는 모든 한국인의 노래라 할 수 있다.

대한제국 시기, 고종은 전제군주권 강화와 근대화를 동시에 추구했으나 이는 자주 모순된 결과를 낳았다. 그는 군사권과 재정권을 장악하려 했지만 결과적으로 정부의 재정은 더욱 악화되었고 양전 사업과 식산흥업 정책 같은 근대화 노력의 성과는 제한적이었다. 또한 고종은 자신의 권력 강화를 우선시하며 독립협회 등 진보적 세력의 활동을 억압했다. 이러한 상황 속에서 대한제국의 개혁은 고종의 무능과 외세의 압력 속에서 좌절되었으며 결국 일제의 침략으로 인해 중단되고 말았다.

동북아시아 국제 정세와 대한제국의 비극 14

1 동북아시아 국제 정세 속에서 대한제국이 주권을 상실하다

국제 관계는 끊임없이 변화했고 이러한 변화는 대한제국 시기 동북아시아에서도 두드러지게 나타났다. 19세기 말, 의화단사건(1899)은 청에서 발생한 민족주의와 반제국주의 운동이었으나, 영국, 미국, 일본, 러시아 등 8개국 연합군의 개입으로 인해 청은 외세의 간섭 속에서 국력이 더욱 약화되었다. 이 사건 이후 러시아는 만주에서 철군하지 않았고 이는 일본과 러시아 간의 긴장을 고조시키며 동북아시아 정세에 새로운 균열을 가져왔다.

이러한 국제 정세 속에서 일본은 영일동맹(1902)을 체결하며 국제적 위상을 크게 높였다. 영일동맹은 일본이 서구 열강과 맺은 최초의 동맹으로, 일본이 동북아시아에서의 입지를 강화하며 제국주의적 야망을 실현하는 데 중요한 전환점이 되었다. 일본은 러시아와의 협상을 통해 중국 동북 지역을 러시아의 세력권으로, 한반도를 일본의 세력권으로 삼자는 '만한교환론'을 제안했으나 이는 오히려 국제적 긴장을

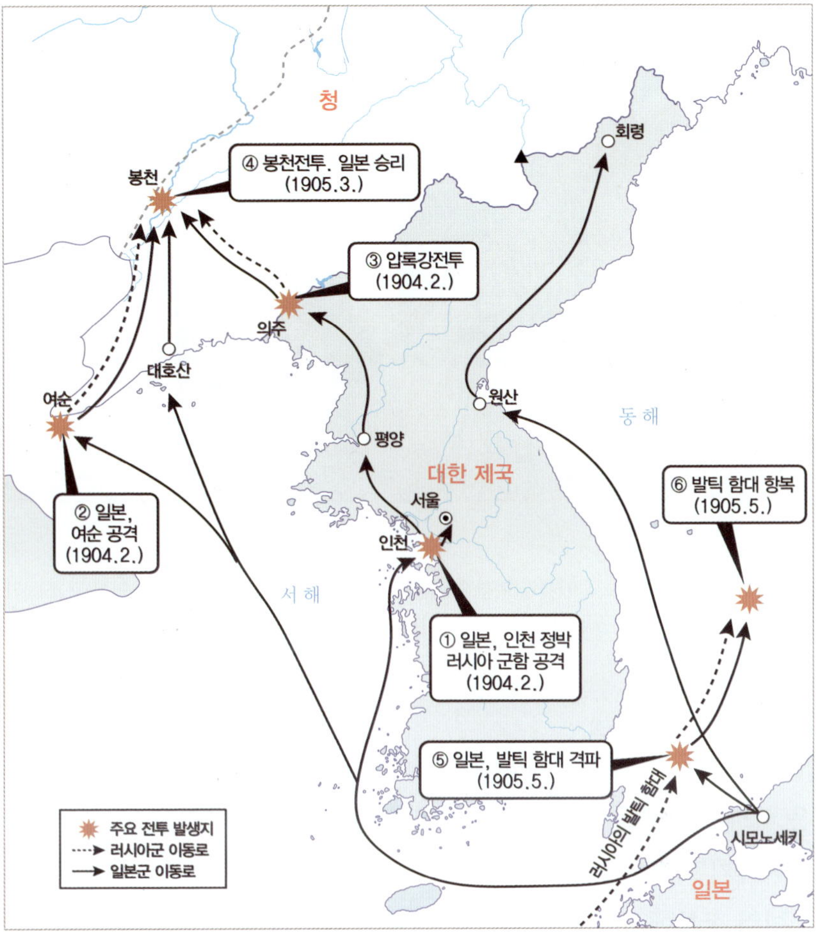

러일전쟁 과정

1904년부터 1905년까지 일본과 러시아가 한반도와 중국 동북 지역에서 벌인 전쟁의 경로와 충돌 상황이다. 주요 전투 지역과 이동 경로를 파악할 수 있다.

더욱 심화시키는 결과를 낳았다.

결국 일본은 러시아에 최후통첩을 보내고 전쟁을 도발했다(1904). 러일전쟁은 일본이 독자적으로 수행하기에는 자금과 자원이 부족했지만

영일동맹 기념 엽서
1905년 미쓰코시 백화점에서 발행한 영일동맹 기념엽서이다. 이 엽서는 왼쪽의 영국 소녀가 일본 황실을 상징하는 국화를, 오른쪽의 일본 소녀가 영국을 상징하는 장미를 들고 있다.

영국과 미국의 재정적 지원에 힘입어 가능했다. 쓰시마 해전에서 일본은 러시아 함대를 거의 전멸시키며 승세를 굳혔지만 양국 모두 전쟁을 지속하기 어려운 상황에 처했다.

이런 상황에서 일본은 미국과 태프트-가쓰라 밀약을 체결했다(1905). 이 밀약은 조약이나 협정으로 체결된 것이 아니라 일본과 미국 간의 대화 내용을 담은 각서의 형태로 기록되었다. 각서의 내용은 일본은 필리핀에 대한 미국의 식민지 지배를 인정하며 미국은 일본의 대한제국 침략과 한반도의 보호령화 계획을 묵인하는 것이었다.

같은 시기에, 일본은 제2차 영일동맹을 통해 한국에서의 이익 추구 권리를 명시적으로 확보했다. 영국은 러시아군을 잇달아 물리친 일본군의 능력을 높이 평가하는 한편, 러시아가 인도로 진출할 가능성을

포츠머스조약
미국 뉴햄프셔주 포츠머스에서 일본과 러시아 대표들이 포츠머스조약을 체결하는 장면이다. 이 러일강화조약으로 일본은 러시아로부터 한반도에 대한 배타적 우위를 인정받았다.

우려했다. 그 결과 영국은 동맹의 적용 범위를 기존의 '극동'에서 '동북아시아 및 인도'로 확대하며 일본과의 관계를 강화했다.

결국 미국의 중재로 포츠머스조약이 체결되면서 러일전쟁은 종결되었다(1905). 포츠머스조약은 동북아시아의 새로운 질서를 확립하며 일본의 한국 지배권을 인정했다. 이러한 국제적 승인에 힘입어 일본은 한반도에서의 지배를 본격화하며 을사늑약과 한국 병합으로 이어지는 침탈의 기반을 마련했다.

일본은 한반도를 발판 삼아 대륙을 침략하려는 야망을 구체화하기 위해 남만주철도주식회사를 설립하여 철도 운영권을 확보했다. 당시 중국 동북 지역에는 일본의 차관으로 건설된 철도, 청 자본으로 운영되는 철도, 그리고 러시아의 이권이 걸린 철도가 얽혀 있었다. 특히 시베리아횡단철도의 지선인 동청철도가 부설되면서 장춘을 경계로 북쪽의 하얼빈과 주변 지역은 러시아 세력권, 남쪽 지역은 일본 세력권으로 명확히 나뉘었다. 이 구도는 러일협약을 통해 공식적으로 승인되었다(1907).

일본은 중국 동북 지역의 지배권을 더욱 확고히 하기 위해 간도협약(1909)을 체결했다. 이 협약에서 일본은 남만주철도 부설권과 무순탄광 개발권을 획득하는 대가로, 대한제국과 청 사이의 분쟁 지역이었던 간도를 청의 영토로 인정했다. 이로써 일본은 한반도뿐만 아니라 중국 동북 지역에서의 경제적·정치적 이권을 크게 강화하며, 동북아시아에서의 지배력을 더욱 확장했다.

한편, 러일전쟁이 발발하기 직전, 대한제국은 중립을 선언하며 국가의 독립을 지키고자 했다. 그러나 일본은 이를 무시하고, 중립성을 무너뜨리기 위해 한일의정서를 강제로 체결했다(1904). 당시 러일전쟁의 승패가 불확실한 상황에서 일본의 위협은 날로 커져 갔다. 고종은 일본의 요구를 거부할지 아니면 수용할지 결정해야 하는 중대한 순간에 놓였다.

안타깝게도 고종은 일본의 압박을 받아들이는 결정을 내렸고 전쟁은 일본의 계획대로 진행되었다. 이 사건은 고종의 우유부단한 태도, 일본의 강압적인 외교 전략과 결합되어 대한제국의 주권 상실로 이어지는 비극적 결과를 낳았다.

일본은 내각 회의를 통해 한국 보호권 확립을 결정하고 한국 정부를 강하게 압박하여 한일협정서(제1차 한일협약)을 체결했다(1904). 이 협약을 통해 일본은 자신들이 추천하는 외교 고문과 재정 고문을 한국 정부가 임명하도록 강요하여 이른바 고문 정치를 실시했다. 외교 고문으로는 미국인 더럼 화이트 스티븐스(Durham White Stevens)가, 재정 고문으로는 일본인 메가타 다네타로가 임명되었다. 이는 일본이 미국의 친일적 태도를 전략적으로 활용하여, 한국에 대한 침략 정책의 정당성을 국제사회에 선전하려 한 시도였다. 일본은 미국인을 고문으로 기용함으로써 미국과의 외교적 관계를 강화하는 한편 국제적으로 자신들의 행위를 정당화하려는 의도를 명확히 드러냈다.

포츠머스조약 이후, 일본은 이토 히로부미를 한국에 파견하여 을사늑약(1905)을 강요했다. 이 조약은 공식적인 명칭조차 없는 비공식적 성격을 띠었지만 일본은 강압적인 협박을 통해 이를 체결했다. 조약 체결 당시 고종은 민중의 의사를 물어보겠다고 했으나 이토 히로부미는 대한제국이 황제국이라는 점을 들어 민중의 의견은 필요 없다고 반박했다. 고종은 이에 대응하지 못하고 조약 체결의 책임을 대신들에게 전가하며 결정을 회피했다. 신변의 위협이 있었음을 고려하더라도 황제로서 책임을 지고 반대 입장을 고수해야 했지만 고종은 대한제국의 운명을 결정짓는 중요한 순간에 적절히 대응하지 못했다.

을사늑약(제2차 한일협약)은 한국의 외교권을 박탈하고 일본이 한국의 외교 업무를 전담하며 내정에 대한 감독권을 강화하는 내용을 담고 있었다. 이 과정에서 한규설과 민영기가 반대했으나 이완용, 이지용, 이근택, 이하영, 권중현 등은 찬성했으며, 이들은 을사오적으로 불리게 되었다. 일본은 을사늑약을 통해 초대 통감으로 이토 히로부미를 임명하고 통감부를 설치하여 대한제국의 국정을 사실상 장악했다. 이러한 조치는 일본이 대한제국의 주권을 체계적으로 빼앗아 가는 기반을 마련하는 데 중요한 역할을 했다.

내정과 외정의 모든 권리를 빼앗긴 고종은 일본의 '보호국' 선언이 부당함을 국제사회에 알리기 위해 밀사를 파견했다. 그러나 당시의 국제 정세는 제국주의 열강들이 일본의 조선 강점을 묵인하는 방향으로

헤이그 특사
헤이그 특사는 고종이 을사늑약의 불법성을 알리기 위해 1907년 제2회 만국평화회의에 파견한 인물들로, 일본의 방해로 회의에 참석하지 못하고 기자단을 통해 한국의 처지를 국제 사회에 알렸다. 왼쪽부터 이준, 이상설, 이위종이다

흘렀고 고종의 이러한 노력은 실패로 끝날 수밖에 없었다. 가장 널리 알려진 시도는 을사늑약의 부당함을 알리기 위해 고종이 헤이그 만국평화회의에 이준, 이위종, 이상설을 밀사로 파견한 일이었다(1907).

그러나 외교권을 상실한 상태에서 이 시도는 실현 가능성이 극히 낮았으며 오히려 일본이 고종 퇴위의 구실로 삼는 계기가 되었다. 이준은 한국이 회원국 자격이 없다는 이유로 회의장 참석을 거부당했고 심한 스트레스로 인해 생을 마감했다. 당시 이준이 자결했다는 소문이 퍼지기도 했으며 이는 여러 기록에서 다뤄졌다. 그러나 이유가 무엇이든 이준은 한국의 국권을 지키기 위한 헌신 속에서 삶을 마감했으며 그의 노력은 오늘날까지 깊은 존경을 받고 있다.

헤이그 특사 사건 이후, 일본은 고종을 강제로 퇴위시키고 순종이 새 황제로 즉위하도록 했다. 이어 체결된 정미7조약(제3차 한일협약)은 일본의 고문 정치를 차관 정치로 전환하며 대한제국의 주요 업무를 일본인 차관이 장악하도록 만들었다. 또한 일본은 한국의 군대를 해산하고 한국 사법 및 감옥 사무 위탁에 관한 각서를 강요하여 사법권마저 통감부의 손아귀에 넣었다. 이로써 대한제국은 군사력과 사법권을 잃었고 실질적으로 독립국가로서의 기능을 완전히 상실하게 되었다.

을사늑약 체결 후, 일본은 한국을 보호한다는 명목 아래 한국 병합을 내각에서 결정하고 점령 정책을 체계적으로 추진했다. 이 과정에서 일진회와 같은 내부 반역 세력이 한일합방청원운동을 전개하며 일본의 침략을 돕는 행위를 벌였다. 일본은 이를 이용해 한국인들이 자발적으로 병합을 원한다는 허위 주장을 펼쳤으나 이는 한국인의 의사와는 무관한 강제 점령을 정당화하기 위한 핑계에 불과했다. 이 모든 과정은 일본의 치밀한 계획, 대한제국 지도부의 무능, 그리고 국제사회의 무관심이 얽히며 이루어진 비극이었다.

일본은 한국의 경찰권을 장악한 뒤 이완용과 데라우치 마사타케 사이에 한국병합에 관한 조약(이하 한국병합 조약)을 체결했다(1910). 그러나 일본은 한국인들의 저항을 우려해 이를 즉시 공표하지 못했다. 대신, 공표에 앞서 저항할 가능성이 있는 인물들을 불법적으로 구속하는 사전 조치를 취했다. 이처럼 치밀한 준비를 마친 뒤 일주일 후에야 조약을 공표했다. 일본은 이후 한국병합 조약에 대해 반발이 없었다는 점을 강조하며 마치 한국인들이 이를 자발적으로 인정한 것처럼 왜곡했다. 그러나 이는 사전에 반대할 수 있는 사람들을 억압하고 많은 인사가 망명한 상황을 무시한 선전이었다. 윤치호는 자신의 일기에서 나라가 망했음에도 이를 슬퍼하는 사람이 적었다고 썼지만, 이는 저항의 여지가 철저히 억압된 현실을 몰랐기 때문이다.

일본은 한국병합 조약이 합법적이라고 주장했지만 이를 반박하기 위해 순종 서명 위조설을 제기하는 학자들도 있다. 그러나 이 조약의 합법성과 불법성을 순종의 서명이 친필인지 아닌지로만 판단할 수는 없다. 당시 한국인 대다수가 병합에 반대했다는 사실 자체가 일본의 강점이 정당하지 않았음을 보여 준다. 조약의 핵심은 '모든 통치권을 완전히 그리고 영구히 일본 천황에게 넘겨준다'는 내용이었다. 그러나 '영구히'라는 표현은 국제조약의 성격상 성립될 수 없는 문구였다. 국제조약은 언제든지 변경될 수 있기 때문이다. 실제로 일본은 을사늑약을 체결하며 한국을 보호하겠다고 약속했으나 불과 5년 만에 이 약속을 어기고 한국을 강점했다.

강점 이후, 일본은 기득권층을 회유하기 위해 황제와 황실 가족에게 세비를 지급했다. 다만 고종은 이태왕으로, 순종은 이왕으로 격하되었으며 이는 상징적으로 그들의 지위를 약화시키는 조치였다. 또한 친일파에게는 작위를 수여하고 은사금을 지급함으로써 그들을 매수했다. 이는 기득권층을 포섭하여 일본의 지배 체제를 공고히 하려는 전략이었다. 대한제국의 지도층은 이러한 회유에 협력하며 개인적 이익을 추구했으며 이는 국가의 독립을 위한 책무를 저버린 매국 행위로 평가될 수밖에 없다. 그들의 태도는 일본의 한국 병합을 용이하게 만든 중요한 내부적 요인이었으며 후대의 역사적 비판을 피할 수 없다.

2 국권을 지키려는 온 국민의 저항이 독립운동의 밑거름이 되다

일제가 한국의 주권을 침해하고 강제적으로 점령하려던 시기, 한국인

민영환

1904년 초에 촬영된 것으로 추정되는 민영환의 모습이다. 을사늑약에 항거하며 자결한 인물로, 병조판서, 내무부사, 군부대신 등 요직을 역임하며 독립협회 활동에 참여했다.

들은 다양한 형태의 저항을 통해 일본의 압력에 강렬히 반발했다. 특히 민영환과 조병세 같은 인물들은 을사늑약이라는 부당한 조약에 저항하며 스스로 목숨을 끊는 극단적인 선택을 했다. 명성황후의 조카이자 사회적으로 영향력 있는 인물이었던 민영환은 자신의 역사적 책임을 실천하는 방식으로 무력 투쟁 대신 자살을 선택했다. 그가 남긴 유서는 고종과 국민들에게 큰 충격을 주며 반일 감정을 고조시켰다.

한편, 언론 역시 국권을 지키기 위한 중요한 저항의 도구로 기능했다. 장지연의 사설 〈시일야방성대곡〉은 을사늑약의 부당함을 폭로하며 수천 년의 역사를 일본에 넘겨주는 조약의 부조리를 날카롭게 비판했다. 이 글은 전국적인 반일 운동의 도화선이 되었고, 민족의 분노를 확산시키는 데 중요한 역할을 했다. 상인들은 철시 운동을, 학생들은 동맹 휴학을 통해 저항의 뜻을 분명히 밝혔다. 이와 같은 다양한 저항은 일본의 침략에 대한 사회적 반감을 크게 고조시키는 데 기여했다.

또한 나철과 오기호 같은 인물들은 자신회(오적암살단)를 조직해 을사오적을 처단하려 했으며 이재명은 명동성당 앞에서 이완용을 칼로 찌

르며 매국노들에게 공포를 심어 주었다. 이와 같은 행동은 단순히 개인의 분노에 머무르지 않고, 국민들의 저항 의지를 상징하는 사건으로 기록되었다.

이는 일본 제국주의의 침략과 한국의 주권 강탈 과정에서 한국인들이 보인 다양하고도 강렬한 반응의 생생한 증거들이다. 한국인들은 결코 침묵하거나 수동적으로 굴복하지 않았으며 각자의 위치에서 다양한 방식으로 부당한 지배에 맞서 싸웠다. 특히, 전국 각지에서 일어난 의병 전쟁은 그들의 저항 의식과 결연한 의지를 가장 잘 드러낸다.

충청도에서는 민종식이 이끄는 의병 부대가 홍주성을 일시적으로 점령하며 일본군에 큰 타격을 입혔다. 경상도에서는 정용기가 중심이 되어 청송과 영천 일대에서 활발한 저항을 이어 갔고 전라도 태인에서는 최익현이 의병을 일으켰다. 그러나 최익현은 일본군뿐만 아니라 대한제국의 군대와도 대치하게 되자 동족 간의 비극적 충돌을 피하기 위해 스스로 의병 활동을 해산했다. 그는 이후 일본의 쓰시마섬으로 끌려가 일본 음식을 거부하며 단식 투쟁한 끝에 순국했다.

한편 신돌석은 경상도와 강원도 접경 지대의 일월산을 근거지로 삼아 의병 부대를 강화하며 유격전을 통해 일본군에 심대한 타격을 입혔다. 이러한 의병 활동은 고종의 퇴위와 군대 해산 이후 더욱 조직적이고 강력한 양상을 보였다. 해산된 군인들이 의병에 합류하며 유생, 농민, 상인, 교사, 학생 등 다양한 계층의 사람들이 함께 항일 투쟁에 나섰다. 그 결과 의병의 조직력, 무장력, 작전 능력이 크게 강화되었다.

특히 이인영과 허위는 전국에서 약 1만 명의 의병을 모아 13도 창의군을 조직하고 서울을 향해 진공 작전을 시도했으나, 일본군의 선제 공격으로 실패했다. 그러나 이 실패에도 의병들은 좌절하지 않고 전국 각지로 흩어져 항일 투쟁을 계속했다. 함경도에서는 홍범도가 활약하

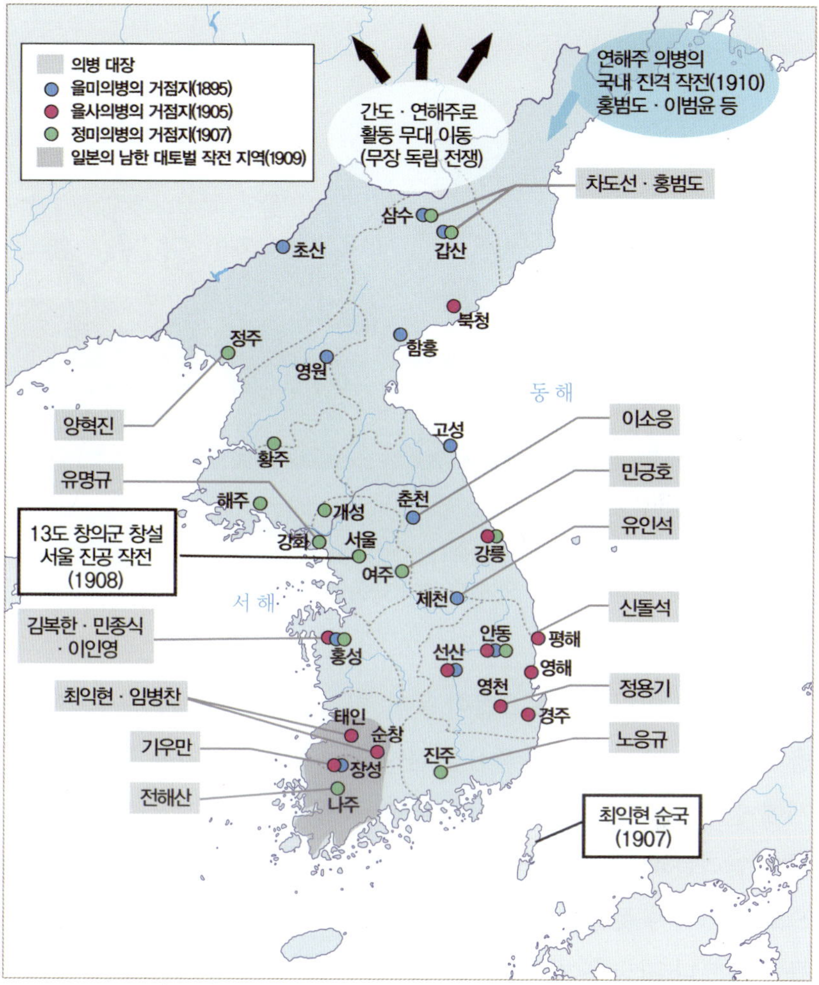

의병전쟁의 과정
전국적으로 발생한 의병 활동의 주요 지역과 전투 상황을 나타낸다. 이를 통해 일제의 침략에 저항하며 싸운 의병들의 활약을 파악할 수 있다.

며 일본군에 강력히 맞섰고 전라도 일대의 호남 의병들은 산악 지대를 활용하여 일제에 큰 타격을 입혔다.

스코틀랜드계 캐나다 언론인 프레더릭 매켄지(Frederick McKenzie)는 의

의병
종군기자 프레데릭 매켄지가 강원도에서 촬영한 의병의 모습으로, 해산된 대한제국 군인들이 합류한 상황을 보여 준다. 의병은 일제의 국권 침탈에 맞서 자발적으로 조직된 의용군이다.

병들을 만나 인터뷰하며 그들이 물적·인적 자원에서 일본군에 열세임을 알면서도 조국을 위해 죽음을 불사하는 결연한 의지를 지녔음을 세계에 알렸다. 그의 보도는 한국인들의 국권수호운동의 노력을 국제사회에 알리는 데 중요한 역할을 했지만, 당시 국제 정세상 실질적 도움으로 이어지지 못했다. 국제사회는 일본의 한국 지배에 비판적인 태도를 보였으나 각국은 자국의 이익을 우선시하며 한국 독립을 지원하지 않았다.

일본군은 호남 지방에서 해안과 육지 봉쇄 작전과 남한 대토벌 작전을 전개하며 한국의 의병 저항을 소멸시키려 했다(1909). 이 작전에서 일본군은 2개월 동안 의병장 100여 명과 의병 4천여 명을 체포하거나 학살했다. 일본군은 의병의 근거지가 될 가능성이 있는 촌락과 가옥을 무차별적으로 방화하고 주민들을 학살함으로써 그 지역을 초토화시

안중근

감옥에서 촬영된 안중근의 모습이다 1909년, 하얼빈 역에서 일제의 초대 통감이었던 이토 히로부미를 저격한 뒤 체포되었으며, 이후 재판을 거쳐 1910년에 처형되었다.

켰다. 이러한 잔혹한 행위는 전쟁 범죄에 해당하며, 역사적으로 엄중히 평가되어야 할 사건이다.

이 전략은 호남 의병뿐만 아니라 한국 전체의 의병 저항을 약화시키는 데 큰 영향을 미쳤다. 그러나 연해주에서 활동하던 안중근은 일본의 이러한 지배 야욕에 맞서 싸우며 이토 히로부미를 하얼빈 역에서 저격했다. 이토 히로부미가 하얼빈을 방문한 목적은 한국에 대한 일본의 지배를 더욱 공고히 하기 위함이었다. 안중근은 자신의 행동이 한국의 독립과 동양 평화를 위한 것임을 분명히 밝혔다. 그는 자신은 대한제국의 군인으로서 독립전쟁의 일환으로 이토 히로부미를 처단했기 때문에 형사범이 아닌 전쟁 포로로 대우받아야 한다고 주장했다.

한편 의병 전쟁이 계속되는 가운데 신지식인과 개신 유학자, 전·현직 관료, 자산가, 언론인들은 실력 양성을 통해 국권을 수호하자는 애국계몽운동을 전개했다. 이들은 다양한 정치·사회 단체를 조직하며 교육과 산업의 발전, 국민의 권리 보장, 입헌군주제 수립 등을 주장했다. 보안회는 일본인의 황무지 개간권 요구를 철회시키는 데 성공하며, 국권 수호를 위한 성과를 거두었다. 헌정연구회는 황실과 정부가 헌법과 법률을 준수하고 국민이 보장된 권리를 누려야 한다고 주장했으며 대한자강회와 그 후신인 대한협회는 교육 보급과 산업 발전을 목표로 활동했으나 일본의 강압적 정치에 타협하는 한계를 보이기도 했다.

안창호, 양기탁, 신채호 등은 국권 회복과 공화정 수립을 목표로 신민회를 조직했다(1907). 신민회는 교사, 학생, 종교인 등 다양한 계층의 사람들이 참여하여 민족주의 교육을 실시하고 애국심을 고취하는 서적을 보급했다. 국권 상실의 위기가 심화되자 신민회는 독립 전쟁을 준비하기 위해 국외 독립운동 기지 건설에 나섰다.

애국계몽운동의 단체들은 교육을 목적으로 하는 조직이 중심을 이루며 기호흥학회, 서북학회 등 여러 학회를 설립했다. 이들은 학교를 세우고 민족의식을 고취하는 교과서를 보급했으며, 월보를 발행하여 민중을 계몽하는 데 힘썼다. 1910년경, 전국적으로 약 2천 개의 사립학교가 설립되었고, 이는 이후 한국의 교육 기반을 형성하는 중요한 자산으로 남았다.

언론은 대중 계몽과 민족의식 고취를 위한 애국계몽운동의 중심 역할을 담당했다. 영국인 어니스트 토머스 베델(Ernest Thomas Bethell)이 운영한 《대한매일신보》는 일제의 간섭에서 비교적 자유로웠기에 일본의 침략성을 비판하는 기사를 많이 실었다. 《황성신문》은 을사늑약 당시 〈시일야방성대곡〉을 통해 일본의 침략을 고발하며 항일 의식을 고취하는 데 기여했다. 국외에서도 《신한민보》와 《해조신문》 같은 신문이 발간되어 해외 거주 한국인들을 계몽하고 애국심을 고취하려는 노력을 이어 갔다.

이 시기에는 국어와 역사에 대한 관심도 높아졌다. 주시경은 한글의 중요성을 강조하며 우리의 말과 글을 연구하고 보급하는 데 헌신했다. 신채호와 박은식 같은 학자들은 역사를 통해 민족의식을 고취하며 민

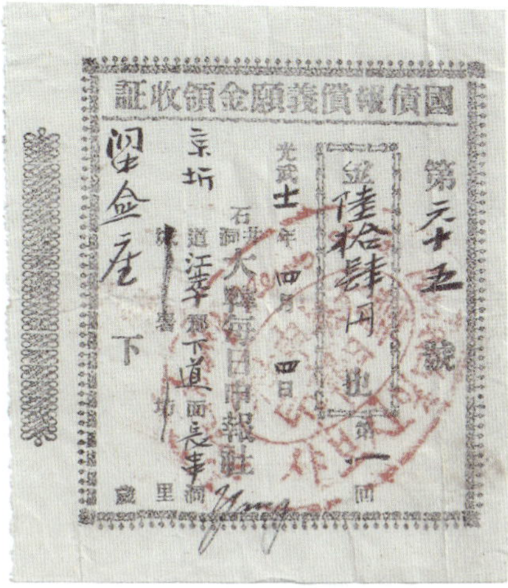

국채보상운동

강화군 하도면 장곶동 주민에게 발급된 국채보상운동 의연금 영수증이다. 국채보상운동은 1907년, 대구에서 시작되어 전국적으로 확산된 운동으로, 일제의 방해로 1908년에 중단되었다.

중을 계몽하고자 했다. 특히 신채호는 〈독사신론〉을 통해 민족주의 사학의 연구 방향을 제시하고 역사를 민족의 생명력으로 이해했다.

외세의 침략에 맞서 싸운 을지문덕, 강감찬, 이순신 같은 위인들의 전기가 출판되는 한편 베트남과 이탈리아 등 외국의 흥망사를 다룬 책들도 역사의 교훈으로 소개되었다. 그러나 이러한 노력은 많은 제약을 받았다. 통감부는 신문지법과 보안법을 제정해 신문을 사전 검열하고 많은 서적을 금서로 지정했으며 집회와 결사의 자유를 억압하며 한국인들의 계몽 활동을 강력히 제한했다.

일본은 한국에 차관을 적극적으로 제공하며 사실상 한국의 주권을 침탈하기 위한 제도적 기반을 마련했다. 이로 인해 한국의 대일 부채는 급격히 증가하여 연간 예산과 맞먹는 1,300만 원 수준에 이르렀다. 이러한 경제적 지배가 심화되자 한국인들은 재정적 독립을 이루기 위해 국채보상운동을 전개했다.

대구에서 김광제와 서상돈의 주도로 시작된 이 운동은 상공인과 지식인을 중심으로 국채보상기성회가 결성된 후 전국적으로 확산되었다. 대한자강회를 비롯한 여러 애국 계몽 단체와 신문사들도 이 운동에 동참했다. 운동 참가자들은 담배를 끊고 음주를 절제하며 금은 패물을 헌납하는 등 자발적인 모금을 통해 약 19만 원을 모았다. 이 운동에는 여성들이 비녀와 반지를 기부하고 인력거꾼, 기생, 백정 같은 다양한 계층이 참여하는 등 민족적 연대와 단결을 상징적으로 보여 주었다.

그러나 일본은 이 운동을 탄압하기 위해 양기탁에게 보상금 횡령이라는 누명을 씌우고 구속했으며 내부 분열까지 야기하여 운동은 결국 좌절되고 말았다. 하지만 국채보상운동은 재정적 독립을 위한 한국인들의 의지를 드러내는 중요한 사건으로 남았다.

애국계몽운동은 실력 양성을 통해 국권을 회복하려는 목표로 전개되었다. 이 운동은 군사적 저항이 아니라 교육, 산업 발전, 언론 활동을 중심으로 한 사회적 저항의 형태를 띠었다. 일제의 정치적·군사적 지배하에서 진행된 이 운동은 때로는 타협을 포함하기도 했으나 민족의 단결과 자각을 고취하는 데 중요한 역할을 했다. 비록 일본의 강압적 통치와 당시 국제 정세의 제약으로 단기적으로는 국권 회복에 실패했지만 애국계몽운동은 민족의식을 형성하고 교육과 계몽의 기반을 마련하며 이후 독립운동의 토대가 되었다.

근대 시기 사회문화적 변화

15

1 새로운 사상과 종교가 확산되며 사회 변화의 바람이 불다

근대 초기에 서양의 계몽사상, 사회진화론, 그리고 자연과학이 한반도로 유입되면서 조선의 사회적 구조와 지식 체계에 혁신적인 변화의 물결이 일기 시작했다. 이 새로운 지식은 전통적 사고의 한계를 넘어서 미래에 대한 희망과 가능성을 제시했다. 조선의 지식인들과 개혁가들은 서양의 사상과 과학을 받아들여 사회 변화를 이끌고자 노력했으며 이러한 시도는 조선을 새 시대로 이끄는 중요한 밑거름이 되었다. 그러나 이 지식의 도입 과정은 복잡한 국제 정세와 내적 저항으로 인해 많은 어려움을 겪었다.

잡지와 같은 새로운 매체의 등장은 서양 학문과 사상이 빠르게 대중에게 전달되는 통로를 열어 주었다. 특히 사회진화론의 도입은 조선 지식인들에게 큰 영향을 끼치며 근대화를 촉진하는 계기가 되었다. 지식인들은 이 이론을 통해 제국주의 시대의 국가 간 경쟁과 생존 투쟁에 대한 이론적 토대를 발견했다. 이로써 민족을 보호하고 발전시키기

허버트 스펜서(Herbert Spencer)
사회진화론을 주창하며 생물학적 진화를 사회학에 적용한 허버트 스펜서의 모습이다. 19세기 영국의 철학자이자 사회학자로, 진화론적 관점에서 사회와 인간의 발전을 주장했다.

위한 민족주의적 대응의 필요성을 절감하게 되었으며, 이는 애국계몽운동을 비롯한 다양한 민족운동의 핵심 동력이 되었다.

그러나 사회진화론은 자체에 인종주의적 편견과 제국주의적 침략 논리를 내재하고 있었다. 이는 민중을 단순히 계몽의 대상으로 간주하거나 인종이나 종족을 사회진화의 기본 단위로 설정하려는 관점을 조장했다. 이 과정에서 사회진화론은 일본의 침략 논리를 정당화하는 도구로 악용될 위험을 내포하고 있었다. 결과적으로 이 사상은 자강론과 패배주의 사이에서 복잡한 논쟁을 촉발하며 극단적 담론을 형성하기도 했다.

근대에 유입된 서양 사상은 전통적인 의식구조를 뒤흔들며 기존 사상 체계의 변화를 촉진했다. 성리학은 전통적인 지배 이데올로기로서 역할을 고수하려 했으나 서구 문물과 접촉하면서 변화의 필요성을 점차 깨닫기 시작했다. 이러한 전환의 시기에, 위정척사운동은 전통적 가치를 수호하고 대외적 압력에 맞서는 데 중요한 역할을 했다. 이 운동은 국가적 위기 상황에서 민족의 단합과 저항 의지를 불러일으키며 정체성을 지키려는 노력으로 평가된다.

박은식은 유학을 단순한 철학적 체계로만 보지 않고 보다 폭넓고 실천적인 종교적 차원에서 이해할 필요성을 강조하며 대동교를 창립했다. 그는 전통적인 유교 교리가 일반 민중에게 지나치게 복잡하고 이해하기 어렵다고 지적하며 유교의 개혁을 위해 유교구신론을 제안했다. 박은식의 주장은 유학의 복잡성을 단순화하고 접근하기 쉬운 양명학을 널리 보급하여 일반 민중이 유교의 가르침을 쉽게 이해할 수 있도록 돕는 데 초점을 맞추고 있었다. 이 접근은 신채호가 제안한 기독교와 유교의 장점을 결합해 국민적 종교를 만들자는 생각과 맞닿아 있으며 두 인물 모두 민중의 이해와 참여를 높이는 데 공통의 목표를 두고 있었다.

이러한 노력은 근대화 과정에서 중요한 기여를 했다. 특히 이 과정에서 나타난 변화는 교육과 종교의 영역에서 새로운 길을 열며 전통적 가치와 근대적 사고의 융합을 모색하는 중요한 흐름으로 자리 잡았다.

한편 동학 민중 항쟁에서 패배한 후 동학은 손병희의 지도 아래 천도교로 재탄생했다. 손병희는 동학의 교리와 조직을 체계적으로 재정비하고 새로운 이름인 천도교를 부여하여 사회 개혁과 국민 교육의 기반을 다졌다. 천도교는 이후 민족 독립의 불씨를 지피는 결정적 역할을 하며 그 영향력을 확대해 나갔다. 그 무렵 나철은 단군 신앙을 바탕으로 대종교를 창시했다. 대종교는 민족의 정체성을 강화하고 독립 의지를 고취하는 데 깊이 관여하며 독립운동에서도 중요한 역할을 했다.

불교는 개항기 이후 새로운 기회를 맞이했다. 일본 불교의 유입은 한국 불교에 새로운 종파의 등장을 가져왔는데 이는 한국 불교의 다양성과 복잡성에 더욱 깊이를 더했다. 갑오개혁 이후 승려의 도성 출입 금지 조치가 해제되면서 불교 활동은 자유를 얻었으나, 일본 불교 종파의 포섭 시도와 개종 압력 또한 지속되었다. 이러한 상황 속에서 한용운은 불교의 문제점을 날카롭게 지적하며 불교의 혁신과 개혁을 촉구하는 《조선불교유신론》을 저술했다. 그는 불교계 내부의 개혁 운동을 주도하며 불교가 근대적 정체성을 유지하며 새롭게 자리 잡을 수 있도록 하는 데 중요한 기여를 했다.

종교계 변화 중 가장 두드러진 것은 천주교와 개신교의 확산이었다. 천주교는 오랜 탄압의 시기를 견디며 신자들을 조용히 모아 왔고 1880년대 초 정부의 묵인 아래 점차 안정적인 기반을 다지기 시작했다. 한국 교구 책임자인 귀스타브샤를마리 뮈텔(Gustave-Charles-Marie Mutel) 신부와 한국 정부 간의 교민조약을 통해 천주교는 공식적으로 인정받는 종교가 되었다(1899). 명동성당 축성식(1898)은 천주교의 상징적 순간으로, 이 성당은 뾰족한 외형 때문에 '뾰죽집'으로 불리며 서울의 명소가 되었다. 수많은 사람들이 이 고딕 양식의 건축물을 보기 위해 몰려들었고 이러한 관심은 천주교 포교 활동에 큰 도움을 주었다.

천주교는 고아원과 양로원을 설립하며 사회적 책임을 다하는 한편, 교육기관 설립과 같은 사회적 기여에도 앞장섰다. 또한 《경향신문》을 발행하여 애국계몽운동에 동참했으며 일제 침략에 맞서 기도회를 열고 국채보상운동에도 앞장서며 사회적 영향력을 확대했다.

개신교는 미국 선교사들의 활발한 입국과 선교 활동을 통해 교세를 확장했다. 특히 서북 지방의 중산층 사이에서 견고한 기반을 마련하며 초기의 어려움에도 불구하고 진보적 지식인들의 긍정적 반응을 이끌어 냈다. 최초의 개신교 선교사였던 호러스 뉴턴 알렌(Horace Newton Allen)은 갑신정변 당시 민영익을 치료하여 왕비의 총애를 얻음으로써 개신교 확산의 중요한 계기를 마련했다. 호러스 그랜트 언더우드(Horace Grant Underwood), 헨리 거하드 아펜젤러(Henry Gerhard Appenzeller), 메리 스크

명동성당
일제강점기 명동성당을 그린 기념 엽서이다 명동성당은 서울대교구 주교좌 성당이자 천주교 본당으로, 고딕 양식으로 건축되었으며, 완공 당시 종현성당으로 불리다가 해방 이후 현재의 이름으로 개칭되었다.

랜튼(Mary Scranton)과 같은 선교사들은 본격적으로 선교 활동을 시작하며 근대적 의료와 교육 사업을 주도했다. 이들은 특히 여성 교육과 보건 의료 서비스에서 큰 호응을 얻었다.

불교, 천주교, 개신교는 각자의 방식으로 근대 한국 사회의 변화를 추구하며 중요한 역할을 수행했다. 불교는 전통적 기반을 바탕으로 내적 개혁과 사회적 참여를 시도했으며 천주교와 개신교는 교육과 의료, 사회 개혁을 통해 민족의 자주 의식을 고취했다. 이들 종교는 일제 침략에 대한 저항의 원동력을 제공했으나 동시에 일제에 순응하거나 과도한 요구로 문제를 일으키기도 했다.

2 기반 시설의 정비와 대중문화의 확산으로 생활양식이 변모하다

조선이 근대 세계로 편입된 이후, 조선은 다양한 분야에서 혁신적인 변화를 추진하며 근대화를 가속화했다. 통신 분야에서의 도약은 특히 주목할 만하다. 전신, 전화, 우편 서비스가 시작되었으며 부산과 일본 나가사키 간의 해저 전선 설치로 국제 전신 서비스가 가능해졌다. 인천에서 서울, 평양, 의주를 잇는 전신선은 청에 의해 설치되었으며, 조선은 남로전선을 완공하여 서울과 부산을 연결함으로써 조선, 청, 일본 간의 국제 전신망이 구축되었다. 이러한 기술적 진보는 정보 전달의 혁명을 일으키며 국내외 소식을 신속하게 전할 수 있는 기반을 제공했다.

국제 전신망의 완성은 외교와 무역에도 중요한 변화를 가져왔다. 조선은 국제 정세에 더 빠르게 대응할 수 있었고 상인들은 실시간으로 국제 시장 정보를 얻어 무역 활동을 활발히 전개할 수 있었다. 이러한 변화는 조선을 근대적 국제사회의 일원으로 자리매김하게 했다.

신문과 출판물의 보급은 대중의 의식을 변화시키는 또 다른 중요한 동력이었다. 박문국의 설립과 함께 신문 발행이 보편화되며 일반인들도 새로운 정보와 문화를 접할 기회를 갖게 되었다. 조선은 관보인 《조보》를 발행했으나 이는 주로 관료와 지식인들 사이에서만 유통되었다. 그러나 서재필이 창간한 순한글판과 영문판 《독립신문》은 민권과 국권 의식을 고취하며 대중에게 새로운 세계관을 제시했다. 이종일이 창간한 《제국신문》은 순한글로 발간되어 여성 독자층에게 환영받았으며 《황성신문》은 국한문 혼용체로 출판되어 한문 독자층을 겨냥했다.

양기탁과 영국인 어니스트 토머스 베델이 함께 창간한 《대한매일신보》는 신채호와 박은식의 애국적 논설로 항일 의식을 고양시키는 데

《대한매일신보》

《대한매일신보》의 편집국의 모습으로, 중앙의 마른 인물이 양기탁이다. 이 신문은 민족주의자들이 집필에 참여해 국채보상운동을 지원한 신문으로, 순한글·국한문·영문판으로 발행되었다.

크게 기여했다. 천도교에서 창간한《만세보》또한 큰 사회적 영향력을 발휘하며 시대의 변화를 이끌었다. 이 외에도 수많은 사회단체들이 학보와 월보를 통해 단순한 정보 전달을 넘어 새로운 문화를 수용하고 근대적 인식을 촉진하는 중추적 역할을 수행했다. 이러한 신문과 잡지들은 대중의 정치적 의식과 사회적 인식을 변화시키며 이후 민족운동의 토대가 되었다.

전기의 도입은 단순히 밤을 밝히는 역할을 넘어 산업과 문화에 혁신적인 변화를 가져왔다. 전기는 대량 생산과 대중화를 통해 사회 전반에 걸쳐 근대화를 촉진하며, 조선을 새로운 시대로 이끄는 중요한 동력이 되었다. 경복궁 내 건천궁에 처음으로 전등이 설치되면서 생활이 변화했으며 전화와 전차의 도입으로 새로운 소통과 이동 방식이 자리잡았다. 전화교환수라는 새로운 직업이 생겨났으며 서울의 전차 운행

전화

1902년부터 1903년 사이 대한제국 주재 이탈리아 영사 카를로 로세티(Carlo Rossetti)가 촬영한 것으로 추정되는 전화교환수의 모습이다 서울·인천 간에 개설된 사업용 전화는 1902년에 설치되었으며, 당시에는 수동 교환 방식을 통해 통화가 이루어졌다.

은 도시 교통 체계를 혁신하며 대중의 이동 방식을 크게 변화시켰다.

을미개혁 시기에 재개된 우정 사업은 근대적 우편제도의 본격적인 시행으로 이어졌다. 이 새로운 우편제도는 일반인들에게도 우편 서비스를 이용할 수 있는 기회를 제공하며, 사회에 중요한 변화의 씨앗을 뿌렸다. 대한제국 정부는 우편제도를 체계적으로 재정비하고, 만국우편연합에 가입하며 국제 우편 네트워크의 일원이 되었다(1900). 이를 통해 국제적으로 우편물을 주고받을 수 있는 체제를 갖추었고 국가 간 소통과 문화 교류를 활성화하며 국제적 지위를 높이는 계기가 마련되었다.

철도 부설은 사회에 근본적인 변화를 불러일으켰다. 경인선을 시작으로 일본의 군사적 전략에 따라 경부선과 경의선이 건설되었다. 철도 부설로 막대한 양의 토지가 전용되면서 수많은 민중이 생활 터전을 잃었고 철도에 대한 반감이 커졌다. 그럼에도 불구하고 철도 주변에는 새로운 도시들이 형성되며 도시화가 가속화되었다. 철도는 물류 이동을 빠르게 하고 상업 활동을 활성화했으며 도시와 농촌 간의 경제적 격차를 확대시키는 동시에 전통적인 삶의 방식을 변화시키는 촉매제가 되었다. 또한 철도는 한국인들에게 시간 관념이라는 새로운 사고방

철도

1899년 경인선 개통 시, 미국에서 제작된 모굴(Mogul) 1호 기관차의 모습이다. 경인선 부설 사업과 기관차 제작은 미국과 일본의 합작으로 이루어졌으며, 이후 일본이 사업을 독점하며 철도 부설을 주도했다.

식을 확립하는 데 기여했다.

의료 분야에서도 근대화의 바람이 강하게 불었다. 최초의 서양식 병원인 광혜원이 설립되어 미국 의료 선교사 호러스 뉴턴 알렌이 치료와 운영을 맡았다. 광혜원은 이후 제중원으로 이름을 바꾸고 단순한 치료를 넘어 의학 교육에도 주력했다. 재정 문제로 미국 북장로교 선교부에 이양된 후 병원은 세브란스 병원으로 명명되며 근대 의료의 중심지가 되었다.

지석영은 우두 접종법을 도입해 천연두 예방에 중요한 역할을 했다. 비록 접종 효과에 대한 대중의 불신과 치료 한계로 어려움을 겪었지만 근대적 예방의학의 토대를 마련하는 데 크게 기여했다. 이러한 노력은 전통적인 의료 체계에서 벗어나 근대적 예방 의료 체제로 전환하는 데 중요한 발판이 되었다.

또한 관립의학교를 설립하며 근대 의학 교육을 본격적으로 시작했다. 일반인을 위한 광제원과 적십자 병원을 설립하며 의료 서비스를 대중화하려는 노력을 이어 갔다. 개신교의 지원으로 서양식 병원들이 전국적으로 확산되었으며 대표적으로 대구의 동산병원과 전주의 예수병원이 설립되었다. 이러한 의료 기관의 확산은 전통적인 한의학에 의존하던 사회에 혁신적인 변화를 가져왔으며 서양 의학의 효과가 점차 입증되면서 대중의 건강과 위생에 대한 인식도 변화하기 시작했다.

서양 의학의 도입은 전통 의학과 갈등을 일으키기도 했다. 일부 유학자들은 이를 문화적 침략으로 간주했으나 전염병 예방과 치료에서 서양 의학의 우수성이 증명되면서 근대 의료 체계에 대한 신뢰가 높아졌다.

교육 분야에서도 근대식 학문의 도입으로 큰 변화가 일어났다. 동문학, 원산학사, 육영공원 등 근대식 교육기관이 설립되었고, 갑오개혁을 통해 교육제도가 전면적으로 개편되었다. 소학교, 사범학교, 외국어학교와 관련한 법령이 마련되었으며 교육과 학교 정책을 관장하는 학무아문이 설치되어 국가 주도의 교육 체계가 확립되었다.

개신교 선교사들은 근대 교육에 중요한 기여를 했다. 배재학당과 이화학당은 각각 남성과 여성을 위한 교육기관으로 설립되어 근대 교육의 상징적 역할을 했다. 이러한 변화는 전통적인 과거제를 대체하며 학력을 기반으로 한 사회 이동의 기회를 제공하여 계층 구조와 직업 구조에도 중요한 영향을 미쳤다.

한국병합 직전 한국에는 약 2,200여 개의 사립학교가 존재했으며 그 중 1,400여 개가 한국인에 의해 설립되었다. 이는 근대 교육에 대한 한국인의 열망과 필요성을 잘 보여 준다. 이용익이 설립한 보성전문학교는 고등교육기관으로서 나중에 고려대학교로 발전했다. 이러한 발전은 근대 교육이 초등교육을 넘어서 대학 교육까지 확장되었음을 입증한다.

한편 근대로의 전환을 맞이하며 생활양식에서도 일부 한국인들은 급격한 변화를 경험했다. 서양식 옷차림은 사람들의 관심을 끌었고 커피를 즐기는 사람들이 점점 늘어나면서 사교와 여가의 새로운 문화가 형성되었다. 석유 사용이 늘어나면서 《황성신문》의 광고란에 석유등이 자주 등장할 정도였다. 석유등은 밝은 빛을 비추며 이전에는 상상할 수 없던 편리함을 제공해 사람들의 일상을 크게 변화시켰다.

조선 시대에는 사람의 신분에 따라 거주할 수 있는 집의 크기와 형태가 엄격히 제한되었으나 근대로의 전환과 함께 이러한 제한은 사라졌다. 부를 축적한 사람들은 신분에 상관없이 크고 호화로운 집을 짓기 시작했으며 이러한 주택들은 개인의 성공과 사회적 지위를 상징하는 건축물이 되었다. 특히 개항장을 중심으로 서양식 건축물과 일본식 목조 주택이 새롭게 세워지면서 도시의 모습은 전혀 다른 양상을 띠게 되었다. 이 모든 변화는 근대로의 전환을 극명하게 드러내는 현상들이었다.

근대 한국의 문화는 전통과 새로움의 역동적 융합을 통해 독창적인 발전을 이루었다. 문학 분야에서는 신소설과 신체시가 전통적 서사와 시형을 창조적으로 재해석했으며 외국 문학의 번역은 한국인들의 문화적 상상력을 확장했다. 음악 영역에서는 서양 선율에 한국어 가사를 접목한 창가와 전통 판소리를 근대적으로 재구성한 창극이 등장하며 전통과 근대의 조화로운 결합을 보여 주었다.

이러한 문화적 혁신은 장르 간 경계를 넘어 활발히 진행되었으며 일

러시아 공사관
아관파천 시기에 촬영된 것으로 추정되며, 주변의 전통 가옥들과 대비되는 러시아 공사관의 전경이다. 러시아 공사관은 1890년 완공된 르네상스 양식의 2층 벽돌 건물로, 러시아의 건축가 아파나시 세레딘사바틴(Afanasy Ivanovich Seredin-Sabatin)이 설계했으며, 한국전쟁 중 파괴되어 첨탑과 지하 통로만 남아 있다.

제강점기의 억압 속에서도 면면히 이어졌다. 근대 한국의 문화는 전통의 계승, 외래 문화의 수용, 그리고 창조적 변용이라는 복합적 과정을 통해 발전했으며 이는 오늘날 한국 문화의 독창성과 다양성의 근간이 되었다.

일제강점기 한국인의 삶 16

1 무단통치의 억압 속에서 한국인의 고통을 되짚다

일제(제국주의 정책을 실행한 일본)는 한국을 점령한 후 강압적인 통치를 시작하며 한국의 정치, 사회, 문화 전반에 걸쳐 극단적인 억압과 통제를 자행했다. 일반적으로 식민지라는 용어는 서구 제국주의 국가들이 민족 정체성이 형성되지 않은 지역을 지배할 때 사용된다. 한국은 이미 민족 정체성을 지닌 상황에서 역사적으로 얕보았던 일본에게 강제로 점령당했다. 이는 한국인들에게 심각한 굴욕감을 안겼고 서구 식민지와는 구별되는 역사적 맥락을 형성했다. 따라서 일제강점기라는 용어를 사용하는 것이 한국의 상황을 더 적확하게 반영한다.

일제는 한국을 철저히 지배하기 위해 조선총독부(총독부)를 설립했으며 조선 총독 자리는 일본군의 대장 출신으로 임명되었다. 조선 총독은 일본 천황에게 직속되어 있었으며 행정, 입법, 사법, 군사에 걸친 막대한 권한을 행사했다. 총독들은 단순한 관리자가 아니라 일본 내에서 정치적 입지를 확대하려는 야심가들이었으며 이들 중 일부는 훗날 일본의 총리직에 오르기도 했다. 이와 같은 정치적 야망은 한국에서 가혹한 억압 정책이 시행된 주요 원인 중 하나였다.

일제는 또한 대한제국의 황족과 고위 관료들에게 특권을 부여하고 친일파 중심의 중추원을 설립함으로써 한국인이 통치에 동참하는 것처럼 보이게 하는 전략을 사용했다. 하지만 이는 단순한 선전 수단에 불과했으며 실제로는 한국인의 기본적 권리를 철저히 억압하는 정책이 시행되었다. 일제조차 1910년대의 지배 방식을 무단통치라 칭하며 그 폭압적 성격을 스스로 인정했다.

무단통치의 핵심에는 헌병 경찰 제도와 범죄즉결례, 조선태형령 같은 억압적 제도가 자리 잡고 있었다. 이러한 제도들은 한국인의 기본적 인권을 심각하게 침해했으며 당시 한국인들의 삶을 고통스럽게 만들었다. 특히 헌병 경찰은 단순한 질서 유지를 넘어 폭력과 잔인함으로 민족의 자주적 움직임을 철저히 탄압했다.

일제는 헌병 경찰에게 재판 없이 벌금을 부과하거나 구금할 수 있는 권한을 부여하는 범죄즉결례를 도입했고 사소한 잘못에 대해서도 물리적 체벌을 합법화한 조선태형령을 시행하며 그 대상을 오직 한국인으로 국한했다. 이러한 법적 조치들은 헌병의 권력을 극도로 강화하는 한편 한국 사회에 깊은 공포를 주입했다. 통감부 시기에는 1개 사단의 병력이 조선에 주둔했으나 병합 이후 2개 사단으로 병력이 증강되어 서울 용산과 함경북도 나남에 본부를 두고 전국 주요 도시에 배치되었다. 이는 군사적 압박을 통해 조선을 완전히 통제하려는 일제의 의도를 반영했다.

일제는 단순히 군사적 압박에 그치지 않고, 일반 문관 관리와 학교 교원들에게도 칼을 차게 하여 위압감을 조성하고 감옥 시설을 대폭 확충하며 공포 분위기를 극대화했다. 이러한 일련의 조치는 한국 사회

헌병 경찰

서울 제2헌병분대원의 모습이다. 일제는 군사 경찰과 일반 경찰을 통합해 민족해방운동을 탄압하고, 일반 한국인의 일상까지 감시하고 통제하기 위해 전국 각지에 헌병 경찰을 배치했다.

전반에 대한 일제의 절대적 지배력을 강화하고자 한 의도에서 비롯된 것이었다. 군사적·법적·교육적 조치들은 한국인의 저항 의지를 억누르고 일제의 지배를 강화하는 데 초점이 맞춰졌다.

언론, 출판, 집회, 결사의 자유는 일제에 의해 심각하게 제한되었다. 대표적 신문인 《황성신문》과 《대한매일신보》는 폐간되었으며 민족의식을 고취하거나 항일 행동을 부추길 수 있는 모든 출판물은 금지되었다. 대한협회나 서북학회와 같은 민족의식을 일깨우던 단체들도 일제의 탄압 아래 해산되었으며 이는 한국인의 조직적인 저항 가능성을 제거하려는 의도에서 비롯되었다.

교육에서도 일제의 통제는 전방위적으로 이루어졌다. 일제는 한국인들에게 기초적인 보통교육과 실업교육만을 허용하며 고등교육이나 과학 연구 같은 지적 성취의 기회를 박탈했다. 교육 관련 법령을 공포하여 학교 설립과 교육 내용을 일제가 직접 통제했는데 이는 한국인의 지적 성장과 민족의식을 제한하려는 계획의 일환이었다.

일제는 한국의 경제적 기반을 무너뜨리고 재정 확보와 체계적 수탈을 목적으로 토지조사사업을 추진했다. 이 사업은 단순한 행정 조치가 아니라 전통적인 권리를 철저히 부정하며 토지 소유 구조를 일본 중심으로 재편하려는 시도였다. 토지조사사업의 핵심은 토지 소유자들에게 소유와 관련된 정보를 담은 신고서를 제출하도록 강제한 뒤 이를 기반으로 토지의 소유권과 가격을 조사하는 것이었다. 이 조사를 통해 작성된 토지 대장은 오직 신고된 토지 소유권만을 공식적으로 인정했으며 이 과정에서 경작권과 개간권 같은 전통적 권리들은 무시되었다.

국가와 황실이 소유하던 토지, 지역 공동체의 공유지, 그리고 신고되지 않은 토지들은 대부분 총독부 소유로 전환되었으며 이후 동양척식주식회사와 일본 개인 소유자들에게 저렴한 가격으로 매각되었다. 그 결과 일본인의 토지 소유 면적은 빠르게 확대되었고 한국인의 소유 면적은 반대로 줄어들었다. 이로 인해 한국인들의 대다수가 소작농으로 전락했으며 그들의 생계는 더욱 어려워졌다. 토지조사사업으로 인해 총독부의 지세 수입은 크게 증가했으나 이는 한국인들의 세금 부담 증가라는 결과를 초래하며 민중의 생활고를 심화시켰다.

총독부는 회사의 설립과 운영을 철저히 통제하기 위해 회사령을 공포하여 조선 내 새로운 회사 설립 시 총독의 허가를 반드시 받도록 규정했다. 총독부는 이를 통해 기업 활동을 엄격히 규제하고 허가 조건을 위반한 기업은 해산시킬 수 있는 막강한 권한을 가지게 되었다. 이러한 정책은 한국의 경제 활동에 심대한 영향을 미쳤으며 조선 내 자본과 기업의 자율적 성장을 억제하는 결과를 초래했다.

토지조사사업
측량 기사가 토지조사사업의 일환으로 토지를 측량하고 있는 모습이다. 토지조사사업은 1910년부터 1918년까지 토지 소유권을 확정한다는 명목으로 실시되었으나, 이로 인해 많은 한국인의 토지가 일제에 의해 수탈되었다.

또한 총독부는 삼림령과 조선임야조사령을 제정하여 대다수의 임야를 국유림으로 지정하고 한국인의 임야 활용을 크게 제한했다. 조선어업령 역시 한국의 어업 자원을 일본이 독점적으로 이용할 수 있도록 규정했으며 일본 어민들에게 우선적으로 어업 면허를 발급하는 한편 대규모 어업은 일본 자본의 통제하에 이루어지게 했다. 조선광업령은 한국의 광물 자원을 체계적으로 수탈하기 위한 법적 기반을 제공했다. 일본인들은 주요 광산에 대한 채굴권을 독점적으로 확보했으며 한국인들은 소규모 채굴에 제한되거나 일본인 소유 광산에서의 노동자로 전락했다.

이와 같은 경제적 정책들은 일제의 야망을 실현하는 데 초점을 두었다. 총독부는 철도, 도로, 항만 등 주요 인프라를 확충했는데, 한국에서

채취한 자원과 식량을 일본으로 신속히 수송하고 일본 제품의 한국 내 판매를 촉진하는 데 활용했다. 또한 이러한 인프라는 단순히 경제적 목적에 그치지 않고 일본의 중국 침략을 위한 군사적 거점으로 한국을 이용하는 데 핵심적인 역할을 했다. 이는 일제의 팽창 속에서 한국이 철저히 희생양이 되었음을 보여 준다.

2 '문화통치'라는 허울 아래 사회적 분열이 조장되다

3·1혁명 이후, 일본은 그 통치 방식을 변화시키는 듯한 태도를 보이며 이를 '문화통치'라는 용어로 포장했다. 그러나 이러한 변화는 본질적인 개혁이 아니라 한국인을 분열시키고 조종하려는 교묘한 책략에 불과했다. 일제는 표면적으로 강압적 무단통치에서 벗어난 것처럼 보이기 위해 문관을 조선 총독으로 임명할 수 있는 법적 근거를 마련했으나 실제로 일제 패망 때까지 모든 조선 총독은 군인 출신이었다. 이는 '문화통치'가 단지 명목상의 변화였음을 상징한다.

조선태형령을 폐지하고 교원이나 문관들에게 칼을 차고 다니는 행위를 중단시키며 헌병 경찰 제도를 보통 경찰제로 개편한 것은 일제가 겉으로는 온화한 통치로 보이려는 시도였다. 그러나 이러한 변화는 본질적으로 체제의 억압적 성격을 바꾸지 못했다. 대다수의 헌병은 새로운 경찰 체계로 재배치되었으며 군과 경찰 병력은 오히려 증가했다.

일제는 '1군 1경찰서, 1면 1주재소' 체제를 통해 전국적인 감시망을 더욱 정교하게 구축했다. 이는 단순한 경찰 조직의 확대를 넘어 감시와 억압의 기제가 이전보다 더 치밀하게 작동하도록 하기 위한 것이었다. 이를 통해 일제는 한국 사회를 철저히 통제하고 민족적 연대를 약

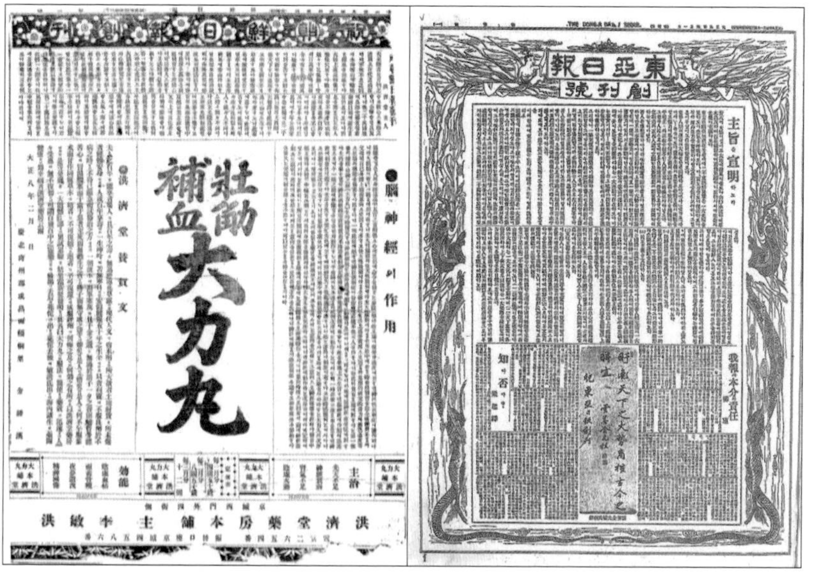

《조선일보》와 《동아일보》
《조선일보》와 《동아일보》의 창간호이다. 1920년에 창간된 두 신문은 한국어로 발행되었으나, 기사 삭제, 신문 압수, 정간 등을 겪으며 결국 1940년에 폐간되었다.

화시키며 모든 형태의 저항을 사전에 차단하려 했다.

'문화통치' 시기 동안 언론, 출판, 집회, 결사의 자유는 표면적으로 허용된 듯 보였으나 실제로는 일제의 철저한 통제와 검열 아래 있었다. 《조선일보》와 《동아일보》를 포함한 한국어 신문들은 그 존재 자체가 언론 자유의 증거처럼 보였지만 일제는 기사 삭제, 신문 압수, 정간 등의 수단을 통해 민족운동의 확산을 효과적으로 차단하고자 했다. 검열 제도는 언론을 감시하고 통제하는 핵심 도구로 작동했으며 언론인들에 대한 법적 제재는 일제의 통치 체제를 유지하는 또 다른 방식이었다.

도(道) 평의회와 부(府)·면(面) 협의회와 같은 지방 자치 기구의 설치는 겉보기에는 한국인이 정치적 의사 결정에 참여할 기회를 제공하는 듯했다. 모든 부에서는 선거가 이루어졌으나 면에서는 일본인이 많이 거주한 지정 면에 한해서만 선거제가 적용되었다. 나머지 지역은 군수의 지명으로 의원이 결정되었고 도 평의회는 도지사가 임명한 의원들로 구성되었다. 1930년대 들어 이러한 자치 기구들은 도회, 부회, 읍회로 재정비되었으나 선거권은 일정 세금 이상을 납부한 사람들에게만 주어졌기 때문에, 그 대상은 대부분 일본인과 소수의 한국인에 한정되었다. 대다수 한국인은 이러한 형식적 자치 기구에서 실질적인 권리를 갖지 못했으며 이는 점령 통치를 강화하기 위한 허울에 불과했다.

일제의 한국 지배는 단순한 군사적 점령이나 행정적 관리에 그치지 않았다. 그들은 교묘한 분열 전략을 통해 민족적 연대를 와해하고 체제에 순응하는 친일 세력을 양성하는 데 주력했다. 1920년대에 확산된 사회주의 사상은 한국인들에게 새로운 각성을 불러일으켰지만 동시에 일제의 강력한 탄압의 대상이 되었다. 지식인, 노동자, 그리고 소작농에 이르기까지 한국 사회의 모든 계층이 이러한 탄압에서 자유롭지 못했다. 반면 지주와 자산가 계층은 적극적으로 지원받아 민족 내부의 계급 갈등이 의도적으로 조장되었다.

일제가 일부 한국인들에게 정치 참여의 기회를 제공한 듯한 태도는 민족주의자와 체제 순응자 간의 갈등을 심화시키려는 고도의 전략이었다. 이는 민족 내부의 대립을 극대화하며 일제가 장기적인 통치 구조를 유지할 수 있는 기반을 마련하는 데 기여했다. 이러한 정책들은 한국 사회의 결속을 파괴하고 독립에 대한 열망을 약화하기 위한 치밀한 술책이었다.

'문화정치'를 내세운 일제의 통치는 외면적으로는 포용적인 모습을 가장했으나 실상은 극도로 억압적인 통치 방식을 내포하고 있었다. 반

산미증식계획

1926년 6월 22일 자 《조선일보》에 실린 만평으로, 동양척식주식회사와 토지개량회사가 산미증식안을 나눠 먹는 모습을 풍자하며 이 정책에 대한 비판의 의미를 보여 준다. 산미증식계획은 일제가 조선을 식량 공급지로 만들기 위해 추진한 정책이다.

일 운동과 사회주의 운동의 확산을 우려한 일제는 치안유지법을 제정(1925)하여 특고 형사와 사복 형사, 밀정들에게 독립운동 참여자뿐 아니라 지식인과 학생들을 감시하고 체포할 수 있는 무소불위의 권한을 부여했다.

일제는 산미증식계획을 통해 조선의 농업 생산을 극대화하고 이를 통해 일본의 식량 수요를 충족하려 했다. 이 계획은 30년 동안 42만 7,000여 정보의 농지를 개량하여 연간 약 920만 섬의 쌀을 추가로 생산하는 것을 목표로 했다. 이를 위해 수리 시설을 개선하고 품종을 교체하며 화학 비료를 도입하는 등 다양한 방법을 시도했다. 그러나 이러한 시도는 민중에게 과중한 경제적 부담을 안겨 주었으며 계획은 원활히 진행되지 못했다. 높은 소작료와 수리 조합비를 감당하지 못한 민중은 점차 토지를 잃고 소작농으로 전락하거나 도시 빈민으로 내몰렸다.

산미증식계획의 실패에도 불구하고 일본으로의 쌀 수출은 오히려 증가했다. 그 결과 한국 내 식량 상황은 급격히 악화되었고 한국인의 1인당 쌀 소비량은 지속적으로 감소했다. 이러한 문제를 해결하기 위해 1930년대 초반에 일제는 농촌진흥운동을 추진했지만 실제로 혜택을

본 농가는 전체의 약 10%에 불과했다. 이후 이 운동은 심전개발운동으로 변질되어 체제 순응을 강요하는 정책으로 변모했다. 일부는 이러한 정책이 생활을 개선했다고 주장했으나 실제로는 대부분의 민중은 계속해서 경제적 어려움에 직면했다. 특히 1930년대에 들어 중국 동북 지역으로 이주하는 한국인의 수가 급증한 것은 농촌 경제의 위기를 단적으로 보여 준다.

일제는 회사령을 폐지하고 기업 설립에 대한 허가제를 신고제로 전환하여 기업 활동을 일부 완화했다. 그 결과 한국인의 기업 설립이 증가했고 대지주뿐 아니라 자수성가한 기업가들도 방직, 메리야스, 양말, 고무신과 같은 경공업 분야에서 자본을 확장할 수 있었다. 그러나 회사령의 폐지는 오히려 일본 기업들의 한국 시장 진입을 용이하게 하여 한일 간 관세가 대부분 철폐된 이후 일본 상품이 한국 시장을 장악하게 되는 결과를 초래했다. 한국 기업들은 자본과 기술력에서 일본 기업에 뒤처지며 시장 경쟁에서 불리한 위치에 놓였다.

세계 경제 대공황 이후, 총독부는 일본 내 쌀 가격의 급격한 하락과 수입 제한 문제로 기존 농업 중심 정책의 한계를 절감하게 되었다. 이를 타개하기 위해 1930년대 초반부터 '조선공업화' 정책을 본격적으로 추진했다. 이 정책의 일환으로, 한반도 북부 지역의 풍부한 지하자원과 저렴한 노동력을 활용한 대규모 공장들이 설립되었다. 이러한 공업화는 일본의 산업 자본을 확장하고, 전쟁 준비를 위한 경제적 기반을 강화하려는 의도에서 시행된 것이었다.

이 시기의 경제적 성장을 긍정적으로 평가하려는 식민지근대화론의 시각은 일제강점기의 본질을 심각하게 왜곡하는 위험을 내포하고 있다. 경제적 성과는 소수의 친일파와 일부 자산가에게만 집중되었고 대다수의 한국인들은 극심한 빈곤과 수탈 속에서 고통받았다. 일본은 한

군산항
1930년대 군산항에 쌓인 쌀가마니의 모습이다. 일제강점기 군산의 수출입액 중 약 90%를 일본이 차지했으며, 수출품 대부분이 일본의 식량 문제 해결을 위한 미곡이었다.

국인의 노동력을 착취하며 경제적 수탈뿐만 아니라 정치적 억압을 병행했다.

조선공업화 정책은 표면적으로는 산업화를 의미하지만 그 이면에는 한국 경제를 일본의 필요에 맞게 재구성하려는 의도가 깔려 있었다.

이를 통해 한국은 일본 경제의 부속물로 전락했고 한국인들은 발전의 혜택을 누리기는커녕 그 비용을 감내해야 했다. 이러한 역사의 실체를 간과하고 단편적인 경제 성장 지표만을 근거로 이 시기를 평가하는 것은 당시 수많은 한국인들이 겪어야 했던 고통을 외면하는 편협한 시각이라 할 수 있다.

3 민족 정체성이 훼손되며 전쟁 동원의 희생양이 되다

일제는 만주사변(1931), 중일전쟁(1937), 태평양전쟁(1941)을 도발하여 인류에게 큰 범죄를 저질렀다. 이 시기 일제는 한국인의 독립 의지를 억누르기 위해 군사력과 경찰력을 전례 없이 강화했다. 만주사변 이후 조선에는 기존의 2개 사단에 하나를 더하여 총 3개의 사단이 배치되었으며 태평양전쟁이 절정에 이른 시점에는 약 23만 명의 일본군이 조선 전역에 주둔했다. 이는 조선을 일제의 확장을 위한 병참기지로 삼으려는 의도를 명확히 드러낸다.

경찰력 역시 대폭 증강되어 경찰관 숫자는 35,000명에 달했으며, 한반도에 설치된 약 3,000개의 경찰 관서를 통해 한국인을 철저히 통제했다. 경찰의 역할은 단순한 치안 유지에 그치지 않았고 한국인의 사상과 행동을 감시하며 민족운동을 탄압하는 데 주력했다.

일제는 시간이 흐를수록 사상 통제를 더욱 철저하고 체계적인 억압으로 변모시켰다. 언론, 출판, 집회, 결사의 자유를 철저히 제한했으며 민족주의와 사회주의 활동에 연루된 사람들에게 점점 더 강도 높은 탄압을 가했다. 일제는 이러한 탄압의 일환으로 사상 전향을 강요하면서 시국대응전선사상보국연맹을 조직하여 한국인을 철저히 일제에 순응하게 하려 했다.

이 조직은 '야마토주쿠(大和塾)'로 개편되면서 사상 전향 강요가 더욱 강력하게 이루어졌다. 일제는 단순한 억압에 그치지 않고 사상적 이탈을 방지하기 위한 법적 장치를 마련했다. 조선사상범예방구금령(1941)의 공포는 이러한 통제의 구체적인 표현이었다. 이를 통해 일제는 사상적 이탈 가능성이 있는 사람들을 미리 구금할 수 있는 법적 근거를 마련하며 개인의 자유를 전면적으로 박탈했다.

진주만공습

진주만공습 당시의 참혹한 모습이다. 진주만공습은 1941년 12월, 일본 해군이 하와이 진주만의 미국 태평양 함대를 기습 공격하며 태평양전쟁의 시작을 알린 사건이다.

태평양전쟁이 격화되면서 일제는 사상 통제를 더욱 강화했다. 조선전시형사특별령을 제정(1944)하여 새로운 형태의 범죄 규정을 도입하고 처벌 수위를 높였다. '국체변혁죄'와 같은 범죄는 형량이 대폭 늘어나 한국인들이 극단적인 법적 위협에 노출되었다. 동시에 일제는 민사와 형사 사건에서 3심제를 폐지하고 2심제를 도입하여 한국인의 항소권을 제한하고 법적 권리를 크게 축소했다. 이는 단순히 반체제 인사를 처벌하는 데 그치지 않고 한국인의 정치적 자유를 완전히 말살하며 민족적 정체성을 뿌리째 제거하려는 의도적인 정책이었다.

한편 중일전쟁을 일으킨 후, 일제는 한국인 생활 전반을 엄격히 통제하고자 했다. 이를 위해 국민정신총동원조선연맹을 설립했다(1938).

국민정신총동원조선연맹은 직장 단위의 연맹과 지역 사회를 아우르는 지방 연맹 등 하부 조직으로 나뉘어 있었으며 모든 세대주는 애국반이라는 소규모 단체에 속해 정기적으로 회의를 열도록 강제되었다. 이와 같은 체제는 단순히 개인의 행위를 규제하는 데서 그치지 않고 한국인의 자율성과 자주성을 조직적으로 침해하는 도구로 활용되었다.

일제는 한국인들의 민족 정체성을 말살하고자 했다. 이 과정에서 가장 두드러진 것이 '황국신민화' 정책이었다. 예컨대 학교에서는 학생들에게 〈황국신민서사〉를 암기하도록 했으며 천황에 대한 충성을 상징하는 궁성 요배를 매일 의무적으로 수행하게 했다. 이는 단순한 의례가 아니라, 학생들의 의식을 일본 황실의 권위에 철저히 복종시키려는 의도가 깔린 것이다.

또한 일제는 신사 참배를 한반도 전역에 걸쳐 강행했으며, 창씨개명이라는 명목으로 한국인의 성과 이름을 일본식으로 바꾸도록 강요했다. 이를 거부한 이들은 학교 입학 제한, 행정 서비스 배제, 식량 및 물자 배급에서 제외되는 등 심각한 불이익을 겪어야 했다. 이는 단순히 개인의 정체성을 손상하는 문제를 넘어 한국 사회 전체의 문화적 자긍심을 파괴하는 것이었다. 성과 이름은 단순한 호칭이 아니라 개인의 역사와 가문의 뿌리를 담고 있기 때문이다.

학교 교육 역시 왜곡되었다. 한국어 과목은 폐지되었고 한국과 일본의 역사를 동일시하려는 일선동조론이 주입되었다. 초등 교육기관의 명칭은 국민학교로 변경했고 일본식 교육 체제가 강화되었다. 또한 일제는 주요 언론인 《조선일보》와 《동아일보》를 폐간하며 정보 통제를 강화했다. 언론의 폐간은 단순히 정보를 차단하는 데 그치지 않고 한국인의 정체성을 흔들면서 자주적인 사고를 억압하려는 정치적·문화적 지배의 연장이었다.

일제는 국가총동원법을 조선에 적용하며(1938) 한국인의 자원과 노동력을 조직적으로 수탈하는 체제를 구축했다. 식량 공출은 전쟁 지원이라는 명목 아래 시행된 강제적 수탈 정책으로, 초기에는 미곡 중심이었지만 보리, 밀, 밤 등으로 점차 그 범위가 확장되었다. 명목상으로는 자발적 참여를 내세웠지만, 실제로는 경찰과 행정 기관의 압박으로 인해 농민들은 할당량을 반드시 채워야 했다. 전쟁이 장기화되자 공출은 더욱 강화되었고 부락 단위의 체계적 공출과 상호 감시 제도가 도입되며 농민들에게 심각한 경제적 부담을 안겼다.

한국의 자원과 노동력은 일본 제국의 침략 전쟁을 위한 군수 산업에 활용되며 그 야욕은 더욱 노골적으로 드러났다. 한반도 북부 지역의 풍부한 석탄과 전력 자원은 일본 군사 산업화의 중심축이 되었으며 이 지역 산업 시설 대부분은 일본 자본과 기술로 운영되었다. 그러나 한국인들은 하급 노동자로 배치되어 비참한 환경 속에서 가혹한 노동을 감내해야 했다. 그들은 생산의 주체가 아니라 착취의 대상으로 간주되었다.

중일전쟁 발발 이후 강제 동원은 보다 체계적이고 잔혹한 방식으로 진행되었다. 육군 특별지원병 제도는 수많은 한국 청년들을 전장으로 내몰았고, 태평양전쟁이 격화되자 학도지원병 제도를 통해 젊은이들이 강제로 징병되었다. 반일 감정을 품고 있던 청년들조차 무기를 들고 일본을 위해 싸워야 했으며 이는 한국 사회에 지울 수 없는 비극적 흔적을 남겼다. 이는 단순한 전쟁 참여 강요가 아니라 개인의 의지와 신념이 완전히 억압된 상태에서 수행된 폭력이라는 데 문제가 있었다.

강제 동원은 탄광, 금속 광산, 군수 공장, 철도 건설 현장에서 이뤄졌으며 한국인 노동자들은 극한의 노동 강도와 비인간적 환경 속에서 착취당했다. 많은 노동자가 목숨을 잃거나 평생을 괴롭히는 신체적·정신

일본군 '위안부'
중국 윈난성 쑹산 지역의 한 고지 마을에서 중국 국민당군에 의해 생포된 일본군 '위안부' 여성들의 모습이다. 일본군 '위안부'는 제2차 세계대전 당시 일본군이 점령지 여성들을 강제로 동원해 성노예로 삼은 전쟁 범죄의 피해자들이다.

적 상처를 떠안아야 했다. 여성들은 정신대라는 이름으로 군수 공장에 동원되었고 그들의 희생은 해방 이후에도 고통과 상처로 남아 한국 사회의 집단적 기억으로 자리 잡았다.

해방 후 총독부 재무국장을 지낸 한 인물이 한국인의 반일 감정이 '인간 탈취'에 있음을 반성하는 기록을 남겼다. 그러나 일본 정부는 여전히 강제 동원의 존재를 부인하고 있는데 이러한 태도는 한일 관계에 깊은 갈등을 지속시키는 주요 요인으로 작용하고 있다.

한국 대법원은 강제 동원 피해자들이 근무했던 일본 기업들에게 배상 책임이 있음을 처음으로 판결했다(2012). 하지만 일본 정부는 이를 인정하지 않고 문제 해결을 위한 적극적인 태도를 보이지 않고 있다. 이러한 태도는 강제 동원의 역사적 진실과 그로 인해 초래된 고통을 부정하며 역사 정의를 실현하려는 노력을 막는 장애물이 되고 있다.

1930년대 초, 일본군은 전쟁터에 위안소를 설치하고 수많은 한국 여성들을 강제로 동원해 위안부로 삼았다. 이 여성들은 극심한 인권 침해를 겪었으며 자신의 의지와는 무관하게 비참한 삶을 강요받았다. 1990년대 이전까지 이러한 문제는 국제적으로 주목받지 못한 채 침묵 속에서 역사의 뒤편으로 사라져 갔다.

그러나 김학순은 자신의 위안부 경험을 공개 증언하며 침묵을 깨뜨리는 역사적 전환점을 마련했다(1991). 이후 일본 학자 요시미 요시아키는 일본군이 위안부 제도에 조직적으로 관여한 사실을 입증하는 문서를 발견했고 이는 일본과 국제사회에 큰 반향을 일으켰다. 이로 인해 일본 정부는 고노 담화를 통해 일본군의 위안부 관여를 공식적으로 인정했으나(1993), 일본 내 우익 세력과 일부 정치인의 반대로 문제 해결은 여전히 지지부진한 상태로 남아 있다.

일제는 전쟁 동원을 위해 친일파를 적극적으로 활용했다. 전쟁 초기, 일본이 승리를 확신하던 시기에 친일파는 더욱 협조적이 되었고 군수품 조달, 징병 독려, 전쟁 선전 등 다양한 활동을 통해 일본의 침략 정책을 지원했다. 친일 언론은 전쟁을 미화했고 친일 지식인들은 일본의 전쟁을 정당화하는 이론적 근거를 제공했다. 이러한 협력은 한국인들의 전쟁 동원을 촉진하며 일본의 제국주의적 야망을 실현하는 데 중요한 도구가 되었다. 친일파의 반민족적 행위는 수많은 한국인들을 전쟁의 희생양으로 전락시키는 데 중요한 역할을 했다.

국내에서 전개된 독립운동 17

1 강점 초기 항일투쟁과 3·1혁명으로 독립운동의 새로운 국면을 열다

1910년대 초반, 일본은 한국 민족의 저항 가능성을 봉쇄하려는 목표 아래 안악사건(1910)과 105인사건(1911)을 조작했다. 이는 단순한 탄압이 아닌, 신민회를 비롯한 민족운동의 근본을 흔들어 놓기 위하여 의도된 시도였다. 이러한 억압적 환경 속에서 많은 독립운동가들은 대안으로 비밀결사와 지하조직을 선택할 수밖에 없었다.

임병찬은 고종으로부터 밀명을 받았다고 주장하며 대한독립의군부를 결성하고(1912), 일본 총리와 조선 총독에게 국권 반환을 요구하는 서신을 전달하려 했으나 체포되었다. 박상진은 대한광복회를 중심으로 국권 회복과 공화정 수립을 목적으로 군자금 모금 활동을 진행했다. 이들은 일제가 운영하던 광산과 우편차를 습격하거나 군자금 모집을 거부하던 친일 부호들을 위협하여 독립운동 자금을 확보했다. 한편 채응언은 의병을 이끌며 평안도, 황해도, 강원도 지역에서 군자금을 모으고, 친일파를 응징하며 일본 순사 및 헌병 주재소를 공격했다. 결국 일제는 그를 체포하여 범죄 혐의로 사형을 집행했다(1915).

지식인과 교사, 학생들 역시 다양한 비밀 조직을 결성했다. 조선국민회는 평양의 숭실학교 졸업생과 재학생을 중심으로 조직되어 국외 독립운동 단체들과 협력했다. 또한 평양의 숭의여학교에서는 송죽회가 조직되었으며 대성학교 출신 청년들은 기성볼단을 결성하여 활동을 이어갔다.

이러한 독립운동의 흐름은 외부 세계의 변화와 결합되면서 새로운 국면을 맞이했다. 러시아는 제1차 세계대전에 참전하며 내부 혼란이 극심해졌고 결국 차르 체제는 불안정 속에서 붕괴의 길을 걸었다. 러시아 10월혁명으로 블라디미르 레닌(Vladimir Ilyich Ulyanov Lenin)이 이끄는 공산당이 권력을 장악했으며 그는 공산주의 혁명을 전 세계로 확산시키는 데 집중했다. 특히 레닌은 제국주의 억압과 지배에 저항하는 민족해방운동을 적극적으로 지원하며 전 세계적 변혁의 물결에 동력을 제공했다.

비록 대부분의 한국 민중이 러시아 10월혁명의 세부 사항을 정확히 이해하지 못했으나 지식인들과 청년 학생들은 차르 체제의 몰락에서 일제를 몰아낼 수 있다는 희망을 발견했다. 이는 강압적 통치 속에서도 민족의 자주성을 회복하려는 한국인의 염원에 불을 지폈다.

한편 민족자결주의는 또 다른 영감을 제공했다. 제1차 세계대전 이후 열린 파리강화회의에서 미국 대통령 우드로 윌슨(Thomas Woodrow Wilson)이 제창한 민족자결주의는 패전국의 식민지를 승전국이 점령하던 기존의 방식을 뒤엎는 혁명적인 구상이었다. 이는 제국주의적 질서의 변화를 의미했으며 한국의 민족주의자들에게 새로운 희망을 안겨주었다.

미국에서 활동하던 대한인국민회는 한국 민족의 독립 의지를 세계

3·1혁명
1919년 3월, 덕수궁 앞에서 시위에 참여한 많은 사람들의 모습이다. 3·1혁명은 일제 강점에 항거하며 전국적으로 전개된 최대 규모의 독립 만세 운동으로, 대한민국 임시정부 수립에 영향을 미친 역사적 사건이다.

에 알리기 위해 파리강화회의에 한국의 대표를 파견하려고 했다. 이를 위해 중국 상하이에 기반을 둔 신한청년당은 여운형의 주도로, 김규식을 파리로 보내기로 결정했다. 한편, 해외 독립운동 지도자들은 독립을 촉구하는 선언서를 발표했고(1918) 일본에서 유학 중이던 학생들도 도쿄에서 2·8독립선언서를 발표했다(1919. 2. 8).

해외에서 전개된 독립운동은 국내 민족 운동가들에게 커다란 자극이 되었다. 특히 고종의 갑작스러운 사망과 이에 따른 독살설의 확산은 일제에 대한 불만을 폭발적으로 고조시켰다. 이러한 격변 속에서 천도교와 기독교 단체는 독립 만세 운동을 준비했으며 불교계와 학생들 또한 이에 동참하여 민족 대표들이 평화적인 시위를 계획했다.

유관순

3·1혁명 당시 투옥된 유관순의 감시 대상 인물 카드이다. 유관순은 이화여자전문학교 학생으로, 충남 천안 병천(아우내) 장터 만세 시위의 주동자로 지목되어 서대문형무소에 수감되었으며, 1920년에 고문 끝에 옥사했다.

이들은 평화적인 방법만으로 독립을 이루기는 어렵다는 사실을 인지하고 있었으나 폭력적 시위가 초래할 막대한 희생을 우려했다. 이에 따라 〈독립선언서〉를 낭독한 후 스스로 일본 경찰에 체포되는 방식을 선택했다(1919. 3. 1). 비록 일부 인물들이 투옥 후 친일 활동으로 비판을 받기도 했으나, 다양한 배경을 가진 민족 대표들이 〈독립선언서〉 제작에 뜻을 모았다는 점은 매우 중요한 의의를 지녔다. 이들의 노력이 3·1혁명의 발발에 결정적으로 기여했다는 사실은 부정할 수 없다.

3·1혁명에서 학생들과 일반 국민들은 독립선언식을 개최하고 태극기를 휘날리며 '대한 독립 만세'를 외쳤다. 이 평화적인 시위는 전국 각지로 급속히 확산되었는데 특히 청년, 학생, 교사 등 지식인 계층은

〈독립선언서〉를 배포하며 시위의 확산을 주도했다. 시위는 주요 도시뿐만 아니라 농촌 지역에까지 퍼졌고 일본 경찰의 강경한 진압으로 인해 점차 폭력적인 양상으로 변모했다. 그 결과 많은 이들이 목숨을 잃거나 구금되었으며 정확한 피해 규모에 대해서는 여전히 논란이 있지만 전국적으로 일어난 시위에서 다수의 희생이 발생했다는 사실은 분명하다.

3·1혁명의 상징적인 인물은 유관순이다. 그녀는 천안에서 시위를 주도하다가 체포되었는데 감옥에서도 굳건히 독립을 염원하며 고문에 저항했다. 유관순은 '대한 독립 만세'를 외치며 결국 숨을 거두었지만 그녀의 투쟁 정신은 오늘날에도 민족 독립을 위한 헌신의 상징으로 기억되고 있다.

일제는 군대와 경찰을 동원해 3·1혁명에 참여한 이들을 가혹하게 억압했다. 하지만 무자비한 탄압은 오히려 한국인들의 분노를 불러일으켰다. 일부 지역에서는 주재소와 면사무소가 직접적인 공격을 받았으며 일본 군경은 이에 대한 보복으로 대규모 학살을 감행했다. 이는 3·1혁명이 단순한 시위에서 벗어나 한국인들에게 보다 강한 민족적 결속과 저항의 의지를 불러일으킨 계기가 되었다.

3·1혁명은 신분, 직업, 종교를 초월해 도시와 농촌에서 남녀노소가 참여한, 한국 역사상 최대 규모의 독립운동으로 기록되어 있다. 이 운동은 단순히 일회적인 사건에 그치지 않았으며 이후 독립운동의 방향을 제시하는 중요한 이정표가 되었다. 특히, 3·1혁명에서 드러난 민족적 열망은 일제에 대한 지속적이고 강력한 항거의 원동력이 되었다.

간도 지역에서는 1만 명 이상의 한국인이 시위에 참여하며 독립 의지를 분명히 드러냈고 연해주의 블라디보스토크에서도 시위가 일어났다. 멀리 미국과 멕시코에 거주하던 한국인들은 필라델피아에서 독립

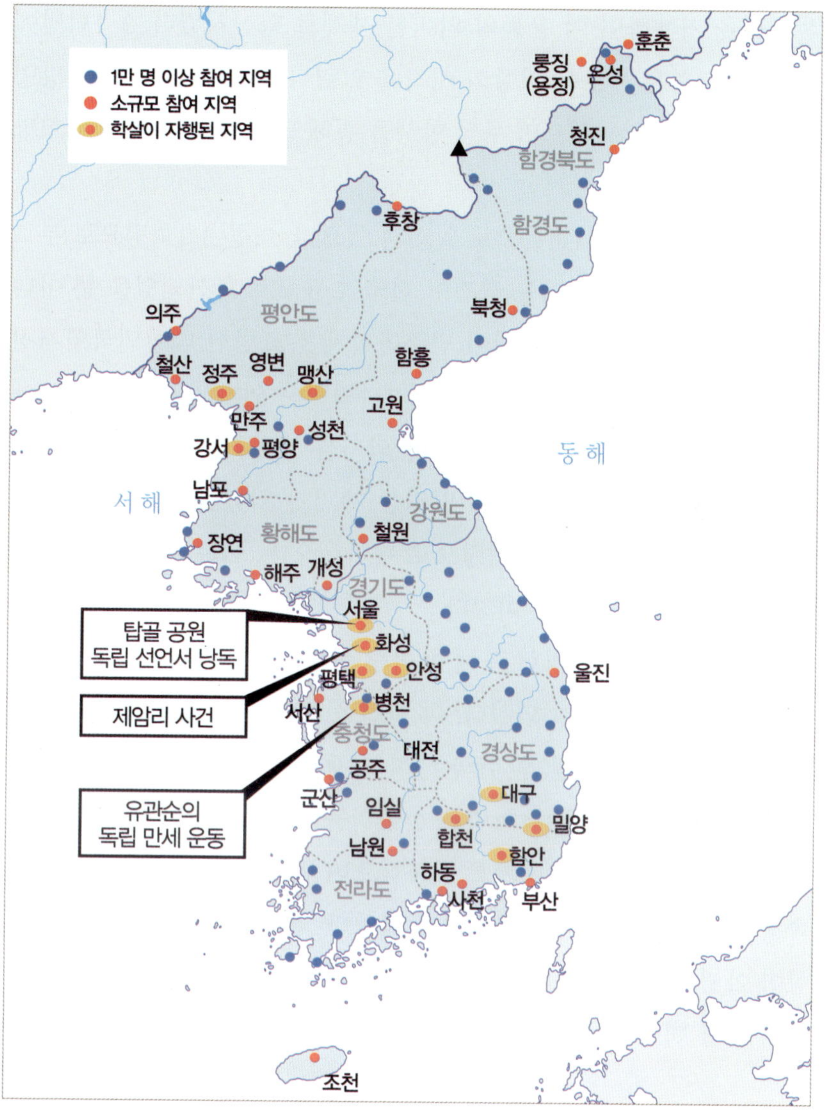

3·1혁명의 과정

전국적으로 확산된 3·1혁명의 규모와 일제의 탄압 양상이다. 이를 통해 만세 시위가 전국으로 퍼져 나간 경로와, 제암리 사건 등 일제의 학살이 자행된 지역을 확인할 수 있다.

선언식을 거행하여 이 운동의 의미를 세계로 확산시켰다. 3·1혁명에서 얻은 교훈은 새로운 저항의 시작을 알렸다. 청년들은 해외로 망명하여 독립군에 합류했으며 무장 항쟁을 통해 민족의 독립에 대한 희망을 이어 갔다.

이 사건은 흔히 3·1운동으로 알려져 있으나, 이를 3·1혁명으로 부르는 것이 더 적합하다. 이는 사건이 전국적 규모로 확산되었을 뿐 아니라, 독립운동의 촉매제가 되어 민주공화제를 표방한 대한민국임시정부의 수립으로 이어졌기 때문이다. 3·1혁명은 일제의 억압적 통치에 맞서 한국인의 자유와 독립을 향한 의지를 명확히 드러냈고, 민족의 자긍심과 독립 염원을 세계에 알리는 계기가 되었다. 당시 독립운동 주요 세력은 이 사건을 대혁명으로 평가했으며, 이는 이후 그들의 활동 방향에 중대한 영향을 미쳤다.

3·1혁명의 역사적 경험은 해방 이후 한국이 민주주의 국가로 성장하는 데 중요한 기반이 되었다. 이 사건을 통해 확립된 민족적 자긍심과 민주적 가치는 해방 후 한국 사회의 재건과 발전 과정에서 중심적인 역할을 했다. 특히 3·1혁명은 한국인들에게 미래를 스스로 결정할 수 있다는 자주적 힘과 용기를 제공했으며 민주주의와 자유를 향한 지속적인 노력을 격려하는 원동력이 되었다. 결국 3·1혁명은 단순한 저항이 아닌, 한국의 역사에서 민주주의 발전과 독립운동의 이상을 실현하기 위한 핵심적인 발판으로 평가할 수 있다.

2 일제의 탄압 속에서도 독립운동이 끈질기게 이어지다

3·1혁명 이후 일제는 민족운동 세력을 분열시키기 위해 일부 한국인

을 포섭하고 언론, 집회, 출판, 결사의 자유를 제한적으로 허용하기 시작했다. 이는 민족 내부의 갈등을 조장하고 독립운동의 힘을 약화시키려는 의도적인 전략이었다. 이런 상황 속에서 한국 내에서는 독립을 위해 장기적으로 민족의 힘을 길러야 한다는 실력 양성론이 대두되었다. 이 사상은 일제와의 직접적인 충돌을 피하면서도 독립을 준비하려는 현실적인 대안으로 자리 잡았다.

한편 일본과 한국 간의 관세 철폐로 인해 한국인이 운영하는 사업들이 심각한 경제적 위기에 봉착했다. 이를 극복하기 위해 조만식이 평양에서 조선물산장려회를 창립(1920)하며 국산품 사용과 소비 절약을 장려하는 물산장려운동이 시작되었다. 이 운동은 서울로 확산되어 서울의 조선물산장려회를 출범시켰고(1923) "내 살림 내 것으로"와 "조선 사람 조선 것"이라는 구호 아래 활발히 전개되었다. 물산장려운동은 자급자족의 중요성을 강조하며 폭넓은 지지를 받았으나 생산량 부족, 가격 상승, 그리고 일부 사회주의자들의 비판으로 인해 점차 활력을 잃었다.

물산장려운동의 한계를 경험한 후 민족주의자들은 실력을 키우기 위한 새로운 접근법으로 민립대학설립운동을 추진했다. 3·1혁명 이후, 일제는 한국인의 학교 설립을 일부 허용했지만 고등교육에 대해서는 여전히 제한적이었다. 이에 이상재를 비롯한 지도자들은 조선민립대학기성회를 조직하고(1923) 1,000만 원의 기금을 목표로 모금 활동을 전개했다. 그러나 자연재해와 일제의 방해로 인해 모금 활동은 좌절되었고 오산학교, 보성전문학교, 연희전문학교를 대학으로 발전시키려는 시도 역시 실패했다.

1920년대 초반, 학생들과 지식인들은 농촌으로 향했다. 그들은 강연, 토론, 독서 활동, 야학 등을 통해 민중에게 지식을 전하고 교육과

물산장려운동

조선물산장려회에서 물산장려운동을 홍보하기 위해 제작한 포스터이다. 물산장려운동은 1920년대 경제적 자립과 민족 산업 육성을 목표로 전개된 운동으로, 일제의 탄압과 일부 사회주의 계열의 비판을 받았다.

계몽을 통해 새로운 사회를 꿈꿨다. 이 귀농 운동은 《조선일보》와 《동아일보》의 적극적인 지원을 받으며 빠르게 퍼져 나갔다.

《조선일보》는 문자보급운동을 주도하며 "아는 것이 힘이다. 배워야 산다"라는 강령을 내세우고 《한글원본》이라는 교재를 출판했다. 한편, 《동아일보》는 문맹퇴치운동을 전개하며 처음에는 '브나로드'라는 이름으로 시작했으나 계몽운동으로 이름을 바꾸며 "배우자, 가르치자, 다 함께"라는 구호 아래 활동을 이어 갔다. 이들은 《한글공부》라는 교재를 통해 문맹 퇴치에 앞장섰으며 조선어학회는 강연회와 한글 책자 배포를 통해 문맹퇴치운동을 지원했다. 이 운동이 민족주의적 성격을 띠게 되자 일제는 이를 억압했다. 결국 《조선일보》와 《동아일보》는 농촌 계몽 활동을 중단해야 했다.

물산장려운동과 민립대학설립운동이 성과를 내지 못한 상황에서 일부 한국인들은 일제의 분열 정책에 흔들리며 조선의회의 설립을 추진했다. 이는 제한적인 정치적 권리를 얻으려는 시도였지만 사회주의와 민족주의 세력 모두에게 강한 비판을 받았다. 이 운동은 독립운동을 약화시키고 일제의 통치를 정당화할 수 있다는 이유로 지탄받았고 민족주의 지도자인 이광수와 최린의 주도로 추진되었으나 결국 1930년

브나로드 운동
1932년 동아일보사가 제2회 학생 여름 브나로드 운동을 홍보하기 위해 제작한 포스터이다. 브나로드 운동은 "1,300만의 글 모르는 이에게 글을 가르치자"를 표방한 농촌 계몽 활동이다.

대 초반까지도 목표를 이루지 못하며 민족주의 세력 간의 분열만 초래했다.

3·1혁명 이후, 사회주의 사상은 점차 확산되었고 많은 지식인들이 이를 받아들였다. 이런 분위기에서 공산주의자들은 조선공산당을 결성했다(1925). 코민테른은 국제 공산주의 조직으로, 세계 공산화를 목표로 공산주의 운동을 지원하며 피압박 민족의 해방운동 또한 적극적으로 도왔다. 이러한 상황에서 많은 한국인이 공산주의 운동에 참여하며 자본주의와의 대립 구도 속에서 새로운 저항의 형태를 모색했다.

조선공산당은 단순히 공산주의 이념을 전파하는 데 그치지 않고 민족 해방이라는 더 큰 목표를 추구했다. 그러나 일제의 강력한 탄압은 이들의 활동에 심각한 제약을 가했다. 당 지도부는 대부분 체포되었으며 조선공산당은 여러 차례 재구성을 시도했으나 어려움을 겪었다. 해외에서도 중국과 일본에 지부를 설립하며 활동했지만 코민테른의 '12월 테제' 발표(1928)로 조선공산당과 그 지부들은 해체되었고 해외의 많은 한국 공산주의자들은 중국공산당이나 일본공산당에 가입하게 되었다.

그럼에도 불구하고 국내의 공산주의 운동은 혹독한 탄압 속에서도

박헌영

1928년 병보석으로 석방될 당시 박헌영(중앙)의 처참한 모습이다. 박헌영은 조선공산당의 지도자이자 해방 후 북한에서 부수상과 외무상을 역임했으나, 미제 간첩 혐의로 1956년에 처형되었다.

지속되었다. 이 운동의 중심에는 박헌영이 있었다. 그는 체포 후 정신병자 행세를 하여 병보석으로 풀려난 뒤 해외로 탈출해 활동을 이어 갔다. 이후 다시 체포되었으나 만기 출소 후에도 공산주의 운동에 헌신했다. 박헌영은 경성콤그룹을 이끌며 공산주의 운동을 주도했으며 전국적으로 조직을 확장하며 일제에 저항했다. 그는 8·15해방 직전까지 체포되지 않은 채 활동을 이어 갔으며 해방 이후 중요한 정치 지도자로 자리 잡았다.

해방 직후, 박헌영은 김일성보다 더 큰 영향력을 가졌으나 북한 정권 수립 과정에서 김일성이 소련의 지원을 받아 수상이 되었고 박헌영은 부수상의 자리에 머물렀다. 한국전쟁 이후 박헌영은 김일성에 의해 미국 간첩으로 몰려 처형되었다. 그는 일제의 억압에 굴하지 않고 끝까지 싸운 공산주의자이자 해방 이후 비극적인 최후를 맞이한 인물로 기억된다.

태평양전쟁 이후 일제의 탄압은 더욱 강화되었으나 국내 독립운동가들은 다양한 방식으로 저항을 이어 갔다. 서중석, 이정윤, 김태준 등은 공산주의자협의회를 통해 지하 활동을 지속하며 비밀 모임을 열어 독립운동 전략을 논의했다. 한편 지리산 지역에서는 징용과 징병을 피해 모여든 젊은이들이 사회주의 혁명가인 남도부(본명 하준수)의 지도 아래 보광당을 조직했다. 보광당은 일제의 군사시설을 공격하고 친일파를 처단하며 적극적인 무장투쟁을 전개했다. 이러한 활동은 일제에 타격을 입혔으며 해방 직전까지 지속되었다.

한편 비타협적인 민족주의 세력은 1920년대 중반, 민족운동의 한계를 극복하기 위해 사회주의 세력과의 연대를 모색하기 시작했다. 그러나 치안유지법이 시행되면서(1925) 사회주의자들은 대대적으로 체포되었고 내부 분열로 세력이 급격히 약화되었다. 이 같은 어려움 속에서 사회주의자들은 민족주의 세력과의 협력이 필수적임을 깨닫게 되었다.

이 무렵 중국에서는 민족유일당운동이 활발히 전개되었고 국내에서도 순종의 사망을 계기로 학생, 천도교, 민족주의 및 사회주의 세력이 협력하여 6·10만세운동을 계획했다. 하지만 일제의 사전 탄압으로 이 운동은 크게 확산되지 못했다. 그럼에도 이 경험은 민족주의와 사회주의 세력이 협력의 가능성을 시험하는 계기가 되었다. 이후 물산장려운동의 주역들과 일부 사회주의자들은 조선민흥회를 결성했으며 사회주의 사상 단체인 정우회는 민족주의 세력과의 협력을 제안했다. 이러한 노력은 결국 신간회의 결성으로 이어졌다(1927).

신간회는 이상재를 회장으로, 홍명희를 부회장으로 선출하며 출범했다. 이 조직은 "기회주의를 일체 부인한다"는 강령을 통해 자치 운동을 강하게 비판했다. 신간회는 비타협적 민족주의와 사회주의 세력이 협력하여 결성한 전국적 조직으로, 국내뿐 아니라 일본과 만주 등지에 140여 개의 지회를 설립하며 약 4만 명의 회원을 보유했다. 이 조직은 사회 계몽, 생활 개선, 민족의식 강화, 그리고 일제에 대한 비판 활동을 통해 민중 사이에서 커다란 영향력을 발휘했다.

신간회

1927년 2월, 서울 종로 중앙기독교청년회관에서 열린 신간회 창립 대회의 모습이다. 신간회는 비타협적 민족주의와 사회주의 세력이 연합해 창립된 단체로, 전국에 140여 개 지회를 두며 활동했다.

신간회는 정기 대회를 통해 민족운동의 방향을 설정하고 강연 활동을 펼쳤으며 원산총파업과 같은 사회적·경제적 운동을 지원했다. 그러나 일제의 탄압이 강화되면서 복(複)대표 대회를 통해 지회의 권한을 강화하는 전략을 채택했다. 이 과정에서 중앙 조직에는 사회주의자들이 주요 자리를 차지하며 조직의 성격이 변화했다. 그러나 광주학생항일운동 이후 일제의 탄압으로 주요 간부들이 체포되자 재구성된 지도부는 온건한 방향으로 선회했다. 이에 사회주의자들은 반발했으며 심지어는 신간회 해체를 주장하기도 했다. 결국 해소안이 승인됨으로써 신간회의 활동은 정지되었다(1931).

일제가 중일전쟁을 도발한 이후 전쟁이 장기화되면서 일본은 중국

여운형

건국동맹을 이끌던 시기 계동 자택에서 촬영된 것으로 추정되는 여운형의 모습이다. 여운형은 신한청년당 창립과 조선건국동맹 결성 등 독립운동과 해방 후 정치 활동에 앞장섰으며, 좌우 합작 운동을 주도하다 1947년에 암살당했다.

정부와의 화평 교섭을 시도하기 위해 여운형을 도쿄로 초대했다(1940). 이 교섭은 성사되지 않았으나 여운형은 일본의 주요 인사들과 접촉하며 일제의 패망을 예측하고 조선 독립을 대비한 조직 구상을 시작했다. 그는 귀국 후 조선민족해방연맹을 구상했으며 이후 석방된 뒤 조선건국동맹을 비밀리에 조직했다(1944).

조선건국동맹은 징용과 징병 방해, 전쟁 물자 수송 방해를 목적으로 철도를 파괴하는 등의 활동을 전개했다. 이들은 국내외에서 독립운동을 위해 다양한 세력을 결집했으며 지리산의 보광당이나 경기도 포천군 산중의 염윤구와 같은 인물들과 협력해 무력 저항을 이어 갔다. 조선건국동맹은 군사위원회를 조직하고 후방 교란 및 노농군 편성을 계획하며 국내 민족운동의 역량을 집결시켰다.

한편 김사량은 여운형의 지원을 받아 중국 연안으로 이동하여 김태준, 김무정 등과 접촉했다. 중국 지역에는 주요 인물들이 파견되어 조선독립동맹과 협력하며 군대 편성과 유격대 조직에 관한 구체적인 계획을 수립했다. 조선건국동맹은 조선독립동맹과 옌안(연안)에서 전조선민족대회를 개최하기로 결정하고 김명시와 이영선을 대표로 파견했다. 충칭에는 최근우를 파견하여 대한민국임시정부와도 협력을 강화하려 했으나 일본의 패망으로 계획이 무산되었다. 그럼에도 불구하고 조선건국동맹은 국내외 항일 단체들과 긴밀히 협력하며 한국 독립을 위한 전국적이고 국제적인 연결망을 구축했다는 점에서 큰 의미가 있다.

해외에서 펼쳐진 독립운동 18

1 해외 독립운동의 기틀을 다지고 대한민국임시정부를 수립하다

독립운동가들은 주로 국외로 나가 활동했으며 그중에서도 간도는 주요 거점 중 하나로 기능했다. 간도는 당시 한국인 이주민들에게 삶의 터전이자 저항의 무대로 자리 잡았다. 이주민들은 새 환경에 적응하면서 현지 중국인들과 다양한 상호작용을 경험했다. 이러한 상호작용은 단순히 개인 간의 관계에 그치지 않고 문화적·정치적·경제적 맥락에서 복합적으로 얽혀 있었다.

다수의 중국인들은 나라를 잃은 한국인들의 상황에 연민을 느껴 지지와 협력을 아끼지 않았다. 그러나 일부 지주를 비롯한 중국인들은 자신들의 경제적 이익과 사회적 지위가 위협받는다고 판단해 한국인들을 핍박하기도 했다. 일본의 중국 침략이 노골화되자 일부 중국인들은 한국인들이 일본의 침략 정책에 이용될 수 있다는 우려로 경계심을 나타냈다. 그럼에도 인간애와 협력을 통해 불신과 갈등을 극복해 내기도 했다.

한국인 독립운동가들은 간도 지역에서 다양한 활동을 전개하며 새로운 국가 건설을 위한 초석을 다졌다. 자치 기관 설립과 민족 교육의 추진, 그리고 독립군을 양성하기 위한 군사 훈련은 모두 이 지역에서 이루어진 주요 업적이었다. 특히 서간도 류허에서는 이회영과 이상룡이 주도하여 신흥강습소를 개설했고 이는 신흥무관학교로 발전했다. 당시 이들은 공식적으로 무관학교라는 명칭을 사용하지 않았으나 그 기능과 역할은 실질적으로 군사 교육기관의 형태를 띠었다.

이회영 일가가 자신들의 전 재산을 독립운동에 바친 선택은 숭고한 헌신으로 평가된다. 그로 인해 극심한 빈곤에 처했음에도 이들의 투지는 결코 꺾이지 않았다. 이러한 헌신은 오늘날까지 독립운동 정신의 귀감으로 자리 잡고 있다.

중광단은 항일 의식을 고취하고 무장 투쟁을 준비하며 독립운동의 초석을 다졌다. 3·1혁명 이후, 이 조직은 북로군정서로 발전하여 독립군 양성에 결정적으로 기여했다. 이와 같은 노력은 비단 한 지역에 국한되지 않았다. 연해주의 한국인들은 대한광복군정부를 수립하고(1914) 여러 조직을 통해 독립운동을 더 넓은 무대로 확산시켰다. 상하이에서는 신규식과 여운형이 중국 혁명가들과 긴밀히 협력하여 독립운동을 전개했다.

미주 지역에 거주하던 한국인들 또한 독립을 위해 열정적으로 활동했다. 이들은 1910년 대한인국민회를 결성하여 공화제를 지향하며 미국 본토, 하와이, 멕시코, 시베리아, 중국 동북 지역 등지에 지회를 설립했다. 그들은《신한민보》를 발행해 독립의 열망을 국내외에 알리고, 자금을 모아 운동의 지속성을 확보했다. 하와이에서는 박용만이 대조선국민군단을 조직했고, 멕시코에서는 이근영이 숭무학교를 세워 무장 투쟁을 위한 기반을 다졌다. 이 과정에서 여러 외국인의 도움을 받

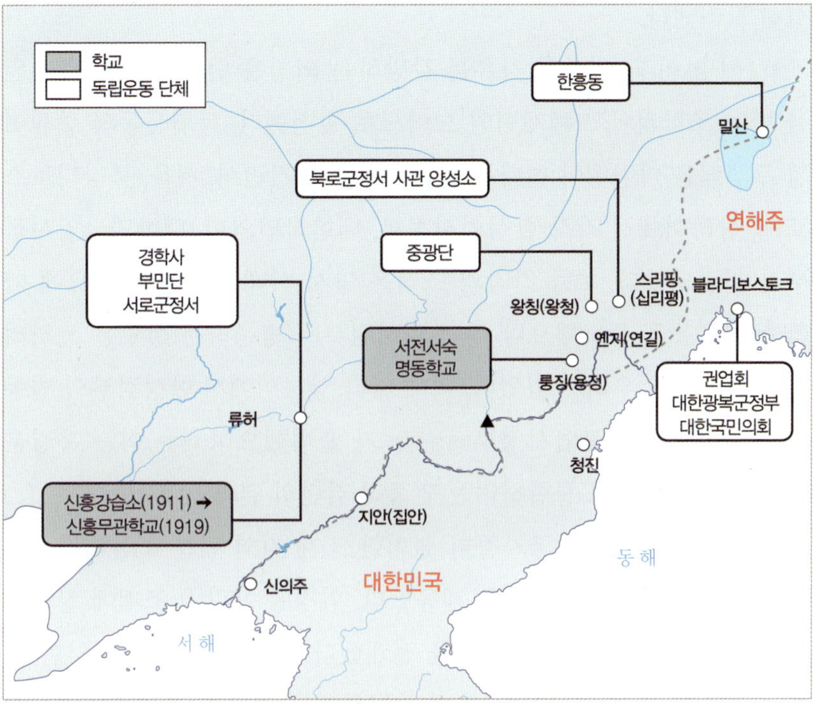

1910년대 독립운동 단체

중국 동북 지역과 연해주 지역의 독립운동 단체의 위치들이다. 이를 통해 독립운동의 거점이 된 단체들과 항일 정신을 고취한 교육기관들의 위치와 활동을 알 수 있다.

으며 독립운동의 국제적 네트워크를 형성했다.

그러나 독립운동의 역사는 협력과 단결로만 이루어지지 않았다. 박용만은 톈진에서 군자금을 모으던 중 밀정으로 오인받아 암살당하는 비극을 맞았다(1928). 이 사건은 독립운동가들 간의 갈등을 단적으로 보여 주는 예였다. 박용만의 정치적 라이벌이었던 이승만조차 박용만 암살에 관여한 집단을 강하게 비판하며 독립운동 내의 분열이 얼마나 깊은 상처를 남길 수 있는지를 고발했다. 이와 같은 비극적 사건은 독립운동이 얼마나 은밀하고 복잡한 인간관계 속에서 진행되었는지를 여실히 드러낸다.

3·1혁명 이후, 민족의 자유를 갈망하는 외침은 단순한 시위의 차원을 넘어 조직적이고 체계적인 노력으로 발전했다. 독립운동의 중심이 될 구심점을 마련해야 한다는 목소리가 높아지면서, 서울, 블라디보스토크, 상하이에서 각각 한성임시정부, 대한국민의회, 대한민국임시정부가 설립되었다. 이들 각각의 조직은 당시 시대적 환경과 필요에 따라 독립운동을 주도했으나 여러 임시정부가 병존하는 상황은 오히려 분열을 초래할 우려가 있었다. 이에 따라 상하이에서 한성정부의 법통을 계승한 대한민국임시정부(이하 임정)가 출범했으며(1920) 이는 독립운동의 중심을 하나로 통합하려는 민족적 결단의 결과였다.

상하이는 제국주의 국가들이 설치한 조계 지역 덕분에 상대적으로 자유로운 독립운동의 기반을 제공했다. 임정은 프랑스 조계에 청사를 두고 일본의 감시를 피해 활동을 전개했다. 처음에 임정은 다양한 이념과 배경을 가진 인물들이 함께 참여하며 폭넓은 지지를 얻는 데 성공했다. 특히 반공주의를 대표하던 이승만이 대통령으로 재임하고 한편으로는 공산주의적 이념을 추구하던 이동휘가 국무총리직을 맡은 것은 임정이 하나의 목표를 향해 나아가고자 했던 의지를 반영한다.

임정은 연통부를 통해 국내외 독립운동 조직과의 연결을 강화하며 자금 모금과 조직 확대에 집중했다. 독립공채 발행은 해외에 거주하는 한국인들의 열띤 호응을 얻었으며 이는 독립운동의 재정적 기반을 강화했다. 그러나 외부적 압박과 내부적 갈등은 끊임없이 임정을 위협했다. 일본의 탄압으로 연통부와 교통국은 제 기능을 상실했고 내부적으로는 임정을 둘러싼 주도권 다툼이 계속되었다.

특히 이승만이 국제연맹에 한국의 위임 통치를 요청한 사건은 내부적으로 큰 논란을 불러일으켰다. 이 사건은 임정 내에서 이념적 균열

이봉창과 윤봉길
이봉창과 윤봉길이 결의를 다지는 모습이다. 각각 1932년 일본 도쿄와 상하이에서 의거를 감행해 독립운동을 알리며 항일 투쟁의 상징적 인물이 되었다.

을 촉발하며 창조파와 개조파의 분열로 이어졌다. 창조파는 임정의 구조적 비효율성을 이유로 새로운 조직 설립을 주장했으나 개조파는 임정을 개혁함으로써 문제를 해결하자고 주장했다. 국민대표회의를 통해 양측이 합의를 시도했음에도 불구하고 서로의 입장을 좁히는 데 실패하며 결국 창조파가 이탈했다. 이로 인해 임정의 위상은 약화되었고 독립운동 내에서 그 영향력은 축소되었다. 이러한 위기 속에서 임정은 내부 개혁을 통해 새로운 도약을 모색했다. 임시의정원은 대통령 이승만을 탄핵한 뒤 국무령제를 도입하며 체제를 재정비했다.

1930년대, 임정은 민족적 저항의 상징적 존재로 다시 한번 역사의 전면에 등장했다. 김구를 비롯한 후임 국무령들은 임정의 위상을 되살리기 위해 한인애국단을 조직하고 의열 투쟁을 강화하며 독립운동의 새로운 활로를 개척했다. 이 시기 임정의 의열 투쟁은 국제적인 주목을 받았다. 이봉창은 일본 도쿄에서 히로히토 천황의 암살을 시도했다(1932). 비록 암살 시도는 실패로 끝났으나 일본 정부에 심대한 충격을 주며 독립운동의 결의를 전 세계에 각인시켰다.

같은 해 윤봉길은 상하이에서 개최한 일본 메이지 천황의 생일을 기념하기 위한 천장절 행사에 참석한 일본군 장성과 고위 관료들을 폭탄으로 공격해 상당한 피해를 입히며 독립운동의 한 획을 그었다. 당시 일본은 중국 동북 지역에 괴뢰국인 만주국을 설립하여 중국 내 반일 감정을 더욱 자극하고 있었다. 윤봉길의 대담한 행동은 중국 국민들에게 깊은 인상을 남겼으며 그의 희생은 한중 항일 연대를 공고히 하는 데 크게 기여했다.

그러나 이러한 의열 투쟁은 임정의 활동 기반에 새로운 위기를 초래했다. 윤봉길의 의거 직후, 프랑스 조계 당국이 일본 경찰에 협력하여 조계 내 한국인 독립운동가들의 체포를 허용했다. 이에 따라 임정은 상하이를 떠나 중국 지역을 전전하며 새로운 거점을 모색해야 했다. 중일전쟁 발발 이후, 일본군의 추격을 피하는 과정에서 중국국민당 정부의 도움을 받아 충칭에 청사를 마련할 수 있었다.

충칭에서 임정은 중국과의 항일 전쟁 협력을 통해 독립운동의 새로운 국면을 열었다. 민족주의자들을 중심으로 한국광복운동단체연합회를 창립하고, 이를 한국독립당으로 재편했다(1940). 한국독립당은 삼균주의 원칙에 입각하여 정치, 경제, 교육의 균등을 핵심 정책으로 내세웠다. 이 원칙은 단순히 이념적 구호에 그치지 않고 해방 후 한국 사회의 기초를 설계하려는 임정의 원대한 목표를 반영한 것이었다.

임정은 일본의 패망이 다가오던 시기, 김구를 중심으로 내부 결속을 강화하며 독립운동의 역량을 하나로 묶는 데 힘썼다. 이와 동시에 임

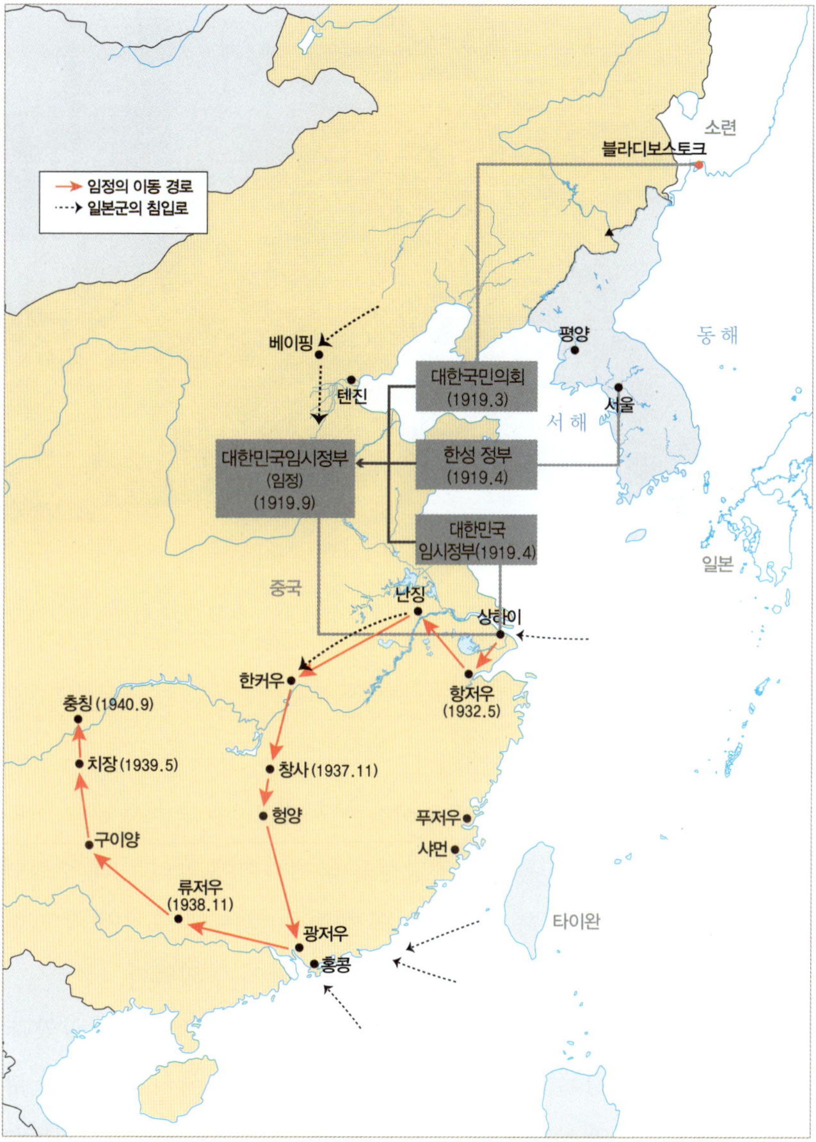

대한민국임시정부의 이동 경로

윤봉길 의거 이후 일제의 탄압을 피해 임정 요인들이 이동한 경로이다. 상하이에서 항저우, 가흥, 진강, 창사, 광저우, 류저우, 기강을 거쳐 충칭까지 이동하며 독립운동을 지속한 과정을 알 수 있다.

한국광복군
1940년 9월 충칭에서 열린 한국광복군 총사령부 성립 전례식 사진. 첫줄 중앙에 앉아 있는 인물이 김구이다. 한국광복군은 중국 충칭에서 임정이 창설한 정규 군대로, 일제에 맞서 연합군과 협력하며 독립 전쟁을 수행했다.

정은 주미외교위원부를 설립하여 이승만을 위원장으로 임명하고 미국과의 협력을 통해 한국 독립의 정당성을 국제사회에 알리는 데 주력했다. 이러한 외교적 노력은 단지 당시의 협력을 얻는 데 그치지 않고 한국 독립운동의 국제적 위상을 높이는 중요한 계기가 되었다.

임정은 독립 이후의 국가 건설을 대비하는 데에도 소홀하지 않았다. 〈대한민국건국강령〉을 제정하여(1941) 독립 후 한국 사회의 체제와 방향을 구체적으로 제시했다. 이 강령은 민족적 결속과 희망을 불어넣는 청사진 역할을 했다. 이 시기에 김규식과 김원봉이 임정에 합류하면서 임시정부의 통합적 성격은 한층 더 강화되었다. 그들의 참여는 독립운동의 다양한 역량을 하나로 모으는 데 중요한 역할을 했으며 임정의 힘을 극대화하는 계기가 되었다.

군사적 역량 강화는 임정이 중점적으로 추진한 또 다른 과제였다. 이를 실행하기 위해 한국광복군을 창설하며(1940) 독립운동의 무장력을 강화했다. 한국광복군은 중국국민당의 지원을 받아 조직되었으며 조선의용대 병력의 합류로 중추적 항일 무장 조직으로 자리 잡았다. 이는 단순히 무력 투쟁의 상징이 아니라 독립운동의 실질적 전력을 구축하려는 노력이었다.

특히 한국광복군은 연합국과의 협력을 통해 국제적 연대의 상징적 역할을 수행했다. 영국군과의 협정을 통해 인도와 미얀마 전선에서 영국군을 지원했으며 미국 전략첩보국(OSS)과 협력하여 한반도 내 유격 요원을 훈련시켰다. 이들의 임무는 연합군 작전을 지원할 지하조직을 구축하는 것이었다. 비록 일본의 갑작스러운 항복으로 인해 작전은 실행되지 못했지만 이는 한국광복군이 실질적이고 구체적인 독립 투쟁을 준비하고 있었음을 뜻한다.

2 독립운동 단체를 조직하여 항일 무장투쟁을 이어 가다

일제강점기 동안 한국인들은 단순한 생존을 넘어 자유와 독립이라는 더 큰 목표를 위해 끊임없이 저항했다. 간도의 한인 사회는 독립운동의 중요한 기반으로 자리 잡았으며 독립군을 조직적으로 지원했다. 독립군은 압록강과 두만강 일대에서 일본군 및 그 추종자들과의 끊임없는 전투를 통해 한국인의 저항 의지를 드러냈다. 일본군은 이러한 독립군의 활동에 대응하기 위해 중국 영토를 침범했으며 이는 중국 내에서 반일 감정을 더욱 고조시키는 결과를 낳았다.

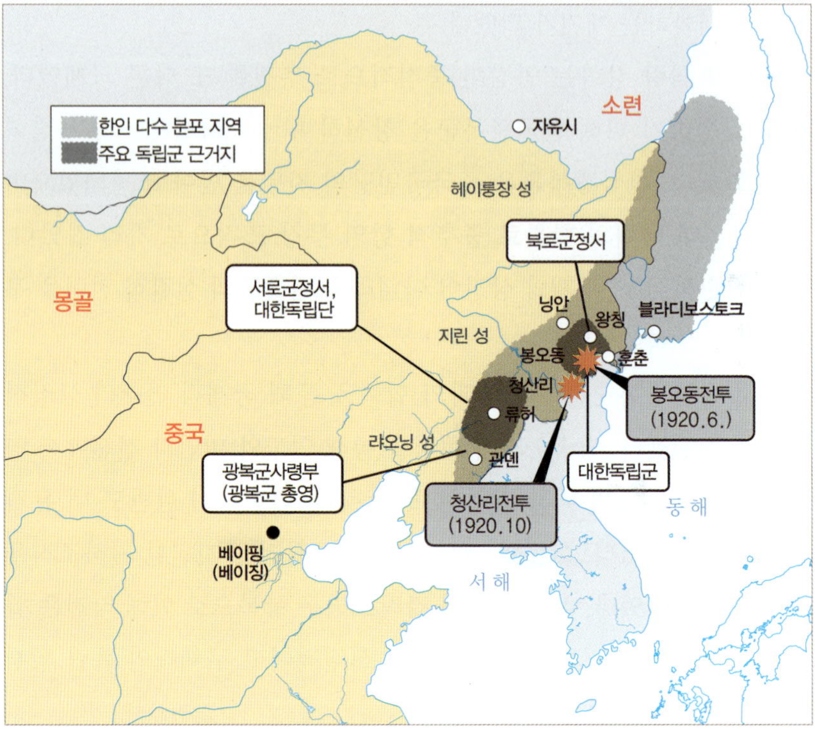

1920년 독립전쟁 과정

1920년대 만주와 연해주 지역에서 전개된 독립전쟁의 주요 전투와 거점 지역, 관련 독립운동 단체를 알 수 있다. 이를 통해 봉오동전투와 청산리전투 등 주요 독립군 단체의 항일 무장투쟁을 확인할 수 있다.

봉오동전투와 청산리전투는 이 시기의 독립운동이 남긴 가장 빛나는 성과였다(1920). 봉오동전투에서는 홍범도, 안무, 최진동이 이끄는 독립군이 일본군에 대승을 거두었고, 이어진 청산리전투에서는 김좌진과 홍범도의 연합군이 일본군에 결정적인 타격을 입혔다. 그러나 이러한 승리 뒤에는 일본군의 잔혹한 보복이 따랐다. 간도 참변으로 알려진 사건에서 일본군은 간도의 한국인 마을을 습격해 수많은 민간인을 학살하며 독립운동의 기반을 파괴하려는 만행을 저질렀다. 이는 일본군의 폭력이 얼마나 잔혹했는지를 여실히 드러내며, 독립운동이 직면했던 가혹한 현실을 상징적으로 보여 준다.

이와 함께 의열 투쟁은 독립운동의 또 다른 중요한 축으로 자리 잡았다. 의열 투쟁은 생명을 걸고 일제와 그 추종자들에게 직접적으로 타격을 가하는 대담하고 전략적인 무장 저항이었다. 이는 적은 희생으로도 큰 성과를 거두려는 전술로, 내적으로는 민족의 독립 의지를 강화하고 외적으로는 세계에 일제의 폭정을 알리는 데 중요한 역할을 했다.

강우규는 부임한 조선 총독 사이토 마코토를 향해 폭탄을 던졌다. 당시 65세였던 강우규의 행동은 단순히 개인적 저항을 넘어 민족의 독립에 대한 강렬한 열망과 희생정신을 상징했다. 그의 의거는 한국인들에게 깊은 감동을 주었으며 오늘날 서울역에 세워진 그의 동상은 그 정신을 후대에 전하는 기념물로 남아 있다. 강우규의 행동은 폭력을 넘어선 자유와 정의를 향한 숭고한 헌신으로 평가받고 있다.

김원봉은 의열 투쟁의 중심 인물로, 중국 지린에서 의열단을 창설하며 독립운동의 새로운 지평을 열었다(1919). 그의 지도 아래 의열단은 일제의 핵심 기구와 인물을 직접적으로 타격하며 독립운동의 강렬한 의지를 보여 주었다. 김익상은 총독부에 폭탄을 투척했고, 상하이에서는 일본 육군 대장을 암살하려는 시도를 감행했다. 김상옥은 종로경찰서에 폭탄을 던졌으며, 김지섭과 나석주 역시 일본의 주요 시설을 공격해 일본 당국에 깊은 위협을 주었다.

김원봉은 의열 투쟁이 단지 개인의 용기에 의존할 것이 아니라, 더 큰 목적과 원칙에 따라 체계적으로 이루어져야 한다고 믿었다. 이를 위해 그는 신채호에게 〈조선혁명선언〉(1923)을 집필하도록 의뢰했다. 이 선언은 의열 투쟁의 행동 원칙이 되었고 독립운동의 방향성을 제시

조선의용대
1938년 10월, 조선의용대 창립 기념식의 모습이다. 사진 앞줄 깃발 중앙에 군복을 입은 인물이 김원봉이다. 조선의용대는 중국 우한에서 창설한 항일 무장 조직으로, 일본군에 대한 선전 공작과 전투를 수행했으며 이후 병력이 한국광복군과 조선의용군으로 나뉘었다.

한 중요한 기록으로 남았다. 그러나 김원봉은 의열 투쟁의 한계를 깨닫고 중국 혁명 세력과 협력하며 조선 청년들에게 군사 교육을 받을 수 있는 기반을 조성하는 데 힘썼다.

중일전쟁을 전후로, 임정과는 다른 노선을 추구하던 독립운동 세력들은 조선민족전선연맹으로 결집했다(1937). 이들은 김원봉이 설립한 조선혁명간부학교의 졸업생들을 중심으로 활동하며 중국국민당의 지원을 받아 조선의용대를 조직했다(1938). 조선의용대는 중국군과 협력하여 정보 수집, 반전 선전, 일본군의 투항 권유, 후방 교란 등의 임무를 수행하며 항일 투쟁의 중추적 역할을 했다. 그러나 내부적으로 김원봉의 중국국민당 편향에 대한 비판이 제기되면서 대원의 약 80%가 중국공산당이 주도하는 지역으로 이동해 조선의용대 화북지대를 창설했다. 이후 이들은 조선독립동맹 산하의 조선의용군으로 개편되며(1942) 중국공산당과 더욱 긴밀히 협력했다.

중국공산군의 대장정(1934)에 동참한 독립운동가들과 옌안으로 이동한 이들은 화북조선청년연합회를 조직한 뒤, 김두봉을 중심으로 조선독립동맹으로 재편했다(1942). 이들은 토지의 농민 분배, 대형 생산 기관의 국유화, 국민 기본권 보장, 보통선거제 도입, 남녀평등 등을 포함한 진보적 강령을 발표하며 항일 투쟁을 전개했다. 조선독립동맹은 조선의용군을 주력으로 일본군의 사기를 꺾는 선전 활동을 펼쳤으며 몽골, 베트남 등 주변국의 반일 세력과 협력하며 일본군과 직접 전투를 벌였다.

조선독립동맹은 통일전선을 구축하기 위해 임정의 국무위원 장건상을 옌안으로 초청해 협의를 진행했으며 김두봉 등은 이를 논의하기 위해 충칭으로 갈 것을 합의했으나 일제의 패망으로 실현되지 못했다. 해방 이후 이들 중 일부는 북한으로 돌아가 북한군 창설에 기여하는데 이는 이후 한반도의 분단과 이념 대립으로 이어지는 단초가 되었다.

김원봉은 중국국민당의 지원을 받아 항일 투쟁을 전개했으며 공산주의자보다는 민족 해방을 위해 모든 수단을 동원했던 강경파 독립운동가로 평가된다. 그의 민족주의적 열망과 급진적 투쟁 방식은 일본의 만행에 맞선 저항의 상징이 되었지만 해방 후 한반도의 복잡한 이념적 대립 구조 속에서 그는 곤란한 위치로 내몰렸다. 남한에서 그의 과거와 이념 성향은 우익 세력의 비판을 받았고 이는 북한으로의 월북 계기가 되었다. 북한에서 처음에는 중용되었지만 숙청되어 감옥에서 자살로 생을 마감한 것으로 전해진다. 그의 비극은 분단과 이념 갈등 속에서 독립운동가들에게 닥친 불행을 상징적으로 보여 준다.

일제가 괴뢰국인 만주국을 세우자(1932) 한국인 독립운동가들은 한중 연합군을 결성해 항일 투쟁을 해 나갔다. 지청천이 이끄는 한국독립군은 중국의용군과 협력하여 쌍성보전투, 경박호전투, 대전자령전투에서 일본군에 의미 있는 승리를 거두었다. 그러나 군수품 부족과 일본군의 강력한 토벌 작전으로 인해 한국독립군은 중국 내륙으로 후퇴할 수밖에 없었다. 그럼에도 불구하고 이들은 이후 한국광복군의 기반을 형성하며 독립운동의 흐름을 이어 갔다.

양세봉이 이끄는 조선혁명군은 영릉가전투와 흥경성전투에서 일본군에 중요한 타격을 가했다. 하지만 양세봉이 일본군과의 교전 중 사망하면서 조선혁명군의 역량은 약화되었고 남은 세력은 소규모로 저항하다가 동북항일연군에 합류했다. 이를 통해 독립운동 세력이 단순히 고립된 집단이 아니라 다양한 연대와 협력을 통해 지속적으로 일본에 저항했음을 알 수 있다.

중국 동북 지역에서 활동하던 한국인 공산주의자들은 동북항일연군에 합류하여 일제에 맞선 치열한 무장투쟁의 선봉에 섰다. 그중에서도 가장 주목받은 인물은 김일성이었다. 김일성은 이 투쟁 과정에서 중국공산당에 소속되어 활동했으나 북한은 그의 중국공산당 가입 사실을 공식적으로 언급하지 않는다. 이는 주체사상을 강조하며 북한의 독립성과 정통성을 부각하려는 의도에서 비롯된 것이다. 당시 코민테른의 일국일당 원칙에 따라 한국인들이 현지 공산당에 가입하는 것은 불가피한 선택이었다.

김일성은 보천보전투(1937)를 이끌며 국내 진공 작전을 수행했다. 1920년대에 국내 진공 작전이 활발했으나 1930년대 후반으로 접어들며 일본 관동군과 조선군의 경비가 강화되면서 그러한 작전은 점점 어

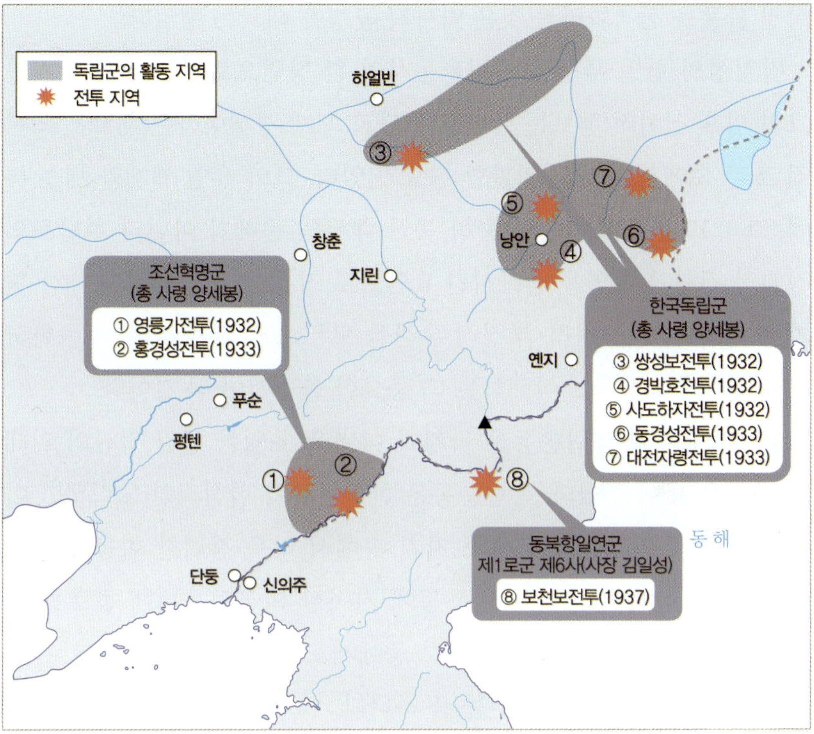

1930년대 독립전쟁 과정
1930년대 만주에서 전개된 독립전쟁의 주요 전투, 거점 지역, 그리고 관련 독립운동 단체를 알 수 있다. 이를 통해 한국독립군, 조선혁명군, 동북항일연군 등의 항일 무장투쟁 경로와 활동을 확인할 수 있다.

려워졌다. 이런 상황 속에서 김일성이 이끄는 부대가 보천보를 습격한 사건은 《동아일보》에 크게 보도되었고 이는 그의 이름이 국내에 널리 알려지게 되는 계기가 되었다.

김일성에 대한 평가는 한국 내에서 매우 복잡하고 논쟁적이다. 한국전쟁과 반공 교육의 영향으로 그는 악마화되어 묘사되었으며 가짜 김일성설과 같은 주장도 제기된 바 있었다. 그러나 김일성이 항일 무장투쟁에 참여했던 점은 객관적으로 인정해야 할 사실이다. 다만 그의 항일 활동을 신격화하는 것은 역사적 균형을 해치는 행위다.

김일성의 항일 투쟁은 독립운동사의 한 장면으로서 의미가 있지만 그의 이후 정치적 행보는 한반도 분단과 체제 경쟁이라는 새로운 역사적 조건 속에서 철저히 비판할 필요가 있다. 그의 유일 체제와 세습 통치, 그리고 인권 침해는 단순히 북한 내부의 문제가 아니라 한반도의 정치적 긴장과 분열을 심화시킨 요인으로 작용했다. 김일성에 대한 평가는 그가 남긴 긍정적·부정적 유산을 모두 고려해야 하며 이는 한국 근현대사의 복잡성을 이해하는 데 중요한 출발점이 될 것이다.

일제강점기의 독립운동은 국경과 이념을 초월한 인간 정신의 위대한 연대를 보여 주었다. 독립운동은 한국인들의 헌신적인 노력뿐만 아니라 수많은 외국인의 도움과 지지 속에서 더욱 강력한 힘을 발휘할 수 있었다. 한국 정부는 독립운동에 기여한 외국인들에게 공로를 기리며 표창과 훈장을 수여했으며 그중에서도 호머 베잘릴 헐버트(Homer Bezaleel Hulbert)는 상징적인 인물 중 하나다.

헐버트는 육영공원의 교사로 처음 한국 땅을 밟은 이후, 한국 문화와 사람들에 대한 깊은 애정을 품게 되었다. 그는 한국의 독립운동을 위해 지속적으로 헌신하며 자신의 지식과 영향력을 독립운동의 목표에 기꺼이 바쳤다. 대한민국 정부 수립 이듬해, 그는 미국 군함을 타고 다시 한국을 방문했으나 긴 항해로 인한 육체적 부담을 이기지 못하고 곧바로 사망했다. 그의 마지막 소망은 "영국의 웨스트민스터 사원보다 한국의 흙 아래에 묻히는 것"이었다. 결국 그는 서울특별시 마포구 합정동에 위치한 양화진외국인선교사묘원에 안장되었다.

헐버트 외에도 일본인을 포함한 많은 외국인들이 다양한 방식으로 한국의 독립운동을 지원했다. 이들 중 일부는 이름이 기록으로 남아 표창을 받았지만 기록되지 않은 수많은 익명의 후원자들의 헌신 역시

호머 베잘릴 헐버트
1949년 방한한 호머 베잘릴 헐버트의 모습이다. 그는 조선의 근대 교육과 한글 연구에 기여한 미국 출신 선교사이자 한글학자다. 대한제국 말기 고종의 고문으로 활동하며 을사늑약의 부당성을 국제 사회에 알리고 한국 독립운동을 지원했다.

간과해서는 안 된다. 그들은 자신의 이름이 알려지지 않더라도 정의와 자유를 위한 투쟁을 묵묵히 지원했다. 한국의 독립운동사는 단순히 한국인들의 투쟁을 넘어선, 전 세계적 협력과 인간애의 숭고한 연대를 전하는 이야기다. 이는 단지 과거에 머무르지 않고 오늘날에도 국제적 협력과 인류애의 가치를 되새기게 한다.

8·15해방과 한국전쟁 19

1 해방 후 한반도가 분단의 길로 들어서다

한국은 일제의 항복과 함께 해방을 맞이했다(1945. 8. 15). 이날은 일제강점기 동안 독립을 위해 헌신한 수많은 이들의 희생과 열망이 결실을 맺은 순간으로, 한국인들에게 8·15해방이라는 이름으로 불리며 오늘날까지 특별한 의미를 지닌다. 그러나 이 해방은 완전한 자유의 시작이 아니라 새로운 긴장의 서막이었다. 일본의 패배는 미드웨이 해전, 원자폭탄 투하, 소련의 대일 선전포고와 같은 사건들이 복합적으로 작용하며 가속화되었다.

일본의 항복 당시 미군 주력은 오키나와에 배치되어 있어 일본 본토로 진입하기까지 상당한 시일이 필요했다. 이에 반해 소련군은 이미 중국 동북 지역에서 일본 관동군에 승리를 거두며 한반도로 빠르게 진격하고 있었다. 이런 상황에서 미군이 한국에 도착하기 전에 소련군이 한반도 전역을 점령할 가능성이 매우 높았다. 미국은 소련의 영향력이 한반도 전역으로 확산되는 것을 막기 위해 북위 38도선(38선)을 기준으

38선
1947년 6월, 같은 마을에서 젖은 흙으로 그어진 38선의 위가 북쪽 지역이다. 38선은 해방 후 미군과 소련군이 한반도를 분할 점령하며 형성된 경계선으로, 처음에는 분단선으로 인식되지 않아 왕래가 자유로웠다.

로 한 분할 점령을 소련에 제안했다. 소련은 미국의 38선 분할 제안에 이의를 제기하지 않았다.

소련의 이러한 태도는 냉전 초기의 복잡한 국제적 전략을 반영한다. 소련은 당시 미국과의 협력을 통해 일본 문제에서 발언권을 확대하려는 의도를 가지고 있었을 가능성이 크다. 또한 소련은 유럽에서의 전후 처리 문제와 중국 내전 상황 등 여러 국제적 상황을 고려하며 한반도 전체를 점령하기보다는 미국과의 타협을 통해 영향력을 유지하는 것이 더 유리하다고 판단했을 수 있다.

이 결정은 한반도를 38선을 기준으로 북부는 소련군, 남부는 미군이 군정을 담당하는 분단 상태로 몰아넣었다. 이는 제국주의 시대의 기계적 지역 분할 관행이 한반도에도 그대로 적용된 것이다. 38선은 단지 일본군의 무장 해제를 위한 경계선으로 설정되었으나 한국전쟁을 거치며 영구적인 분단의 상징이 된 현재의 휴전선으로 변화되었다.

제2차 세계대전 말기, 한국의 독립 문제는 강대국들의 정치적 이해관계가 교차하는 국제적 논의의 대상으로 떠올랐다. 카이로선언(1943)을 통해 연합국은 한반도의 독립을 약속했으나 독립 직후의 혼란과 정치적 공백을 우려해 즉각적인 독립 대신 일정 기간의 유예를 두기로 결정했다. 일제 패망 이후 미국·소련·영국의 외무장관은 모스크바에서 한국에 임시민주정부를 수립하고 최대 5년간의 신탁통치를 시행하기로 합의했다(1945. 12).

이 신탁통치안은 미국이 제안한 것인데도 《동아일보》는 이와 반대로 미국이 즉각적인 독립을 주장하고 소련이 신탁통치를 주장했다고 잘못 보도했다. 이 오보는 단순한 착오로 끝난 것이 아니었다. 당시 복잡한 국제 정세와 한반도 내부의 정치적 갈등 상황에서 잘못된 정보가 큰 혼란을 불러왔다. 《동아일보》는 우익의 대표적 언론으로, 신탁통치를 반대하던 우익의 입장을 강화하려는 의도에서 이 정보를 의도적으로 왜곡했을 것이라는 의혹이 제기되었다. 이 보도는 대중의 감정을 자극하며 신탁통치반대운동(이하 반탁운동)을 확산시켰다.

반탁운동은 우익의 주도로 진행되었고, 많은 한국인들이 즉각적인 독립을 강력히 요구하면서 이 운동에 대한 지지가 폭발적으로 증가했다. 좌익은 모스크바3국외무장관회의(모스크바삼상회의)의 임시민주정부 수립 결정을 총체적으로 지지한다고 주장했으나 우익은 이를 신탁통치 찬성으로 왜곡하며 좌익을 비난하고 자신들의 정치적 우위를 강화했다. 결과적으로 반탁운동은 우익이 정치적 주도권을 확보하는 데 결정적인 역할을 했으나 동시에 한국 사회 내 좌우 대립을 심화시키며 정치적 갈등의 뿌리가 되었다.

東亞日報

THE DONG-A ILBO (Orient Daily News)

蘇聯은 信託統治主張

蘇聯의 口實은 三八線分割占領

米國은 即時獨立主張

外相會議에 論議된 朝鮮獨立問題

朝鮮의 分占은 不當

美輿論에 續出되는 三八線

《동아일보》의 오보

모스크바3국외무장관회의를 다룬 《동아일보》의 당시 보도는 사실과 달랐다. 당시 미국이 신탁통치를 주장했는데도 즉시 독립을 주장했다는 오보로 한국 사회에 혼란과 논란을 불러일으켰다.

모스크바3국외무장관회의 결정에 따라 열린 제1차 미소공동위원회(1946)에서 이러한 갈등은 뚜렷하게 나타났다. 소련은 신탁통치에 반대하는 우익 세력을 회의에서 배제하자고 주장했으나, 미국은 좌익이 한국 정치에서 주도권을 가지는 것을 우려하여 모든 정치 세력의 참여를 주장했다. 미국은 신탁통치의 주창자로서 이를 반대하는 우익 세력을 설득하려 했으나, 우익 대표들은 이를 거부했다. 미국의 모순적인 태도는 소련의 비판을 초래하며, 미소 양측 간 합의는 결국 실패로 돌아갔다.

제1차 미소공동위원회에 제출된 참가 단체 수와 총 회원 수를 살펴보면, 남한에는 425개, 북한에는 3개의 단체가 있었고, 총 회원 수는 7천만 명에 달했다. 당시 한반도 전체 인구가 3천만 명이라는 점을 고려할 때, 총 회원 수가 7천만 명이라는 주장은 명백히 과장된 수치였다. 이러한 왜곡된 수치는 정치적 혼란 속에서 각 단체들이 자신들의 영향력을 과대 포장하려 했음을 보여 준다.

제1차 미소공동위원회가 결렬된 후 이승만은 정읍에서 남한에서라도 독립된 임시정부나 위원회를 조직해야 한다는 입장을 밝혔다(1946. 6). 그는 남북통일이 현실적으로 어렵다고 판단하며, 남한에서 독립 정부를 수립한 후 국제사회의 지원을 통해 소련이 38선 이북에서 철수하도록 요구해야 한다고 주장했다. 이승만의 이러한 선언은 한반도 분단을 기정사실화하는 데 중요한 전환점이 되었으며 이후 남한 단독 정부 수립의 토대가 되었다. 대부분의 한국 지도자들이 통일된 한반도를 원했으나 이승만은 현실적이고 전략적인 관점에서 정부 수립의 우선순위를 남한에 두고 정국을 주도하려 했다.

한편 분단 위기가 심화되자 김규식과 여운형을 중심으로 한 중도 세력은 남북 통일 정부의 수립을 목표로 좌우합작운동을 시작했다. 이 운동은 미 군정의 지원 아래 진행되었으나 김구와 이승만을 비롯한 우익과 박헌영의 좌익 모두에게서 강한 반발을 받았다. 중도 세력은 좌우합작위원회를 발족하고 7원칙을 제시하며 통합 정부 구성을 시도했으나 대구 10·1사건 이후 미 군정의 탄압으로 인해 큰 어려움에 직면했다.

미 군정은 좌우합작운동을 자신들에게 유리한 방향으로 활용하려 했으며 이를 입법의원 설치를 위한 기반으로 삼고자 했다. 이 과정에서 여운형을 배제하고 김규식을 의장으로 한 남조선과도입법의원을 설치했다. 제2차 미소공동위원회가 열렸으나(1947) 양측이 조금도 양보하지 않으면서 합의는 실패로 끝났다. 이러한 교착 상태 속에서 좌우합작운동의 중심이었던 여운형이 암살되면서 운동은 사실상 중단되었

유엔위원단
1948년 1월, 유엔위원단의 첫 회의의 모습이다. 유엔위원단은 1947년 유엔총회의 결정에 따라 5·10 총선거 감시와 남한 정부 수립 지원을 위해 설립된 유엔 산하 임시 기구이다.

는데 이는 통일 정부 수립이라는 희망이 사라졌음을 의미한다.

미소공동위원회의 교착 상태가 계속되자 미국은 결국 신탁통치안을 철회하고 한국 문제를 미국과 소련을 포함한 여러 연합국의 협력 속에 만들어진 국제기구인 국제연합(이하 유엔)에 이관했다. 이는 미소 양국 간 합의만으로는 한국 문제를 해결하기 어렵다는 판단에서 비롯된 결정이었다. 세계 최강국으로 냉전 체제를 이끌던 미국과 소련의 합의를 한국인이 막아 낸 것은 국제적으로도 주목할 만한 사건으로 평가할 수 있다. 유엔은 이 문제를 해결하기 위해 유엔임시한국위원단(이하 유엔위원단)을 한반도에 파견했다. 그러나 북한이 유엔위원단의 방문을 거부하자 유엔은 가능한 지역에서 총선을 치르는 방안을 결정했다.

유엔위원단이 한국에 도착한 뒤, 김구와 김규식은 북한 지도자인 김일성과 김두봉에게 남북 지도자 회담을 제안했다. 이에 따라 남북연석 회의가 성사되었으며 남북 지도자들은 한자리에 모여 통일 정부 수립에 대해 논의했다(1948. 4). 김구, 김규식, 김일성, 김두봉은 남한만의 단독 선거를 반대한다고 공식 선언하며 분단을 막으려 했지만 회의에서 실질적인 합의는 이루어지지 못했다. 김구와 김규식은 이후 서울로 돌아와 통일 정부 수립 운동을 계속 추진했으나 한반도는 점차 분단의 길로 접어들었다.

이러한 혼란 속에서 남한에서는 단독 정부 수립을 둘러싼 갈등이 고조되었고 이 시기에 제주도 4·3사건이 발생했다. 이 사건은 3·1혁명을 기념하기 위한 집회에서 경찰의 발포로 무고한 민간인 6명이 희생되면서 촉발되었다(1947). 이후, 극우 청년 단체의 폭력과 미 군정 및 경찰의 대대적인 탄압이 더해지며 제주도는 혼란과 폭력의 소용돌이에 빠졌다. 제주도민이 구성한 자위대가 경찰 지서를 습격하면서 이 갈등은 본격적인 무장 항쟁으로 확산되었다.

그러나 미 군정과 이후 수립된 한국 정부는 강경 진압으로 대응하며 무차별 학살을 자행했다. 진압 과정에서 발생한 여순 10·19사건은 또 다른 비극으로 남았다. 이러한 사건들은 한국 현대사의 가장 어두운 장면 중 하나로 기록되었으며 한국 정부는 이를 오랫동안 북한의 사주로 몰아 국가적 책임을 회피했다.

1980년대 후반, 제주 4·3사건에 대한 재조명이 시작되면서 다랑쉬굴에서 유해가 발굴되며(1992) 집단 학살의 참상이 세상에 드러났다. 이는 제주 4·3사건에 대한 진상규명과 희생자 명예회복의 필요성을 환기시키는 계기가 되었다. 〈제주4·3사건 진상규명 및 희생자명예회복에 관한 특별법〉이 제정되었으며(2000), 노무현 대통령이 공식 사과를 통해 이 사건에 대한 국가적 책임을 인정했다(2003). 이는 한국 사회가

대한민국 정부 수립

1948년 8월 15일 대한민국 정부 수립 국민 축하식 장면이다. 대한민국 정부는 5·10 총선거로 구성된 제헌국회가 헌법을 제정·공포하고 이승만을 초대 대통령으로 선출하며 수립되었다.

과거사의 아픔과 마주하며 이를 치유하기 위한 중요한 발걸음을 내디딘 사례로 평가된다.

한반도 남부에서는 모든 성인 남녀에게 평등한 선거권이 주어진 역사적인 총선거가 열렸다(1948. 5. 10). 이는 한반도에서 민주적 정치체제가 시작된 중요한 순간으로, 정치적 참여에 있어 성별 차별을 철폐하며 새로운 시대를 열었다. 이 선거를 통해 구성된 제헌국회는 이승만을 제1대 국회의장으로 선출하고, 대한민국이라는 국호를 확정했다. 이어 대한민국임시정부의 정신과 건국 이념을 계승한 민주 공화국 체제의 헌법을 공포하며(1948. 7. 17), 법적 기틀을 마련했다. 이승만(재임 1948-1960)은 초대 대통령으로 취임하며 중앙청에서 대한민국 정부 수립을 선언했다(1948. 8. 15).

한편 북한에서도 최고인민회의 선거가 실시되었으며(1948. 8. 25) 이를 통해 김일성이 최고인민회의 의장으로 선출되었다. 김일성은 조선민주주의인민공화국(이하 북한)의 수립을 선언하고 수상으로 취임했다(1948. 9. 9).

한반도의 분단은 한민족의 오랜 역사와 전통, 그리고 하나 된 마음을 거스르는 비극적 사건이었다. 이 과정에서 대다수 한국인이 추구하던 자주적 통일의 꿈은 좌절되었고 민족은 분열이라는 깊은 상처를 입었다. 분단 이후 남과 북은 각자의 체제를 강화하고 확장하려는 이념적·정치적 목표를 중심으로 첨예하게 대립하기 시작했다. 이러한 대립은 단순한 사상적 차이를 넘어 군사적 긴장으로 격화되었으며 결국 한국전쟁이라는 참혹한 비극으로 이어져 한반도에 더욱 깊은 상처를 남겼다.

2 한국전쟁으로 갈등이 심화되며 분단이 고착화하다

분단된 한반도는 남한과 북한의 지도자들이 권력 강화를 위한 대립의 길을 선택하면서 더욱 깊은 갈등의 소용돌이에 빠졌다. 이 대립은 처음에는 38선 부근에서의 소규모 충돌로 시작되었으나 곧 북한의 대규모 공세로 확대되며 한국전쟁이라는 비극적 사건으로 이어졌다.

한국전쟁의 배경은 외적 요인과 내적 요인이 복합적으로 얽혀 있었다. 외부적으로는 미·소의 한반도 분할 점령이 결정적인 역할을 했다. 미·소의 분할 점령은 남북 분단의 토대를 마련하며 이후 한반도를 냉전의 전초 기지로 만들었다. 또한 중국의 공산화 성공은 동북아시아의 세력 균형을 변화시키며 북한에게 군사적 모험을 감행할 자신감을 제공했다.

내부적으로는 독립운동 과정에서 발생한 민족주의와 사회주의 세력 간의 이념적 대립이 해방 이후에도 이어지며 한반도의 갈등을 더욱 심화시켰다. 통일을 위한 여러 시도가 있었으나 결국 실패로 돌아갔고 남북한은 서로 대립하는 분단국가로 성립되었다. 이러한 내부 갈등은 외세의 개입과 맞물려 더욱 격화되었으며 한반도는 전쟁의 소용돌이에 휘말리게 되었다.

남한의 이승만 정권은 국내 지주 세력과의 결탁, 친일 세력의 비호, 그리고 독립운동 세력의 지지 상실 속에서 성립되었다. 이 정권은 정치·경제적 불안정 속에서 제주 4·3사건과 여순 10·19사건으로 대표되는 내부 저항에 직면했으며 이를 강경하게 진압하며 정치적 혼란을 더욱 가중시켰다. 미국은 남한에 대한 군사적 지원을 제공했지만 정책의 일관성이 부족했고 이러한 태도는 북한에게 남한을 무력으로 통일할 수 있다는 잘못된 신호가 되었다.

북한의 김일성 정권은 소련과 중국의 강력한 지원을 바탕으로 군사력을 지속적으로 강화하며 남한과는 달리 상대적으로 정치·경제적 안정을 이룩했다. 남한의 정치적 혼란과 유격 투쟁은 김일성 정권의 대남 통일 전략에 영향을 미쳤으며 결국 한반도는 전쟁이라는 비극을 맞게 되었다.

북한군이 38선을 넘어 남한을 침공하며 한국전쟁이라는 민족적 비극이 시작되었다. 북한군은 신속히 서울을 점령한 뒤 남쪽으로 진군해 한반도의 대부분을 장악했다. 그러나 낙동강을 중심으로 한 경상북도와 경상남도의 상당 지역은 점령하지 못했다. 미국은 북한의 공격을 침략으로 규정하고 유엔에 군사 개입을 제안했다. 유엔의 승인을 받은 유엔군이 파병되면서 전쟁은 국제적으로 확산되었다.

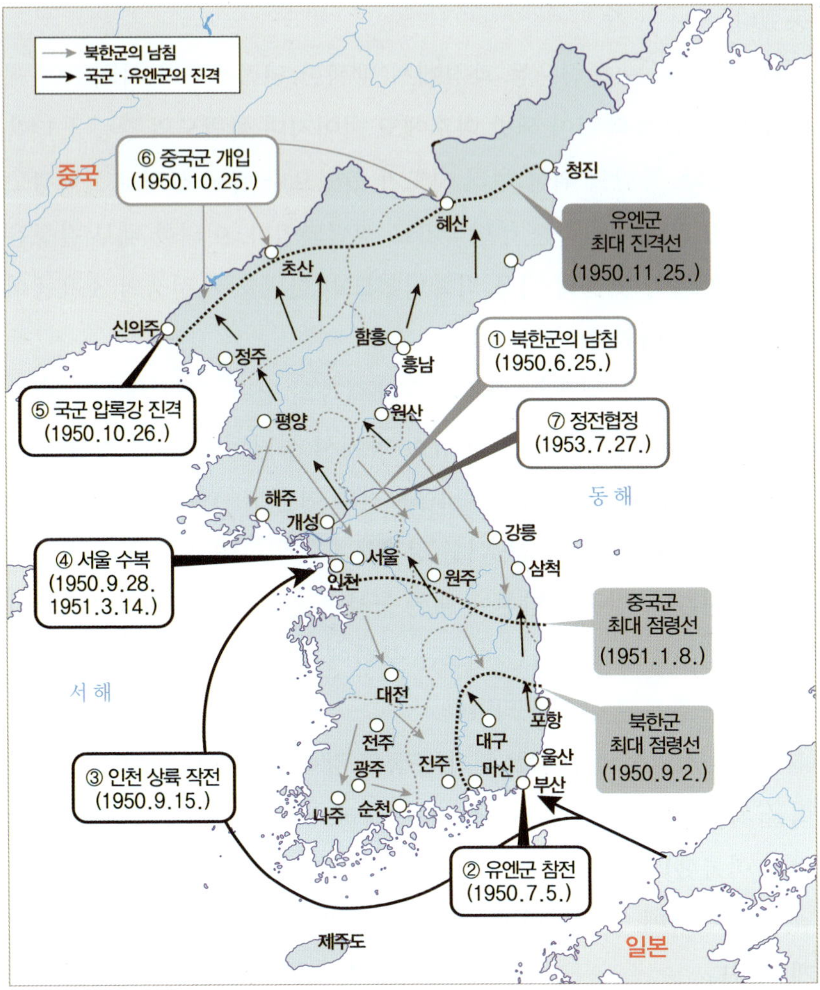

한국전쟁의 과정

1950년부터 1953년까지 진행된 한국전쟁의 주요 전투와 전선 이동 과정을 알 수 있다. 이를 통해 북한군의 남침, 유엔군의 반격, 중국군의 개입, 정전협정 체결까지의 경로와 전황을 파악할 수 있다.

이승만 정권은 수도인 서울을 방어하겠다고 공언했지만 전황 악화로 인해 대전, 대구를 거쳐 부산으로 후퇴할 수밖에 없었다. 후퇴 과정에서 한강 다리가 민간인들이 건너는 중에 폭파되며 수많은 사상자가 발생했고 이는 정부가 민간인의 생존과 안전을 제대로 고려하지 못한 사건이었다. 동시에 교도소의 좌익 수감자들과 국민보도연맹원이 재판 없이 학살되는 잔혹한 사건들이 이어졌으며 학도의용군으로 조직된 청소년과 학생들은 준비되지 않은 상태에서 전장에 투입되어 큰 희생을 치렀다. 이러한 사건들은 전쟁의 절박한 상황과 정부의 위기 관리 부재를 적나라하게 보여 준다.

북한은 점령 지역에서 사회주의 이념에 기반한 토지 개혁을 시도했다. 지주의 땅을 몰수하여 농민들에게 분배하려 했으나 지주 계층의 강력한 저항, 지역 주민들의 반감, 그리고 급진적 정책의 부작용으로 인해 개혁은 대부분 서류상으로만 진행되었고 남한이 수복되면서 실질적인 효과를 거두지 못했다. 이는 오히려 사회적 갈등을 심화시키는 결과를 낳았다.

북한은 전쟁 수행을 위해 18세에서 36세 남성들을 대상으로 약 40만 명의 의용군을 동원했다. 이들은 훈련도 받지 못한 상태에서 전투와 노역에 투입되며 전쟁의 또 다른 희생자가 되었다. 더불어 북한은 점령 지역에서 반혁명 세력에 대한 숙청과 인민재판을 단행했으며 지주와 우익 인사들을 주요 대상으로 삼았다. 특히 보도연맹 학살에 대한 보복으로 희생자 가족들이 사형 집행에 참여하면서 잔혹한 사건들이 이어졌다. 이러한 정책들은 북한이 점령 지역 주민들의 지지를 얻는 데 실패하는 결정적 요인으로 작용했다.

더글러스 맥아더(Douglas MacArthur)가 지휘한 인천 상륙작전의 성공은 한국전쟁의 흐름을 뒤바꿨다. 서울을 수복하며 국군과 유엔군은 큰 승리를 거두었으나 이 승리는 곧 또 다른 비극을 초래했다. 전쟁 중 부역자와 좌익 활동가들에 대한 광범위한 단속과 처단이 시작되었고 명확

더글러스 맥아더
1950년 9월, 인천 상륙작전 성공 후 더글러스 맥아더가 기뻐하는 모습이다. 그는 태평양전쟁에서 일본의 항복을 이끌었으며, 한국전쟁 중 유엔군 총사령관으로 인천 상륙작전을 성공시켰으나, 대통령 해리 트루먼(Harry S. Truman)과의 의견 충돌로 해임되었다.

한 법적 절차나 조사 없이 민간인들이 희생되었다. 이는 반공주의 강화와 국가 재건을 명분으로 이루어졌으나 결과적으로 전쟁의 참혹함 속에서 대규모 인권 유린을 자행한 사건으로 기록되었다.

서울 수복 이후, 이승만은 북한 영토로 진격할 것을 강력히 주장했다. 미국 민주당 정부 역시 이를 정치적 승리로 활용하려 했고 유엔군은 38선 이북으로 진격을 결정했다. 그러나 이 결정은 중대한 전략적 오판이었다. 더글러스 맥아더는 중국군의 개입 가능성을 간과했고 이는 이후 중국군의 대규모 참전으로 이어지며 전쟁을 한층 더 복잡한 국제적 갈등으로 확장시켰다. 미국 합동참모본부는 38선 이북의 점령 지역에 대한 한국 정부의 통치 권한을 인정하지 않았으나 이승만은 그 지역에 한국 정부의 법적 권한이 있음을 주장했다. 이는 한반도 통일 문제에 대한 한국과 미국의 입장 차이를 분명히 드러냈다.

한편 퇴각하던 북한군은 점령 지역에서 자신들과 협력하지 않은 사람들 또는 반공 성향의 민간인을 학살했다. 동시에 북한군은 퇴각 과정에서 지식인, 공무원, 언론인, 종교인 등 사회적으로 영향력이 큰 계

부산 피난민수용소
유엔 인사들이 1950년 9월, 부산 피난민수용소 주방을 점검하고 있다. 피난민수용소는 한국전쟁 당시 대규모 피난민들을 수용하기 위해 설치된 임시 시설로 극장, 공장, 소막사, 천막 등이 활용되었다.

층을 납북했다. 이 납북자들은 대부분 전쟁 후에도 돌아오지 못했으며 이로 인해 한국 사회에는 지속적인 아픔과 분열이 남게 되었다. 퇴로가 차단된 일부 북한군 잔여 병력은 남한 지역에서 좌익 유격대와 합류하여 유격전을 전개했다. 이들은 남한 내 사회불안을 조장하며 국가안보를 위협했다. 이러한 좌익 세력의 무장투쟁은 전쟁 후에도 지속되면서 한국 사회의 정치적 갈등과 이념적 대립을 심화시켰다.

장진호전투는 한국전쟁의 판도를 바꾼 중국군 참전의 결정적 순간이었다. 미군 해병대는 중국군의 매복과 기습으로 큰 피해를 입었으나 엄청난 추위 속에서도 조직적인 후퇴에 성공했다. 이 전투 이후 전선은 남쪽으로 밀려났고 유엔군과 국군은 흥남 철수 작전을 통해 약 10

정전회담 반대 시위

1951년 7월, 서울 덕수궁 앞에서 열린 정전회담 반대 시위 장면이다. 이승만은 북진 통일과 전쟁 지속을 주장하며 한미 상호방위조약 체결과 한국군 증강 지원을 조건으로 제시하고, 반공포로 석방 등 강경 조치를 단행했다.

만 명의 군 병력과 피난민을 철수시켰다.

한편 국민방위군사건은 한국전쟁의 참상 속에서 비극 중 하나로 남아 있다. 중국군의 개입에 대응하여 예비 병력을 확충하기 위해 급조된 국민방위군은 일부 고위 장교들의 부정과 부패로 인해 수만 명의 젊은이들이 굶어 죽거나 얼어 죽는 참사를 겪었다. 약 50만 명의 병력 중 약 12만 명이 아사, 병사, 동사로 사망했고 약 20만 명이 동상으로 고통받으며 전투력이 크게 약화되었다. 그로 인해 서울이 다시 공산군에 넘어가는 1·4후퇴로 이어졌고 전선은 38선 이남까지 밀렸다.

그러나 국군과 유엔군은 전열을 가다듬고 반격을 시작했다. 전선은 다시 38선 부근으로 고착되었고 이후 2년간의 치열한 교전이 이어졌다. 이 시기 더글러스 맥아더는 중국 동북 지역 폭격과 중국 남부 지역에 대한 상륙작전을 주장했으나 국제적 반대와 미국 내 우려로 인해 그의 계획은 실행되지 못했다. 결국 더글러스 맥아더는 해임되었고 전쟁은 새로운 국면에 접어들었다.

정전협정
판문점에서 유엔군 대표 윌리엄 해리슨(William Harrison, 왼쪽)과 북한군 대표 남일(오른쪽)이 정전협정에 서명하고 있다. 정전협정은 한국전쟁을 중단하기 위해 유엔군, 북한군, 중국군이 체결한 군사적 합의로, 대한민국 정부는 서명하지 않았다.

이 시기에 정전회담이 시작되었으나 군사 경계선과 전쟁 포로 송환 문제가 주요 쟁점으로 남았다. 공산군은 38선을 주장했지만 유엔군은 현재 전선을 고수하며 대립했다. 공산군이 유엔군의 입장을 받아들이면서 전선 문제는 해결되었으나 포로 송환 방식에 대한 이견이 협상을 지연시켰다. 특히 강제로 동원된 의용군 포로들은 북한으로 돌아가기를 거부하는 경우가 많았으며 이를 둘러싼 양측의 의견 차이는 협상을 더욱 복잡하게 만들었다.

이승만 대통령의 '반공포로석방'은 협상을 위기에 몰아넣었지만 미국의 설득과 조건 제시로 결국 정전협정이 체결되었다(1953. 7. 27). 한국

전쟁은 3년 1개월 동안 지속되며 양측에서 약 150만 명의 사망자와 360만 명의 부상자를 남겼다. 이 전쟁은 한반도를 황폐화시켰을 뿐만 아니라 남북 간에 깊은 적대감을 심어 놓았다.

전쟁이 끝난 후 기존의 38선은 휴전선으로 변경되었으며 이미 둘로 나뉜 한민족의 분단 상황은 더욱 고착화되었다. 이 전쟁은 단순히 물리적 피해를 넘어 같은 마을 주민들끼리도 이념에 따라 서로를 가해하고 복수하는 상황을 만들었다. 이로 인해 생긴 상처는 개인적인 차원을 넘어 국가적 갈등과 분열로 이어졌으며, 이념적 적대감은 이후 정치적 억압과 독재 체제를 강화하는 데 이용되었다.

전쟁이 끝난 지 수십 년이 지난 지금까지도 많은 가족은 이산가족으로 남아 서로의 생사조차 알 수 없는 상태에서 긴 세월을 보내야 했다. 이는 남북한의 통치자들이 자신의 체제를 공고히 하는 데 집착한 결과였다. 그들은 민족의 아픔과 고통을 외면한 채 권력 유지에만 몰두하며 독재 체제를 강화했다. 이 과정에서 독재자들은 자신들의 권력에 도전하는 이들을 무자비하게 탄압했으며 무고한 국민들까지도 희생시켰다. 인권은 철저히 유린되었고 언론과 표현의 자유는 사라졌으며 폭력은 정당화되었다. 이러한 비인도적 행위는 단순히 정치적 억압에 그치지 않고 한반도 전체에 걸쳐 깊고 지속적인 상처를 남겼다.

이승만 정권과 4·19혁명 20

1 이승만 정권의 영구 집권 시도 속에서 4·19혁명이 발발하다

이승만 정권은 강력한 반공 정책과 겉으로 내세운 반일 정책을 바탕으로 경찰, 군부, 청년 단체 같은 조직들을 정치적 기반으로 삼아 권력을 굳건히 했다. 그런데 제2대 국회의원 선거에서 이승만의 정책을 비판하는 후보들이 대거 당선되면서 대통령을 국회의원이 직접 선출하던 당시 제도로 인해 이승만의 재선 가능성은 크게 줄어들었다. 그러나 예상치 못한 한국전쟁의 발발은 이승만에게 정치적 위기를 기회로 바꾸는 발판을 제공했다. 전쟁으로 인해 국내 정세가 혼란에 빠지며 급박한 정치 상황이 조성되었고 자유당을 창당하고 당수로 취임하면서 이승만에게 정치적 입지를 회복할 시간을 허락했다.

이승만 추종 세력은 부산에서 국민이 직접 선거를 통하여 대통령을 선출하는 제도(이하 직선제)를 도입하기 위한 '정치 파동'을 일으켰다(1952). 이승만 정권은 직선제와 양원제를 주요 내용으로 하는 개헌안을 국회에 제출했다. 하지만 이 개헌안은 부결되었고 이승만은 국회 외부의

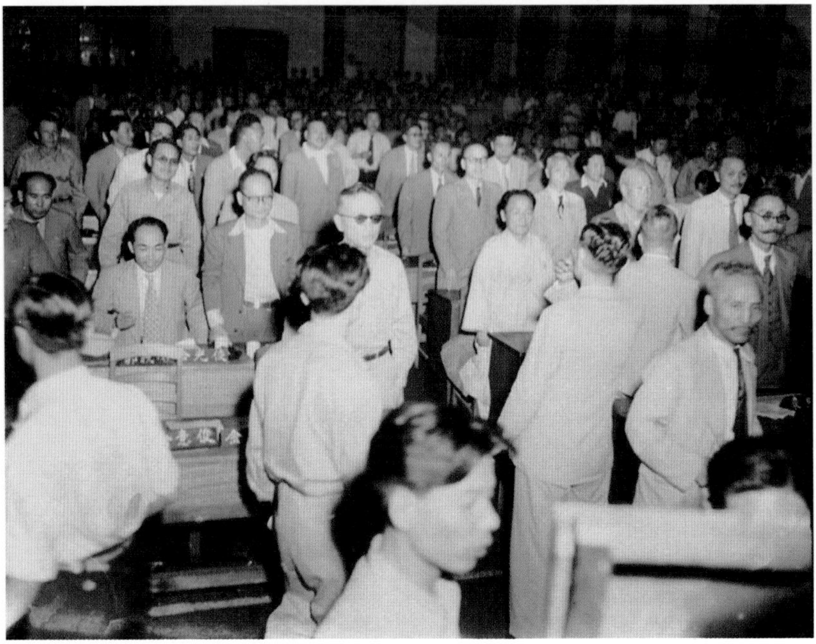

'발췌개헌안'
1952년 7월, 공포 분위기 속에서 국회에서 '발췌개헌안'을 기립 표결하는 장면이다. 대한민국 최초의 헌법 개정안으로, 대통령·부통령 직선제, 국회 양원제, 국무원 불신임제 등을 주요 내용으로 한다.

세력을 내세워 개헌안 부결에 반대하는 민중 대회를 조직하여 국회에 압력을 가했다. 국회는 내각책임제 개헌안을 제출했으나 이승만 추종 세력은 이에 반대하며 강경한 행동에 나섰다.

이승만은 부산을 중심으로 한 경상남도와 전라도 지역에 비상계엄을 선포하고 정치 깡패 집단인 '백골단', '땃벌대' 등 폭력 조직을 동원하여 국회 해산을 요구했다. 야당 국회의원 50여 명이 국제공산당의 자금을 받았다는 혐의로 헌병대에 의해 연행되었고 이러한 폭력과 강압 속에서 '발췌개헌안'이 경찰의 삼엄한 감시 아래 기립 표결로 통과

되었다. 이 개헌의 결과로 처음으로 직선제 선거가 실시되었고 이승만은 제2대 대통령으로 재선되었다(1952).

한국전쟁 이전부터 유격 활동을 전개해 온 사람들과 인천 상륙작전 이후 퇴로가 차단되어 북한으로 돌아가지 못한 북한군은 남조선인민유격대(남부군)를 조직하여 산악 지대에서 무장 저항을 이어 갔다. 그러나 이승만 정권의 대대적인 토벌 작전으로 이들은 대부분 체포되거나 사망하며 괴멸되었다. 정전협정에서 북한은 남부군에 대한 송환을 요구하지 않았다. 이는 전쟁 동안 남부군이 북한을 도우며 후방 교란 작전에 기여했음에도 불구하고 전쟁이 끝난 후 북한이 그들을 정치적 도구로 더 이상 활용할 가치가 없다고 판단했기 때문이다. 이처럼 남부군의 희생을 외면한 북한의 태도는 비판받을 만하다.

남부군의 존재는 이승만 정권의 반공주의 강화와 독재 체제 유지에 중요한 수단으로 활용되었다. 이승만은 남부군과 같은 공산주의자들의 저항을 반공 정책을 정당화하는 수단으로 삼으며 이를 통해 정권의 기반을 공고히 하고 반대파를 억압했다. 남부군을 토벌하는 과정에서 많은 민간인이 희생되었음에도 이러한 폭력적 조치는 반공 투쟁이라는 이름 아래 정당화되었고 이승만 정권의 정치적 기반을 강화하는 데 이용되었다.

이승만의 영구 집권 시도는 헌법상의 연임 제한이라는 장벽에 부딪혔다. 당시 헌법은 대통령이 단 한 차례만 연임 가능하도록 규정했으나 이승만은 권력에 대한 집착을 버리지 않았다. 그는 개헌을 통해 초대 대통령에 한해 연임 제한을 없애는 특별 조항을 추가하려 했다. 개헌 투표에서는 필요한 정족수에 단 1표가 부족한 135표가 나왔고, 부결이 선포되었다. 그러나 자유당은 전체 203표의 3분의 2가 약 135.33표였음에도, 이를 소수점 반올림을 통해 135표면 충분하다는 궤변을

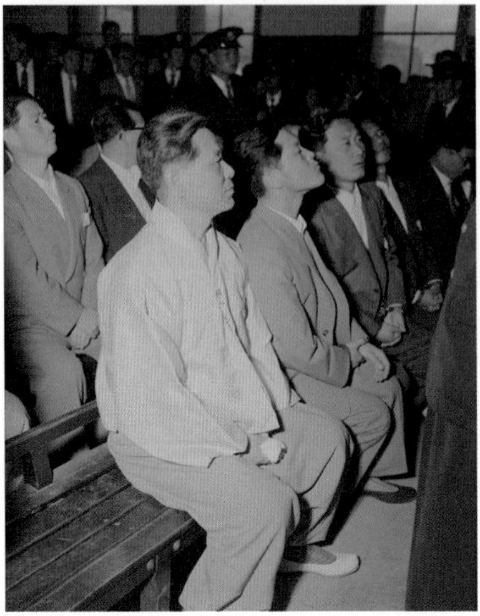

조봉암

1958년 10월, 서울고등법원에서 열린 진보당 사건 2심 재판 당시 조봉암(첫줄 맨 왼쪽)의 모습이다. 조봉암은 일제강점기 공산주의자로 활동했으나, 해방 후 대한민국 초대 농림부 장관으로 농지개혁을 주도하며 평화통일론과 민주사회주의를 주장했다.

내세웠다. 부결된 결정은 이 논리를 바탕으로 이틀 후 뒤집혀 가결되었고, 초대 대통령에 한해 중임 제한이 사라지게 되었다. 이는 이승만의 영구 집권의 길을 여는 결정적 순간이었다.

이 개헌으로 인해 이승만은 대통령 선거에 다시 출마할 수 있었고 경쟁자 조봉암을 누르고 대통령에 재선되었다(1956). 그러나 부통령 선거에서는 민주당의 장면이 자유당의 이기붕을 누르며 정치적 균열이 발생했다. 이를 좌시할 수 없었던 이승만의 지지자들은 장면 암살 시도를 통해 권력 구조를 유지하려는 음모를 꾸몄고 이는 한국 사회를 불안과 공포 속에 몰아넣었다.

이승만은 정치적 대립자들을 제거하는 데 주저하지 않았다. 그는 평화적 통일을 주장한 진보당과 그 지도자들을 강력히 탄압했고 대통령 선거에서 맞붙었던 조봉암을 간첩 혐의로 체포했다. 이후 야당의 강한 반대를 무시하고 국가보안법을 개정하며 조봉암의 처형을 이끌어 냈다(1959). 한때 한국에서 간첩으로 판결된 사람의 결정을 번복하는 것은 거의 불가능했으나, 조봉암은 세월이 지난 후 대법원의 재심을 통해 무죄 판결(2011)을 받으며 역사적으로 재평가되었다.

이승만 정권은 대한반공청년단을 조직해 폭력을 정치적 도구로 활용했으며 반정부적 목소리를 내던《경향신문》을 폐간시키는 등 강압적 통치를 이어 갔다. 이러한 방식은 국민들의 불만을 점차 고조시켰지만 이승만은 권력 유지를 위해 이를 무시하며 독재 체제를 더욱 강화했다.

80대 중반의 나이에도 불구하고 이승만은 정권에 대한 집착을 버리지 않고 제4대 대통령 선거에 출마했다. 대통령 선거 직전 야당 후보였던 조병옥의 갑작스러운 죽음으로 이승만은 경쟁에서 유리한 입장을 점하게 되었고 그의 재선 가능성은 거의 확실해졌다.

그러나 이승만 정권은 대통령직에 만족하지 않고 이승만의 측근 이기붕을 부통령 자리에 앉히기 위해 선거 과정을 철저히 조작했다. 사전 투표에서부터 선거 당일에 이르기까지 조직적인 부정행위를 통해 원하는 결과를 얻으려 했고 이는 국민의 분노를 자극했다.

선거 기간 동안 대구와 대전에서는 학생들이 부정선거를 규탄하며 시위에 동참했다. 특히 마산에서는 대규모 시위가 발생했으며 이 과정에서 경찰의 과잉 진압으로 김주열 학생이 사망하는 비극이 일어났다. 그의 시신이 눈에 최루탄이 박힌 채 마산 앞바다에서 발견되었고 이는 국민적 분노를 전국적인 저항으로 확산시키는 도화선이 되었다.

이승만 정권은 북한의 위협을 과장하고 조작하는 오랜 전략을 통해 마산 사건의 배후에 공산주의자들이 있다는 허위 주장을 펼쳤다. 이는 정권의 책임을 회피하려는 시도였으나 국민들은 이러한 조작된 설명을 받아들이지 않았다. 오히려 이 같은 주장은 국민의 분노를 더욱 증

김주열

1960년 4월, 마산 중앙부두 앞바다에서 최루탄이 눈에 박힌 채 발견된 김주열의 시신이다. 김주열은 마산상업고등학교 입학을 앞두고 3·15 부정선거 규탄 시위에 참여하다가 경찰의 최루탄에 맞아 사망했다.

폭시키며 저항을 조직화하는 계기가 되었다.

한편 고려대학교 학생들의 평화적 시위는 시위 후 귀교하는 학생들에 대한 폭력배들의 공격에 많은 부상자들을 내며 참혹하게 끝났다. 이 사건은 다음 날, 국민적 분노의 도화선이 되었고 2만 명이 넘는 대학생과 시민들이 거리로 쏟아져 나와 정부 관련 시설에 불을 지르며 부정선거에 대한 분노를 표출했다(1960. 4. 19).

폭발적인 시위 속에서 경찰은 발포를 감행했고 186명의 희생자가 발생했다. 희생자들은 하층 노동자, 학생, 무직자, 일반 국민 등 사회 각 계층에 걸쳐 있었으며 이는 4·19혁명이 특정 계층의 투쟁이 아니라 전 국민적인 저항운동이었음을 보여 준다.

4·18 의거
고려대학교 학생들이 4월 18일 국회 의사당 앞에서 결의문을 낭독하는 모습이다. 시위 후 귀가하던 학생들이 정치 폭력배의 습격을 받아 큰 부상을 입었고, 이는 4·19혁명의 도화선이 되었다.

이승만 정권은 사태의 심각성을 깨닫고 계엄령을 선포하며 각료들을 경질하고 부통령 당선자인 이기붕의 사퇴를 발표했으며 이승만 자신도 자유당 총재직에서 물러났다. 그러나 이러한 조치들은 이미 격앙된 국민의 분노를 달래기에는 너무 늦은 대응이었다. 대학교수단의 시위와 이어진 민중 시위는 정권의 마지막 저항마저 무력화시켰고 결국 이승만은 대통령직에서 물러날 수밖에 없었다. 그의 사임은 12년간 지속된 독재 권력의 종말을 의미했다.

2 4·19혁명으로 수립된 민주 정부가 사회적 갈등 속에서 흔들리다

이승만이 대통령을 사임한 이후 권력은 허정에게 이양되었다. 허정은 4·19혁명의 여파 속에서 국내 안정화를 도모하며 반공 정책을 강화하고 부정선거 책임자들을 제한적으로 처벌하는 한편 정치 개혁을 추진했다. 또한 허정은 이승만 정권의 주요 인사들과 자유당 간부들을 구속하고 부정 축재자들에게 자수를 권장함으로써 국민적 요구를 일정 부분 수용했다. 그러나 이승만에게 하와이로 망명할 기회를 허용한 결정은 국민과 혁명 세력의 불만을 초래했다. 이는 허정이 국내 질서를 유지하기 위해 감수한 타협이었다.

허정은 자유당이 장악한 국회와 협력해 주요 개혁을 진행했다. 국회는 대통령 선거의 무효화와 내각책임제로의 개헌을 승인했고 새 헌법에 따라 총선을 실시했다. 비록 국민 대다수는 국회의 즉각적인 해산을 요구했으나 정치적 혼란을 방지한다는 명분 아래 먼저 개헌이 이루어진 후 국회가 해산되었다. 이 과정에서 국회는 부정선거에 연루된 의원들의 구속에 동의하고 기본권을 확대하는 법률 개정 작업에 착수했다. 특히 내각책임제 도입에 따라 지방자치법과 경찰중립화법이 개정되었으며 이는 정치적 균형을 회복하려는 중요한 시도였다.

또한 국회는 한국전쟁 중 발생한 민간인 학살 사건에 대한 조사를 착수하며 거창 민간인 학살 사건(1951)의 진상을 규명했다. 이 사건은 당시 국회의 특별조사위원회를 통해 밝혀졌으며 피해자와 유족들에 대한 보상 및 명예 회복을 위한 특별법 제정이 촉구되었다. 이는 전쟁과 독재 정권하에서 자행된 국가 폭력에 대해 역사적·법적 책임을 묻기 위한 중대한 시작점이었다.

내각책임제 개헌과 함께 제4대 국회가 해산된 후, 새 헌법에 따라 실

장면 내각
1961년 2월 8일 장면 내각이 기자회견을 진행하는 모습이다. 사진 오른쪽 첫 번째에 앉아 있는 인물이 국무총리 장면이다. 장면 내각은 이승만 정권 붕괴 이후 내각책임제와 양원제를 채택한 제2공화국의 정부이다.

시된 총선에서는 민주당이 다수 의석을 차지했다. 이승만 정권의 탄압 속에서 소외되었던 혁신계 정치 세력도 다시 등장하며 새로운 정치 지형이 형성되었다. 그런데 민주당은 다양한 정치 세력이 결합된 만큼 내부 파벌 간의 대립이 심각했다. 특히 총선 이후 집권을 둘러싼 경쟁은 격화되었고 결국 윤보선이 대통령에, 장면(재임 1960-1961)이 국무총리에 선출되었다. 내각책임제 아래 정부 수반은 국무총리였기 때문에 실질적인 권력은 신파의 장면에게 넘어갔다.

장면 내각의 출범은 4·19혁명의 열기 속에서 이루어졌으며 국민들은 새로운 정부에 민주주의와 개혁에 대한 높은 기대를 품고 있었다. 이는 한국 사회가 민주주의 발전과 사회적 변화를 위한 새로운 장을 열기를 갈망하고 있음을 보여 준다.

장면 내각은 이러한 국민적 열망에 부응하기 위해 일본과의 외교 관계 정상화, 유엔 감시하 남북한 자유선거를 통한 통일 실현, 관료 제도의 혁신 및 공무원의 재산 등록과 경찰의 정치적 중립성 확보를 목표로 다양한 개혁 정책을 수립했다. 또한 경제 발전과 민주주의 심화를 위한 지방자치제 도입, 국토 발전 계획, 부정선거와 부패 축재의 척결, 외국 자본 유치 및 경제 계획 실행 등을 내세웠다. 국방력 효율화를 위해 군비 축소와 군의 질적 향상, 군대의 정치적 중립성 확보 또한 주요 과제로 포함되었다.

그러나 장면 내각은 출범과 동시에 내적 분열과 갈등에 직면했다. 민주당 내부의 신파와 구파 간 대립은 정책 실행의 일관성을 흔들었으며 구파가 신민당을 창당하며 분리되자 정국은 더욱 불안정해졌다. 더욱이 장면 내각이 부정선거 책임자와 부패 축재자에 대한 처벌에서 타협적인 태도를 보이자 국민들의 개혁에 대한 기대는 실망으로 바뀌었다.

보수적 태도를 유지하던 장면 내각은 노동 및 통일 운동의 활성화에 대해 반대 입장을 취했으며 '반공법'과 '데모 규제법' 등을 제안했으나 이는 시민사회의 격렬한 반대에 부딪혀 무산되었다. 이러한 정책적 혼란과 함께 지속되는 경제 불황은 국민들의 불만을 증폭시켰다. 언론이 장면 내각의 불안정과 개혁의 실패를 보도하면서 정부에 대한 국민들의 신뢰는 급속히 흔들리기 시작했다.

한편, 4·19혁명 이후 학생들은 학교와 재단의 비민주적 구조를 개선하고자 학원 민주화 운동을 주도했다. 이 운동은 3·15부정선거에 가담한 교육 관계자들의 축출을 목표로 삼았으며 허정 과도정부는 이에 화답하여 부패한 교육 공무원과 사립학교 관계자들을 처벌하는 긴급 조치를 발표했다. 학생들의 요구는 더욱 확산되어 하향식 관료 체제였던 학도호국단의 해체를 이끌어 냈으며 각 학교에 자치적 학생회가 구성되었다. 이런 상황은 전국대학생총연합회의 창설로 이어졌고, 이는 이후 민주주의와 민족 통일 운동의 중심축 역할을 했다.

노동자들 역시 이 시기 저임금과 불공정한 노동조합(이하 노조) 운영에 맞서 전국적인 노동운동을 일으켰다. 부산 부두 노동자들은 '어용 간부 타도'를 외치며 시위를 벌였고 주요 산업 부문에서 어용 노조를 규탄하며 민주화를 요구하는 시위가 퍼져 나갔다. 사무직 노동자들까지

남북학생회담

1961년 5월 13일, 민족자주통일 궐기대회에서 남북학생회담을 요구하며 시위 중인 학생들의 모습이다. 남북한 청년과 학생들의 교류를 통해 민족 통일을 모색하려는 시도로 추진되었다.

참여해 은행, 신문기자, 교원의 노조가 결성되었으며 특히 7월에는 5개 은행 노조를 기반으로 전국은행노동조합연합회가 발족하며 노동운동은 더욱 강력한 조직적 기반을 다졌다. 장면 내각은 이러한 흐름에 대응해 교원 노조를 불허하려 했으나 노동자들의 민주화 요구를 저지하는 데는 실패했다.

4·19혁명의 여파 속에서 남북통일에 대한 논의도 활발히 이루어졌다. 중립화 통일론과 남북 협상을 통한 평화통일론 등 다양한 전략이 모색되었으며 이승만 정권의 붕괴 이후 혁신적 세력들이 평화적 통일을 향한 희망을 키우기 시작했다. 특히 사회대중당과 혁신동지총연맹은 이 시기 중요한 단체로 부상했다.

그러나 한국 사회에 깊이 뿌리내린 보수주의와 반공주의 정서는 통일 논의를 제한했다. 장면 내각은 통일 정책에서 이승만 정권과 크게 다르지 않은 입장을 유지했다. 이에 따라 북한과의 교류에 소극적인 태도를 보였으며 이는 민족자주통일중앙협의회와 민족통일전국학생연맹 등으로부터 강한 비판을 받았다.

4·19혁명 이후 학생들은 판문점에서 남북학생회담을 추진하며 평화통일을 향한 열정을 행동으로 나타냈다. 혁신 세력은 이러한 학생들의 움직임을 적극 지지하며 통일을 촉진하기 위한 다양한 활동을 전개했다.

그러나 이승만 정권에서 강조된 반공 교육의 영향은 여전히 깊게 자리 잡고 있었다. 북한을 국가의 최대 적으로 규정하고 국민들에게 반공 의식을 강조했던 이승만 정권의 교육 정책은 많은 국민들로 하여금 평화통일 운동을 불신하게 만들었다. 그럼에도 불구하고 4·19혁명의 열기와 변화된 사회적 분위기는 진정한 국가 통합과 평화를 향한 새로운 가능성을 열어 주었다.

4·19혁명은 한국 사회에 민주주의와 평화통일에 대한 새로운 열망을 일깨웠다. 이는 단순히 독재를 무너뜨리는 정치적 변화에 그치지 않고 국민의 집단적 행동이 사회변혁의 강력한 동력이 될 수 있음을 증명했다. 특히 남한과 북한의 역사적 경로가 분기되는 중대한 전환점으로, 민주주의의 발전에서 중요한 역할을 했다고 볼 수 있다. 이러한 역동적인 과정은 한반도의 미래에 대한 깊은 성찰과 함께 평화와 민주주의를 향한 굳건한 의지를 더욱 강화했다.

4·19혁명 이후 한국 사회는 민주주의와 자유에 대한 열망으로 가득했지만 장면 내각의 내부 분열과 경제적 어려움, 그리고 정치적 불안정은 지속되었다. 이러한 혼란 속에서 민주주의의 정착과 경제 발전,

통일 문제 해결 등 과제들이 산적해 있었다. 이 시기는 한국 현대사에서 민주주의의 가능성과 한계를 동시에 보여 준 시기였다. 이러한 민주화의 열망과 사회변혁의 움직임은 5·16군사쿠데타로 인해 중단되었고 한국 사회는 민주주의 발전에서 새로운 시련의 시기를 맞이하게 되었다.

군부독재 정권의 시대와 민주주의 운동 21

1 박정희 정권의 독재 강화 속에서 민주주의 운동이 계속되다

4·19혁명으로 민주주의 운동과 평화통일 운동이 활성화되자 기존 체제를 지지하는 이들은 불안감을 느끼고 있었다. 이러한 불안정한 정치 상황과 사회적 혼란을 틈타 박정희를 중심으로 한 군인들이 주요 방송국과 핵심 국가 시설들을 통제한 5·16군사쿠데타를 감행했다(1961. 5. 16). 이 계획에 대해 육군 참모총장 장도영은 사전에 정보를 전달받았지만 기회주의적인 입장을 취했다. 당시 국무총리였던 장면은 군사쿠데타설이 만연했는데도 장도영의 거짓 보고를 신뢰하여 적절한 조치를 취하는 데 실패한 무력함을 드러냈다. 이러한 일련의 오류와 판단 착오로 인해 쿠데타는 결국 성공을 거두었다.

쿠데타 세력은 반공주의와 국제 관계 강화를 강조하며 국가의 통일과 발전을 위한다며 '혁명' 공약을 발표했다. 이들은 낡은 정치체제를 종식시키고 민생 문제를 해결하며 양심적인 정치인들에게 권력을 이양하겠다는 계획을 밝혔다. 그러나 이들의 행동은 국회와 정당, 사

박정희

박정희(맨 왼쪽)가 5·16군사쿠데타 이틀 후 시청 앞 광장에서 육군사관학교 생도들의 행진을 바라보고 있다. 그는 1961년 5·16군사쿠데타로 권력을 잡고 경제개발을 이끌었으나, 민주주의 운동을 억압했다.

회단체의 해산과 국가재건최고회의를 통한 군사정부 수립으로 귀결되었다.

군사정부는 국민의 삶을 향상시키겠다는 명분 아래 농어민 부채 탕감과 같은 정책을 도입하고 헌법을 대통령 중심제와 단원제 국회 체제로 개정했다. 그러나 군사정부는 국가 안보 강화를 명분으로 중앙정보부를 설립했으며, 이를 정치적 억압과 사회적 통제를 위한 도구로 활용했다.

이 과정에서 민주공화당 창당, 국내 정치 개입, 그리고 부패 사건들이 연이어 발생했다. 먼저 증권시장에 유령 회사를 동원하여 자금을 조달한 '증권 파동'과, 유엔군 휴가처라는 명분으로 호화 유흥 시설을 세운 '워커힐 사건'을 들 수 있다. 또한 '빠찡꼬 사건'에서는 면세 수입으로 이익을 남기며 사회적 논란을 빚었고 '새나라자동차 사건'에서는 자동차 산업에서의 이권을 노린 비리가 드러났다. 이러한 '4대 의혹 사건'은 사회적 파장을 일으키며 군사정부의 도덕성과 신뢰를 무너뜨렸다.

5·16군사쿠데타 이후, 박정희는 양심적인 정치인들에게 권력을 이양하고 군대로 복귀하겠다는 약속을 내세웠다. 그러나 곧 자신이 "다시는 불행한 군인들이 나타나지 않도록 하기 위해" 정치에 참여할 수밖에 없다는 궤변을 내세우며 대통령 선거에 출마했다. 이러한 결정은 박정희의 권력욕을 정당화하려는 시도로 평가된다. 개정된 헌법에 따라 직선제 선거를 통해 윤보선을 꺾고 박정희(재임 1963-1979)는 대통령에 취임했다(1963).

박정희 정권은 미국의 요구에 따라 베트남전쟁에 국군을 파병했으며 이로 인해 한국 경제는 전쟁 특수를 통해 큰 혜택을 얻었다. 국군 현대화와 경제 협력을 약속한 '브라운 각서'는 한국 경제 발전에 긍정적인 영향을 미쳤다. 그러나 이 파병은 수많은 이들의 생명과 안전의 희생이라는 결과를 초래했다. 베트남 민간인 학살과 고엽제 피해는 박정희 정권의 어두운 측면으로 남아 있다. 이러한 사건들은 한국 사회가 자국의 과거를 돌아보고 역사적 책임을 성찰해야 하는 중요한 교훈으로 남았다.

베트남전쟁에서 발생한 민간인 학살은 오늘날에도 한국의 책임을 묻는 과제로 남아 있다. 이는 일제강점기 일본의 만행을 비판하며 사과를 요구하는 입장과 같은 원칙을 이 경우에도 적용해야 하기 때문이다. 과거를 인정하고 반성하는 것은 국제사회에서 신뢰를 쌓는 데 필수적이다.

이후, 한국 사회는 점차 이 문제에 대한 도의적·법적 책임을 인식하기 시작했다. 김대중 대통령이 베트남 참전에 대해 처음으로 사과한 것을 시작으로(1998), 노무현, 문재인 대통령도 같은 입장을 표명했다. 특히 서울지방법원이 퐁니·퐁넛마을학살사건에 대해 한국 정부의 배상 책임을 인정하며 법적 정의의 중요한 진전을 이루었다(2023). 이와 더불어 일부 참전 군인들은 개인적으로 사과하는 모습을 보이며 과거의 잘못을 바로잡으려는 노력을 이어 갔다.

박정희 정권은 한국 경제 발전의 토대를 마련하기 위해 한일 국교 정상화를 서둘렀다. 군사정부 시절 시작된 한일 회담은 당시 중앙정보부 부장이었던 김종필과 일본 외무장관 오히라 마사요시의 비밀 메모를 통해 청구권 문제에 대한 합의를 이루며 박정희 정권하에서 결실을 보았다. 그러나 이 과정에서 일본의 과거사에 대한 진정한 사과와 보상이 배제된 채 협상이 진행되자 국민들 사이에서는 굴욕적 회담이라는 강한 반발이 일어났다. 재야인사와 대학생들은 격렬한 시위로 항의했지만 박정희 정권은 이에 비상계엄령을 선포하고 시위대를 강경 진압하며 권위주의적 통치를 강화했다.

결국 박정희 정권은 〈대한민국과 일본국 간의 기본 관계에 관한 조약〉(한일기본조약)을 체결하여 한일 국교를 정상화했다(1965). 이 조약은 일본의 과거사에 대한 사과와 보상 문제를 명확히 해결하지 못해 역사적 갈등의 불씨를 여전히 해결하지 않은 채 남겼다. 한국은 일본으로부터 3억 달러의 무상 지원, 2억 달러의 장기 저리 차관, 그리고 민간 상업 차관 3억 달러를 통해 경제 발전의 기반을 마련했지만 국민들의 분노와 상처는 치유되지 못했다.

이후 박정희는 대통령 선거에서 윤보선을 다시 꺾고 재선에 성공했으며 민주공화당은 부정선거를 통해 제7대 국회에서 개헌선을 확보했다(1967). 그러나 이로 인해 전국적으로 학생 시위가 일어났고 박정희 정권은 31개 대학과 136개 고등학교를 강제로 휴교시키며 시위를 폭력적으로 진압했다. 국민적 불만이 고조되자 박정희 정권은 국민의 시선을 돌리고 반정부 여론을 억누르기 위해 간첩단 사건을 조작하기 시작했다.

동백림거점간첩단사건에서는 윤이상, 이응로 같은 예술가와 지식인들이 간첩으로 몰렸으며 유럽간첩단사건으로 케임브리지대학교 박노수 교수와 여당 국회의원 김규남이 사형에 처해졌다. 이 외에도 일본유학생간첩단사건, 피랍어부간첩단사건, 통일혁명당사건 등이 조작되며 북한과의 연계라는 날조된 혐의로 수많은 인물들이 처벌받았다.

박정희는 국민들의 불안감을 조성하고 이를 개헌의 필요성으로 연결시키며 정치적 반대파를 제거했다. 여당 의원들만으로 대통령 3선 출마를 가능케 하는 개헌안을 편법적으로 통과시킨 박정희 정권은 정치적 통제를 강화하며 민주주의의 본질을 훼손했다. 이에 반발한 재야인사들은 민주수호국민협의회를 조직해 박정희의 영구 집권을 저지하려 했고 야당 후보 김대중은 박정희 정권의 종신 총통제 추구를 강력히 비판했다. 그럼에도 불구하고 대통령 선거에서 박정희는 다시 당선되었다(1971).

이는 박정희 정권의 강력한 권력 기반과 야당의 한계를 동시에 보여 주는 결과였다. 이후 박정희 정권은 반정부 시위에 강경하게 대응하며 서울에 비상 사태를 선포하고 156명의 학생을 퇴학시키는 조치를 취했다. 한편 냉전 완화라는 국제적 흐름 속에서도 박정희 정권은 국가 안보를 최우선시하는 정책을 고수하며 사회 안정을 위협하는 어떠한 행위도 용납하지 않겠다는 강경한 입장을 밝혔다. 이러한 강경책은 국내외에서 비판을 받았고 이에 따라 박정희는 정책의 유연성을 보여 주는 전략적 행보를 보였다. 북한과의 평화통일을 명분으로 한

이후락과 김일성

1972년 11월 3일, 남북조절위원회 회의 참석을 위해 평양을 방문한 이후락(왼쪽)이 김일성(오른쪽)을 만나는 장면이다. 이후락은 1972년 7·4남북공동성명을 이끈 주요 인물로, 박정희의 밀사로서 김일성과 통일 3대 원칙에 합의했다.

7·4남북공동성명을 발표하며 남북 간의 대화를 통한 화해를 내세웠다(1972. 7. 4).

7·4남북공동성명은 표면적으로는 남북 관계 개선을 목표로 했지만 박정희의 영구 집권을 정당화하기 위한 정치적 도구로 활용되었다. 이 구상은 실질적인 통일 의지보다는 정치적 전략에 가까웠다. 동시에 북한의 김일성도 이 상황을 내부 선전과 국제적 이미지 개선의 기회로 활용했다. 김일성은 남북 대화를 통해 국제사회에서의 입지를 강화하고 자신의 유일 체제를 더욱 공고히 했다.

박정희 정권은 내부 통제를 강화하고 영구 집권 체제를 확고히 하며 한국 현대사에서 가장 권위주의적이고 독재적인 체제를 수립했다. 계엄령을 선포하여 국회를 해산하고 정당 활동을 금지한 박정희 정권은 국민투표를 통해 유신헌법을 확정지었다. 이 헌법은 대통령의 연임 제한을 철폐하고 통일주체국민회의를 통해 대통령을 선출하도록 규정했으며 긴급조치 권한, 국민투표 부의 권한, 국회해산 권한 등을 대통령에게 부여했다. 결국 박정희는 통일주체국민회의 대의원 선거를 통해 대통령에 재선출되었다(1972).

유신 체제는 국내외적으로 많은 반발을 불러일으켰다. 일본에 체류 중이던 김대중이 유신헌법반대운동을 전개하자 박정희 정권은 중앙정보부를 동원하여 김대중을 납치하고 한국으로 송환했다. 이 사건은 남북 간의 대화를 단절시키는 빌미로 활용되었으며 동시에 박정희 정권의 폭압성을 국제사회에 폭로하는 계기가 되었다.

국내에서는 장준하를 중심으로 유신헌법 개정 100만인 서명운동이 전개되었고 이 과정에서 문인들까지 반대 운동에 호응하자 박정희 정권은 문인간첩단사건을 조작했다. 이는 일본 잡지 《한양》에 기고된 내용을 빌미로 문인들을 간첩으로 몰아세운 사건으로, 박정희 정권이 표현의 자유를 철저히 억압했음을 보여 준다. 이와 동시에 유신헌법의 긴급조치 조항이 발동되어 헌법에 대한 비난, 반대, 개정 주장 등을 금지하는 긴급조치가 시행되었다.

정권의 억압은 학생들과 시민들로 구성된 전국민주청년학생총연맹(민청학련)사건과 인민혁명당재건위원회(이하 인혁당)사건에서도 극명하게 드러났다. 인혁당사건에서 8명의 인물은 국제사회의 비난에도 불구하고 사형이 집행되었으며(1975) 이는 박정희 정권의 인권 탄압이 극에 달했음을 상징하는 사건이었다. 또한 대학교 휴교령을 발동하며 학생들의 저항을 폭력적으로 진압했다.

인혁당사건
1975년 4월, 서대문구치소 앞에서 사형 집행 소식을 듣고 오열하는 가족들의 모습이다. 인혁당사건은 1964년과 1974년 박정희 정권이 반정부 인사들을 탄압하기 위해 조작한 대표적인 용공 조작사건이다.

박정희 정권의 말기는 억압과 저항, 그리고 균열이 교차하는 격동의 시기였다. 신문기자들의 자유언론실천선언, 문인들의 자유실천문인협의회 101인선언, 그리고 3·1민주선언은 독재 체제하에서도 민주화를 향한 국민적 열망이 여전히 강렬했음을 보여 준다. 특히 대학생들의 반유신 시위는 젊은 세대가 독재 정권에 맞서며 자유와 민주주의를 지키고자 하는 강한 의지를 드러냈다. 박정희는 다시 통일주체국민회의에서 대통령에 선출되었으나(1978) 이는 단지 체제 유지를 위한 형식적 절차에 불과했다.

국회의원 선거에서 신민당이 민주공화당보다 더 많은 표를 획득한 사건(1978)은 국민들이 유신헌법과 박정희 정권에 얼마나 큰 불만을 품고 있었는지를 명확히 입증한다. 이는 독재 정권의 권위가 점차 약화되고 있음을 나타내는 신호였다. 동시에 한국 경제의 발전에도 불구하고 소외된 노동자들의 불만이 누적되며 사회적 긴장이 고조되었다. 이러한 분위기 속에서 발생한 YH무역사건은 박정희 정권의 사회적 모순과 억압을 상징적으로 드러낸 사례였다. 여성 노동자들이 회사 폐업에 항의하며 신민당 당사에서 농성을 벌였고 경찰 진압 과정에서 노동

김재규
1979년 11월 박정희 피살 상황을 현장에서 재연하는 김재규의 모습이다. 그는 박정희 정권의 중앙정보부장으로 활동했으나, 1979년 10월 26일 박정희와 경호실장 차지철을 암살한 10·26 사태의 주역이다.

자가 추락사하자 야당은 이를 계기로 박정희 정권을 강력히 비난했다.

그러자 집권 여당은 미국 언론과의 인터뷰 내용을 문제 삼아 신민당 총재 김영삼의 국회의원 자격을 박탈했다. 이러한 사건들은 국민적 저항을 더욱 고조시키며 반유신 및 반독재 민주화 운동을 촉진시켰다. 박정희 정권 내부에서도 시국 수습 방안을 둘러싼 갈등이 심화되었고 이는 정권 내부의 균열을 초래했다. 결국 중앙정보부장 김재규가 안전가옥에서 대통령 경호실장 차지철뿐만 아니라 박정희에게도 총격을 가해 유신 체제를 무너뜨렸다. 이른바 10·26사태는 독재 체제가 국민적 저항과 내부 갈등 속에서 붕괴할 수밖에 없음을 보여 주었으며 박정희 시대의 종언을 선언하는 동시에 새로운 시대의 도래를 예고했다.

박정희 시대는 그 공과가 오늘날까지도 뜨거운 논쟁의 대상이다. 한국 경제는 박정희의 주도 아래 '한강의 기적'이라 불리는 경이로운 성장을 이루었지만 이러한 성공의 이면에는 심각한 인권 침해와 권력 남용, 정치적 자유의 억압이 자리하고 있었다. 그의 집권은 경제적 도약과 정치적 억압이라는 상반된 유산을 남기며 한국 사회와 역사가 이를 어떻게 평가할지에 대해 끊임없는 질문을 던지고 있다.

2 전두환 정권의 군부독재 연장 속에서 민주주의 운동이 결실을 맺다

10·26사태 당시 국무총리였던 최규하는 대통령 권한대행을 맡게 되었고 유신헌법에 따라 통일주체국민회의에서 제10대 대통령으로 선출되었다. 최규하(재임 1979-1980)의 권력 승계는 단지 유신 체제의 유산을 이어받은 기회주의적 행보로 여겨졌으며 이는 혼란과 불신을 증폭시키는 결과를 낳았다. 그는 유신헌법 폐지와 민주적 헌법 도입을 요구하는 국민적 열망에 응답하지 못했고 이로 인해 사회는 더욱 불안정해졌다.

박정희 저격 사건을 조사하던 국군보안사령관 전두환은 지휘 체계를 무시하고 12·12군사쿠데타를 주도해 육군참모총장 겸 계엄사령관이었던 정승화를 불법으로 체포한 뒤 군권을 장악했다(1979. 12. 12). 한편 박정희 독재 체제의 붕괴와 함께 유신헌법 개정을 위한 움직임이 일어나며 '서울의 봄'이라 불리는 짧은 정치적 해빙기가 도래했다. 학생들과 해직 교수들이 복귀하며 학원 민주화 운동이 활기를 얻었고 노동운동은 사회 전반에 걸친 민주화 요구를 증폭시켰다.

전두환은 민주주의를 위한 움직임을 체제의 위기로 여겼고 이에 대응하기 위해 대통령 최규하를 압박하여 자신을 중앙정보부장 서리직에 겸임하도록 만들어 권력을 장악했다. 그러나 이러한 권력의 강화는 역설적으로 대학생들과 재야 민주 세력의 거센 저항을 불러일으켰다. 전두환을 중심으로 육군사관학교 출신의 군 내 사조직인 하나회를 주축으로 결성된 신군부는 정치적 통제를 강화하기 위해 전군(全軍) 주요

5·18광주민주화운동
1980년 5월 20일, 전남 광주시 금남로에서 시민들과 차량 약 200대가 참여한 시위 장면이다. 5·18광주민주화운동은 1980년 5월 18일부터 27일까지 광주 시민과 전남 도민이 신군부의 계엄 확대와 헌정 파괴에 저항하며 전개되었다.

지휘관 회의를 소집하고 비상국무회의를 통해 계엄령을 전국으로 확대했다. 그 과정에서 국회는 폐쇄되었고 김대중은 체포당했으며 김영삼은 연금되는 등 주요 야당 지도자들이 억압을 받았다. 수천 명의 학생과 정치인이 구금된 상황은 사회적 긴장을 고조시켰고 시국은 폭발 직전에 이르렀다.

신군부의 계엄령 확대와 같은 일련의 조치는 전국적으로 강렬한 반발을 불러일으켰으며 대규모 시위가 곳곳에서 이어졌다. 특히 광주에서의 저항은 그 규모와 결의에서 다른 지역과는 차원이 달랐다. 전남대학교 학생들이 주도한 광주의 민주화 운동은 신군부에게 심각한 도전으로 다가왔으며 이에 따라 광주 지역에 대규모 계엄군이 투입되었다. 과잉 진압은 결국 광주 시민들과 계엄군 간의 충돌로 이어졌고 광주는 유혈의 중심지가 되었다(1980. 5. 18). 이에 분노한 택시 기사들은 차량 시위를 벌이며 시민 항쟁의 의지를 고취했고 노동자와 학생을 포함한 다양한 계층이 힘을 모아 시민군이라는 조직을 결성했다. 그러나 시민 대표와 도지사 간 협상은 끝내 실패로 돌아갔고 광주는 치열한 투쟁의 소용돌이 속으로 빠져들었다.

노동자, 학생을 비롯하여 접객업소 종사자에 이르기까지 다양한 계층의 사람들이 모여 형성된 시민군은 계엄군의 임시 본부로 활용되던 당시의 전남도청을 점령하며 전략적으로 중요한 성과를 이루어 냈다. 이로 인해 계엄군은 광주의 외곽으로 철수하지 않을 수 없었다. 그러나 철수한 계엄군은 광주 외곽을 봉쇄하며 시민들의 외부 지원을 차단하려 했다. 이에 맞서 광주 시민들은 다양한 사회 계층의 인사들로 구성된 시민수습대책위원회를 결성하고 교섭을 통해 평화를 도모하려 했다. 하지만 항쟁파는 군사정권의 퇴진 요구가 타협안에 포함되지 않았다는 점에서 강한 불만을 표시했으며 신군부 또한 타협안을 수용하지 않았다. 그럼에도 일부 시민군은 평화적 해결을 염원하며 무기를 반납했다.

이러한 혼란과 협상의 과정 속에서 민주수호범시민궐기대회가 개최되었고 이를 계기로 학생수습대책위원회가 설립되었다. 또한 천주교 대주교 윤공희를 위원장으로 하는 새로운 시민수습위원회가 결성되었다. 그러나 항쟁을 둘러싼 시민들 사이의 갈등은 여전히 존재했다. 협상파, 투항파, 항쟁파로 나뉜 입장은 결국 항쟁파가 주도권을 잡는 방향으로 기울었고 김종배를 위원장으로 하는 새로운 집행부가 출범했다.

신군부는 이러한 시민들의 움직임에 대해 대화나 타협의 여지를 두지 않고 강경 진압 작전을 결행했다. 대규모 병력을 동원한 신군부의 무자비한 진압으로 인해 수많은 시민이 목숨을 잃었고 광주의 민주화 열망은 폭력적으로 억압되었다. 이 사건은 과도한 무력 사용과 민간인 학살로 인해 한국 현대사에 지울 수 없는 비극으로 남았다. 이 일련의 사건들을 5·18광주민주화운동이라 한다.

5·18광주민주화운동을 진압한 이후 전두환과 신군부는 국가의 안보와 질서를 유지한다는 명목으로 국가보위비상대책위원회(이하 국보위)를 설치했다. 전두환은 국보위의 상임위원장으로 추대되었고 이를 통해 입법, 사법, 행정의 모든 권력을 장악했다. 국보위는 김대중을 내란 음모 혐의로 기소하며 사형을 선고했는데 이는 민주화 운동 세력을 억압하려는 조치였다. 그러나 국제사회의 비판 여론이 거세지자 김대중의 사형은 결국 무기징역으로 감형되었다.

신군부는 정치인의 활동을 철저히 제한하며 숙정을 통해 공무원, 교수, 교사, 언론인, 금융업 종사자 등을 대거 해직시켰고 언론의 독립성을 침해하며 다수의 언론사를 강제 합병했다. 이러한 조치들은 사회의 비판적 목소리를 차단하고 정권에 순응적인 분위기를 조성하기 위한 것이었다.

사회 정화라는 명목 아래, 신군부는 57,000여 명을 체포하고, 이 중 3,000여 명을 구속하며 40,000여 명을 삼청교육대로 보내는 등 대대적인 탄압을 감행했다. 삼청교육대는 강제수용소와 유사한 형태를 띠고 있었으며 이곳에서 벌어진 인권 침해 사실이 뒤늦게 드러나면서 사회적 파장을 일으켰다. 이러한 일련의 조치는 신군부가 폭력과 억압을 통해 정권을 유지하려 했던 방식을 극명히 보여 준다.

이 과정을 거친 끝에 최규하는 자발적인 선택이라며 대통령 사임을 발표했지만 그의 사임은 전두환 세력의 강한 압박에 따른 결과였다

삼청교육대

1980년대 초반 삼청교육대원들이 목봉 체조를 하는 모습이다. 삼청교육대는 1980년 전두환과 신군부가 설치한 강제수용소로, 자의적 기준으로 수용된 사람들이 가혹한 훈련과 폭력으로 인권이 침해된 것을 상징한다.

는 평가가 지배적이다. 통일주체국민회의는 압도적인 찬성으로 전두환(재임 1980-1988)을 대통령으로 선출했고 그의 정권은 유신헌법 체제 아래 출범했다. 이후 새 헌법이 마련되어 국민투표를 통해 승인되었으나 이 과정에서 국민들의 자유로운 의사 표현이 억제되었다는 비판이 뒤따랐다. 새 헌법 또한 권위주의적 요소에서 완전히 벗어나지 못했다는 평가를 받았다.

전두환은 대통령 선거인단을 통해 재선출되었으며 정권을 유지하기 위해 강압적인 정책과 유화 정책을 병행했다. 대표적인 유화 정책으로는 대입 본고사의 폐지, 과외 금지, 중·고등학생의 두발 및 교복 자유화, 야간 통행금지 해제, 그리고 프로스포츠의 적극적인 육성이 있었다. 이러한 정책들은 국민들의 불만을 일부 완화하며 정권의 정당성을 내세우려는 시도였지만 근본적인 민주화 요구에 부응하지는 못했다.

전두환 정권의 성립 과정에서 미국의 방조와 개입은 중요한 변수였다. 특히 5·18광주민주화운동 당시 계엄군 동원은 미국의 승인 없이는 불가능했을 것이라는 인식이 확산되었다. 이후 로널드 레이건(Ronald Reagan) 정부의 출범과 전두환의 미국 초청은 반미 감정을 고조시켰다. 이에 따라 과거 은밀히 이루어지던 반미 운동은 공개적이고 조직적인 방식으로 변화했다. 부산미국문화원방화사건(1982), 대구미국문화원폭발사건(1983), 서울미국문화원점거사건(1985) 등 일련의 사건들은 미국의 한국 내정 개입에 대한 국민적 분노를 표출하는 상징적인 행위였다. 이러한 사건들은 민주화 운동과 반미 운동이 결합되는 새로운 양상을 보여 주었다.

전두환 정권의 철권통치에도 불구하고 학생들과 지식인들은 반독재 민주화 운동을 포기하지 않았다. 많은 대학생들은 퇴학과 재입학을 반복하며 고난의 길을 걸었고 그들의 저항은 점점 거세졌다. 특히 고려대학교에서는 민주화 운동에 참여한 학생들의 퇴학 처분을 거부한 김준엽 총장의 사퇴 반대 운동이 학내외로 확산되며 주목받았다(1985). 이 사건은 대학의 자율성과 학문의 자유를 수호하려는 의지를 보여 준다.

전두환 정권은 민주화 운동을 탄압하는 과정에서 심각한 인권 유린을 자행했는데, 국민들에 폭로되면서 큰 사회적 파장을 일으켰다. 김근태는 민주화운동청년연합을 결성한 혐의로 체포되어 남영동 대공분실에서 고문 기술자 이근안에게 전기 고문을 당했다(1985). 그러나 당시 정권의 철저한 언론 통제로 인해 이 사건은 국내에 잘 알려지지 않았다. 하지만 이 사건이 국제사회에 알려지면서 한국의 인권 문제가 세

6월민주화운동

1987년 6월에 부산 문현동에서 경찰의 다탄두 최루탄 발사를 막으려 달리며 절규하는 청년의 모습이다. 6월민주화운동은 반독재 운동으로, 국민과 학생들이 대통령 직선제 개헌과 독재 타도를 요구하며 전국적으로 확산되었다.

계적 주목을 받게 되었다.

이러한 분위기 속에서 부천경찰서성고문사건(1986)과 박종철고문치사사건(1987)이 연달아 터지며 정권의 폭력적 통치에 대한 비판이 한층 거세졌다. 부천경찰서에서 권인숙이 경찰 조사 중 성고문을 당했다는 사실이 밝혀지면서 경찰의 잔혹성이 폭로되었다. 이어 서울대학교 학생 박종철이 경찰의 물고문으로 사망했고 이에 대한 정부의 은폐 시도가 드러나면서 국민적 분노를 불러일으키는 계기가 되었다. 이러한 분노는 6월민주화운동으로 이어지며 독재 정권에 대한 대규모 저항의 불꽃을 지폈다.

한편 약 4,000명의 대학생들이 충남대학교에 모여 전국대학생대표

자협의회(이하 전대협)를 결성하며 민주화 운동을 이끌었다(1987). 동시에 문학계는 창작과 표현의 자유를 옹호하며 독재 정권에 대한 비판을 강화했다. 전두환 정권이 학원안정법을 제정하려 하자 39개 시민단체가 이를 강력히 반대하며 법안 철회를 이끌어 냈다. 고려대학교 교수들이 시국 선언을 통해 민주화 요구를 공개적으로 표명한 것을 시작으로 교수와 교사들까지 정권에 맞선 연대의 흐름에 동참했다. 민주화 운동의 핵심 요구는 대통령 직선제 개헌으로 집약되었다.

전두환은 겉으로는 개헌을 검토하는 듯한 모습을 보였지만 이는 국민의 불만을 잠재우기 위한 전략적 행보에 불과했다. 결국 그는 정치권의 합의 부족을 이유로 들어 개헌 없이 대선을 치르겠다는 4·13호헌 조치를 발표했다(1987. 4. 13). 이 조치는 국민의 분노를 증폭시켰고 대규모 시위가 번져 나갔다.

이 과정에서 민주헌법쟁취국민운동본부(이하 국민운동본부)가 결성되었고 국민운동본부는 민주 헌법을 통해 진정한 민주 정부를 세우겠다는 목표를 내세웠다. 민주화 시위가 한창이던 중 이한열이 최루탄에 맞아 사망하는 비극적 사건이 발생했다. 그러나 이러한 희생에도 불구하고 전두환 정권은 간선제 대통령 선거를 강행하려는 의도를 드러내며, 노태우를 대통령 후보로 지명했다.

이에 대한 국민의 반발은 더욱 거세져 서울은 물론 전국 18개 도시에서 6·10국민대회가 열렸다. 도로를 달리는 차량들이 시위대를 격려하며 경적을 울렸고 국민들은 박수와 함성으로 이에 화답했다. 이후, 국민운동본부가 주관한 6·26국민평화대행진에는 전국적으로 중산층과 사무직 시민, 그리고 종교계 인사들까지 포함한 다양한 계층의 약 180만 명이 참여했다. 행진은 비폭력 평화 행진을 원칙으로 했으나, 경찰의 강경 진압에 의해 일부 지역에서는 격렬한 충돌이 발생했다.

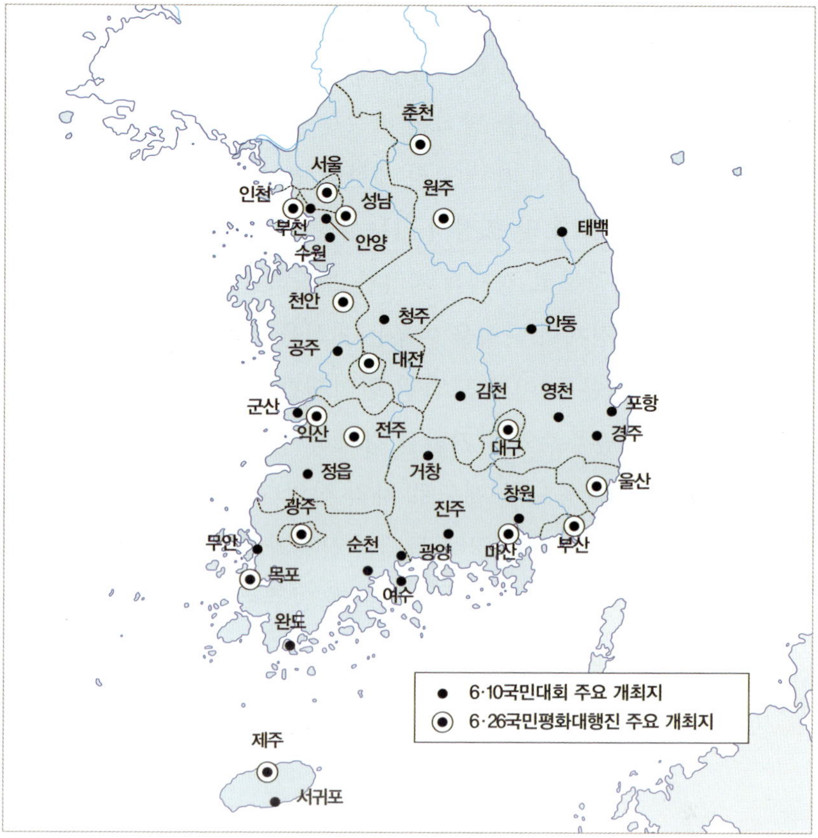

6월민주화운동 과정

전국적으로 전개된 6·10국민대회와 6·26국민평화대행진의 주요 지역이다. 대규모 시위는 서울, 부산, 대구, 인천, 광주, 대전 등 대도시뿐만 아니라 전국 각지에서 발생했다.

계엄령 발동과 군대 투입에 대한 소문이 돌면서 전국 각지에서 시위가 확산되면서 전두환 정권은 점점 더 큰 압박을 받게 되었다. 결국 전두환 정권은 국민적 요구를 외면할 수 없었고 노태우를 통해 대통령 직선제를 수용하겠다는 6·29선언을 발표했다(1987. 6. 29). 이 일련의 사건을 6월민주화운동이라 한다.

6월민주화운동의 결과로 전두환 정권은 국민의 강력한 민주화 요구에 굴복해 직선제를 포함한 5년 단임제 개헌안을 수용했다. 이 헌법 개정은 단순히 대통령 선출 방식을 바꾸는 데 그치지 않고 국민의 기본권 강화와 적법 절차에 따른 권리 제한을 명시하며 지방자치단체 의회의 설립과 경제 규제 및 조정의 가능성을 포함했다. 또한 개인과 기업의 창의성을 존중하고 경제적 자유를 보장하는 조항이 포함되면서 민주주의와 시장 경제의 균형을 이루는 초석을 다졌다.

특히 6월민주화운동 이후 도입된 헌법재판소와 헌법 소원 제도는 법치주의와 자유민주주의의 기반을 강화하며 한국 사회를 새로운 차원으로 끌어올리는 중요한 제도로 자리 잡았다. 그러나 이러한 제도적 변화에도 불구하고 오랜 군사 독재의 잔재와 권위주의적 문화는 여전히 사회 곳곳에 남아 있었다. 이로 인해 민주주의의 완전한 정착과 국민 의식의 성숙은 한국 사회가 지속적으로 해결해야 할 과제로 남았다.

한국 민주주의와 평화통일 전망

22

1 한국 민주주의가 성숙하며 제도적 변화를 이루어 가다

6월민주화운동 이후 최초로 실시된 대통령 직선제 선거는 김대중, 김영삼, 김종필, 노태우 등 주요 후보들의 치열한 경쟁 속에서 이루어졌다. 노태우(재임 1988-1993)는 유효 표의 36.6%를 얻어 당선되었으나 이는 과반수에 미치지 못하는 득표율로 야권 분열이 그의 당선에 결정적인 영향을 미쳤음을 알 수 있다. 특히 노태우는 '12·12군사쿠데타'와 5·18광주민주화운동 당시 전두환 정권의 핵심 인물로 활약한 과거가 있어 그의 지도력과 정권의 정당성에 대한 의문이 남아 있었다.

노태우 정권은 5·18광주민주화운동의 피해자들을 위한 보상을 약속하며 위령탑 및 기념관 건립을 추진했다. 이는 과거사 청산에 대한 사회적 요구를 일부 수용한 것으로 평가되었지만 진상 규명과 책임자 처벌에 대한 국민적 요구는 여전히 충족되지 못했다. 국회는 5·18광주민주화운동 진상조사특별위원회(광주사태조사위원회)를 설립해 5·18광주민주화운동과 관련된 중요한 사실들을 밝혀냈으나 전두환과 최규하 등 전

5공 청문회
전두환이 군의 자위권을 언급하자 평민당 의원 이철용이 전두환에게 삿대질하며 '살인마'라고 외치는 장면이다. 1988년 제13대 국회에서 제5공화국의 비리와 5·18 광주민주화운동 진상 규명을 위해 열린 헌정사상 첫 국회 청문회이다.

직 대통령들의 증언을 요구하는 국민과 야당의 목소리가 높아졌다. 전두환은 자신의 재산을 포기하겠다는 선언과 함께 강원도 인제에 있는 백담사로 칩거하며 증언을 회피하는 태도를 보였다. 이는 국민의 분노를 더욱 키웠고 정권에 대한 불신을 증폭시키는 결과를 낳았다.

노태우 정권은 5공비리특별수사부를 설치하며 대응을 시도했으나 전두환에 대한 처벌을 요구하는 학생들의 반발에 부딪혔다. 전두환은 국회에 출석해 군의 발포를 자위권 행사로 주장하며 희생자와 야당 의원들의 분노를 샀고 증언은 중단되었다. 진상 규명은 여전히 미완의 과제로 남았지만, 국정감사와 국회 청문회를 통해 전두환 정권의 비리와 부패가 드러났다.

한편 노태우 정권은 제24회 서울올림픽의 개최(1988)를 계기로 북방

북방 정책
한·소 수교 이후 1990년 12월 14일, 노태우와 미하일 고르바초프(Mikhail Sergeyevich Gorbachev)가 모스크바에서 모스크바선언에 서명하는 모습이다. 이는 노태우 정부가 냉전 해체 시기 공산권 국가들과의 관계 개선을 목표로 추진한 정책으로, 한·소 수교도 주요 성과 중 하나였다.

정책을 본격적으로 추진했다. 베를린 장벽 붕괴, 동유럽 공산국가들의 체제 변화, 독일 통일, 소련 해체 등 국제 정세의 격변 속에서 노태우는 헝가리, 폴란드, 유고슬라비아와 외교 관계를 수립하며 한국의 외교적 지평을 넓혔다. 특히 소련, 중국과의 수교는 한국의 국제적 위상을 강화하는 결정적 사건이었다.

노태우 정권은 여소야대라는 정치적 위기에 직면하며 국내 정치의 안정을 도모하기 위해 대규모 정당 통합을 추진했다. 여당인 민주정의당, 김영삼이 이끄는 통일민주당, 김종필 주도의 신민주공화당이 합당하여 216석의 거대 정당인 민주자유당이 탄생했다. 이른바 '3당 합당'으로 불린 이 정치적 결단은 단기적으로 정국 안정에 기여했으나 정당 정치의 발전과 다원주의를 저해했다는 비판을 받았다. 그러나 이러한 통합에도 불구하고 한보사건과 수서사건과 같은 정경 유착 사건들이 드러나며 노태우 정권은 국민의 신뢰를 잃어 갔다. 이 사건들은 한국 사회가 구조적 개혁과 투명성을 필요로 한다는 점을 여실히 보여 주었다.

노태우 정권의 말미에 이르러 김영삼은 치열한 당내 경선을 통해 민주자유당의 대통령 후보로 선출되었다. 공정한 대통령 선거를 위해 중립 내각이 구성되었고 대통령 선거에서 김영삼은 민주주의와 개혁을 내세운 반면 김대중은 사회 정의와 평화를 강조하며 치열한 경쟁을 벌였다. 결국 김영삼(재임 1993-1998)이 당선되어 대통령으로 취임했다. 이는 5·16군사쿠데타 이후 최초로 민간인 출신이 직선제로 대통령이 된 역사적 순간이었다.

김영삼 정권은 문민정부라는 이름 아래 새로운 국가의 방향성을 제시하며 신한국 건설을 목표로 내세웠다. 취임 초기부터 공직 사회의 투명성과 윤리성을 강화하기 위해 공직자윤리법을 제정하고 재산 등록 대상을 기존 6,800명에서 96,000명으로 확대했다. 이는 공직자의 부패를 방지하고 국민의 신뢰를 회복하려는 중요한 조치로 평가되었으나 실효성 있는 검증 체계의 부재로 인해 한계 또한 드러냈다.

지방자치의 강화를 통해 중앙집권적 정치 구조를 탈피하려는 시도도 주목할 만했다. 김영삼 정권은 한국 역사상 최초로 광역자치단체장을 민주적으로 선출하면서 지방 행정의 구조를 대폭 개편했다. 이러한 지방자치제의 강화는 지방 분권화를 향한 중요한 토대를 마련했으나 재정 자립도와 실질적 자치권 확보라는 과제는 여전히 남아 있다.

김영삼 정권은 군사 부문의 개혁을 통해 군의 부정과 부패를 철저히 조사하며 청렴성을 회복하고자 했다. 특히 율곡사업 등 군사력 강화 프로젝트에서 드러난 비리를 특별 감사로 조사하여 그 결과를 국민에게 공개하고 부패한 군 장성들을 처벌했다. 국군보안사령부는 문민정부의 특성에 맞게 개혁되었고 하나회를 해체하며 군의 정치적 중립성을 강화했다. 또한 '12·12사태'라고 불렸던 사건을 '12·12군사쿠데타'로 명확히 규정하고 군의 민주화를 추진했다. 이러한 조치들은 군 통제와 문민 통치의 기반을 강화하는 데 기여했다.

김영삼 정권은 한국 민주화 역사의 정립에도 주력했다. 정부 차원에서 4·19혁명, 부마항쟁, 5·18광주민주화운동, 6월민주화운동을 공식적으로 민주화 운동으로 인정하며 그 역사적 의미를 조명했다. 이러한 인정은 한국 민주주의 발전의 과정을 재평가하고 민주주의 정착을 위한 역사적 기반을 확립하는 계기가 되었다.

이런 상황에서 민주당 국회의원 박계동의 노태우 전 대통령 비자금 폭로는 한국 정치의 오랜 부정부패와 정경 유착의 실상을 드러냈다. 이 사건은 국민들의 정치 개혁에 대한 열망을 폭발시켰고 김영삼 정권이 정의 회복과 역사적 상처 치유를 향한 의지를 강화하는 계기가 되었다. 김영삼은 노태우뿐만 아니라 전두환도 구속하면서 한국 사회에 큰 변화의 물결을 불러일으켰다.

두 전직 대통령에 대한 재판은 국민들에게 깊은 인상을 남겼다. 전두환은 1심에서 반역과 범죄의 심각성을 고려해 사형을 선고받았으며 노태우는 징역 22년 6개월을 선고받았다. 그러나 항소심을 거쳐 대법원은 전두환의 형량을 무기징역으로, 노태우의 형량을 징역 12년으로 감형했다. 이러한 판결은 일부 국민들의 반발을 불러일으켰지만 법치주의와 사회 통합 사이의 균형을 모색하려는 시도로 해석되기도 했다.

김영삼 정권은 금융의 투명성과 공정성을 강화하기 위해 금융실명제를 도입했다(1993). 이 조치는 국민 대다수의 지지를 받으며 금융기관의 실명 확인 계좌 비율과 가명계좌 실명 전환에서 큰 성과를 보였다.

전두환과 노태우

1996년 8월, 서울지방법원에서 재판을 받는 전두환(오른쪽)과 노태우(왼쪽)의 모습이다. 12·12군사쿠데타, 5·18광주민주화운동 진압, 비자금 조성 등의 혐의로 각각 사형과 징역 22년 6개월형을 선고받았으나, 1997년 12월 사면되었다.

그러나 이 과정에서 현금 선호 현상이 강화되고 일부 중소기업이 자금 조달의 어려움을 겪는 등 단기적인 부작용이 나타났다. 그럼에도 불구하고, 금융실명제는 장기적으로 금융 투명성을 높이고 경제 발전의 기반을 강화하는 데 기여한 중요한 정책으로 평가받는다.

김영삼 정권은 세계화를 강조하며 경제협력개발기구(이하 OECD) 가입을 추진했다(1996). 이 결정은 한국의 국제적 위상을 높이고 세계 경제와의 연계를 강화하며 김영삼 정권의 세계화 정책의 방향성을 명확히 보여 주었다. 그러나 OECD 가입은 한국 경제의 개방을 가속화해 이후 외환 위기의 한 요인으로 작용했다는 비판도 제기되었다.

한편 한보 사태와 같은 경제적 위기는 한국 경제의 구조적 모순과 불균형을 드러냈다. 대기업들의 도산은 금융기관의 부실 채권 증가로

금융실명제
1993년 8월 12일, 김영삼 대통령이 긴급명령권을 발동해 금융실명제 실시를 보도한 신문 지면이다. 금융실명제는 금융 거래 시 본인 명의 사용을 의무화해 사회 정의 실현과 경제 활성화를 목표로 한 제도이다.

이어졌고 동남아시아 외환 위기의 여파는 한국 경제에도 심각한 타격을 가했다. 이는 대기업 중심의 경제구조와 금융 시스템의 불안정성이라는 한국 경제의 취약점을 노출시키는 계기가 되었다.

결국 김영삼 정권은 외환 위기를 극복하기 위해 국제통화기금(IMF)에 긴급 지원을 요청했고 이는 국가 경제와 국민 생활에 큰 혼란을 가져왔다. 한국 경제의 구조적 취약성이 적나라하게 드러난 이 위기는 국가의 경제 정책과 방향성에 대한 근본적인 성찰을 하도록 했다.

이런 국가 위기에서 치러진 대통령 선거에서 김대중이 당선되었다(1997). 야당 후보였던 김대중의 승리는 헌정사상 처음으로 여야 간의 평화적인 정권 교체를 이루어 냈다는 점에서 한국 민주주의의 성숙과 발전을 상징하는 중요한 이정표로 평가받았다. 이는 한국 민주주의가

외환 위기

1997년 12월, 한국 정부와 IMF 간의 대기성차관협약양해각서 체결 모습이다. 외환 위기는 외환 보유고 부족으로 대외 거래에 필요한 외환을 확보하지 못해 발생하는 경제 위기로, 한국에서는 1997년 아시아 금융위기 속에서 발생했다.

제도적 민주주의를 넘어 실질적인 민주주의로 발전했다는 사실을 증명하는 사건이었다. 김영삼이 선거 결과를 수용하며 미래와 국민 화합을 강조한 태도는 정권 이양을 순조롭게 하여, 김대중이 국정을 운영하는 데 도움을 주었다.

김대중은 민주화 운동 과정에서 자신이 겪은 고통스러운 과거를 접어 두고 전두환과 노태우의 사면 및 석방을 건의하며 국가적 화합을 도모했다. 이 결정은 과거사 청산과 미래 지향적 화해 사이의 균형을 찾으려는 시도로, 한국 정치 지도자들의 성숙한 리더십을 상징했다.

김대중(재임 1998-2003)은 대통령 취임과 동시에 외환 위기에 신속히 대응하며 국가를 구하기 위한 정책을 추진했다. 국민들은 금모으기운동을 통해 국가를 위해 자발적으로 기부하며 전례 없는 단결과 협력의

금모으기운동

1998년 1월, 국민들이 '나라사랑 금모으기 캠페인' 접수 창구에 줄을 선 모습이다. 1997년 외환 위기(IMF 구제금융) 당시 국민들이 국가 부채를 갚기 위해 자발적으로 금을 기부한 범국민적 운동으로, 제2의 국채보상운동이라 불렸다.

정신을 보여 주었다. 금융 시스템의 안정을 우선 과제로 삼아 410개 금융기관 중 91개를 정리하고 주요 은행을 9개로 통합하는 구조조정을 단행했다. 이를 통해 외환 보유고는 39억 달러에서 1년 만에 500억 달러를 초과하며 극적인 회복을 이루었다. 원화 가치와 어음 부도율 또한 안정되었고 한국은 비교적 빠른 시간 내에 IMF 구제 금융 체제에서 벗어났다.

그러나 경제 회복 과정에서 대량 실업과 비정규직 증가 같은 부작용이 발생하며 사회적 불평등이 심화되었다. 이러한 문제는 한국 사회가 해결해야 할 새로운 과제로 대두되었다.

민주주의 강화와 사회적 권리 확대 또한 김대중 정권의 핵심 목표였다. 교원 노조의 단결권과 단체교섭권을 인정하면서 교사들의 지위와 권한이 강화되었고 이는 한국 교육 역사에서 중요한 변화로 평가받았다. 4·13총선(2000)에서는 시민단체들이 공천 반대 인사를 선정하고 발표하며 정당의 공천 과정에 대한 감시를 강화했다. 이를 통해 민주주의의 기반이 공고히 다져졌다. 또한 김대중 정권은 군사독재 시절의 미해결 사건들에 대한 진상 규명을 위해 대통령 직속 위원회를 설립하며 정치적 투명성과 역사적 정의 실현에 집중했다.

여성과 소수자 권리 보호도 김대중 정권의 중요한 성과였다. 여성부와 국가인권위원회의 설립은 국제적 인권 기준에 부합하는 인권 국가로의 도약을 상징했다. 이는 단순한 제도적 변화에 그치지 않고 여성과 소수자의 권리에 대한 정부의 강력한 의지를 나타내는 상징적 조치였다.

김대중 정권은 내부의 정치 발전뿐만 아니라 외교, 정보통신, 문화 분야에서의 혁신을 추구하며 한국 사회에 심대한 영향을 미쳤다. 특히 대북 화해 협력 정책은 남북 관계 개선에 중대한 진전을 이루며 한반도 평화를 위한 새로운 방향을 제시했다. 또한 정보기술(IT) 산업 육성을 위한 전략은 한국을 정보통신 강국으로 발돋움시키는 기초를 마련했다. 이러한 정책은 경제적 회복과 사회적 변화의 두 축을 통합하며 한국 사회의 미래를 향한 발판이 되었다.

김대중 정권은 일본 대중문화를 개방하는 정책을 통해 한국 대중문화 산업에 신선한 자극과 새로운 도전의 기회를 제공했다. 이 정책은 한국 대중문화가 글로벌 시장으로 진출할 수 있는 문을 열었으며 특히 한국 문화 산업의 지속적 성장을 위한 중요한 발판을 마련했다. 케이팝(K-pop)뿐 아니라 영화와 드라마, 소설과 같은 대중문화 전반에 걸쳐 세계적 확산을 이끄는 계기가 되었으며 한국 문화의 국제적 위상을 높이는 데 크게 기여했다.

한국의 민주화 과정은 독재와 인권 유린 속에서 고통받고 있는 세계 여러 국가들에게 희망의 메시지를 전달한다. 4·19혁명, 5·18광주민주화운동, 6월민주화운동과 같은 역사적 사건들은 권위주의 정권에 맞선 국민들의 저항과 희생이 어떻게 평화적인 정권 교체로 이어질 수 있는지를 보여 준다.

독재와 억압 속에서도 한국의 민주주의 역사는 용기와 희망의 상징으로 자리 잡았으며 인류 보편적 가치로서의 민주주의가 국민들의 참여와 연대에 의해 이루어진다는 것을 확인시켜 준다. 이는 단순한 체제 변화가 아닌, 인류의 기본 권리를 향한 탐험을 상징하는 역사의 기록으로 남을 것이다.

2 한반도 평화통일을 위한 지속적인 노력이 이어지다

전두환 정권까지의 통일 운동과 정책은 철저히 반공주의와 국가 안보 우선 기조에 기반을 두고 진행되었다. 정부는 평화통일을 표방하면서도 북한의 위협을 부각해 강력한 안보 체제를 구축하고, 이를 정권 유지의 도구로 삼았다. 이러한 정책 속에서 민간 차원의 통일 운동을 국가 안보에 위협이 된다는 이유로 강력히 탄압했다. 특히 학생운동과 시민사회의 통일 논의를 국가보안법에 의해 엄격히 규제했으며 북한과의 직접 교류를 차단하면서도 정부 주도의 남북 대화를 모색했다. 전두환 정권은 통일 정책을 통해 국제적 고립에서 벗어나려는 의도를 보였으나 내부적으로는 반공 교육을 강화하며 북한 체제에 대한 경계를 늦추지 않았다.

서울올림픽대회(1988)의 개최는 단순한 스포츠 행사가 아니라 평화와

서울올림픽대회
서울올림픽 개막식 장면이다. 서울올림픽은 1988년 9월 17일부터 10월 2일까지 제24회 하계 올림픽으로, 160개국 이상이 참가하며 동서 진영이 함께한 세계 평화와 화합의 상징으로 평가받는다.

통일에 대한 국민적 열망을 세계에 알리는 중요한 계기가 되었다. 이 올림픽은 한국의 국제적 위상을 높이며 분단 상황에서도 평화로운 국제 행사를 성공적으로 치를 수 있음을 보여 주었다. 이 시기에 전대협이 주도한 8·15남북학생회담 제안은 통일 문제를 정치적 이슈에서 국민적 관심사로 끌어올렸다. 학생들이 주도한 평화통일 운동은 국민들의 폭넓은 호응을 얻었고 이는 한반도 평화와 통일을 위한 세계대회 및 범민족대회 추진본부의 결성으로 이어졌다.

북한에서도 세계청년학생축전이 개최되었으며(1989), 전대협을 대표하여 임수경이 평양에서 평화와 통일을 주제로 연설한 사건은 큰 화제가 되었다. 그녀는 외국을 경유해 북한에 입국한 뒤 휴전선을 넘어 남한으로 걸어 돌아오는 대담한 행보를 보였으나 국가보안법 위반으로 구속되었다. 이 사건은 남북 교류에 대한 열망과 분단 체제의 현실적 한계를 동시에 상징하는 사건으로, 국민들에게 강렬한 인상을 남겼다.

또한 베를린에서 결성된 조국통일범민족연합은 국민적 열망과 국제적 협력을 결합하여 정부의 통일 정책 형성에 영향을 미쳤다. 이러한 역사적 사건들은 국민의 열정과 집단적 힘이 국가의 방향을 바꿀 수 있음을 보여 주며 평화와 통일에 대한 희망을 지키는 중요한 순간으로 자리 잡았다.

노태우 정권은 국민들의 평화통일과 남북 교류에 대한 열망에 부응하여 7·7선언(1988. 7. 7)을 발표했다. 이 선언은 남북 간 활발한 교류와 협력을 통해 민족적 화합을 도모하고 해외 동포들의 자유로운 이동과 이산가족 간의 소통 및 방문을 촉진하며 양측의 경제 및 물자 교역 확대를 목표로 했다. 특히 해외 동포의 북한 방문을 국가보안법의 규제에서 제외한 것은 높아진 민족주의와 통일 열망을 정책적으로 수용한 중요한 조치였다.

이 선언 이후 남북 간의 다양한 회담이 이어졌으며, 그 결과 한민족공동체통일방안이 공표되었다(1989). 이 방안은 자주, 평화, 민주라는 원칙을 기반으로 남북평의회를 중심으로 통일 과정을 설계했으며 통일헌법하에 총선을 통해 자유민주공화국의 설립을 목표로 삼았다. 특히 남북연합 개념을 도입하여 2개의 국가가 공존하면서도 통일을 지향하는 단계적 접근 방식을 제안한 점이 주목할 만하다. 이는 급진적 통일보다는 점진적이고 현실적인 방식을 강조하는 것이다.

남북 간 스포츠 교류는 통일을 향한 또 다른 긍정적 신호였다. 세계탁구선수권대회와 세계청소년축구대회에서 남북 단일팀이 구성되었고 남북이 유엔에 동시에 가입하면서 평화와 협력의 분위기가 조성되

〈남북기본합의서〉

1991년 12월, 서울 쉐라톤워커힐 호텔에서 열린 남북고위급회담에서 〈남북기본합의서〉를 교환하는 장면이다. 이는 남북한이 분단 이후 처음으로 상호 실체를 인정하며 화해, 불가침, 교류·협력의 원칙과 실행 방안을 규정한 합의서이다.

었다. 이런 상황에서 남북이 합의한 〈남북 사이의 화해와 불가침 및 교류·협력에 관한 합의서〉(이하 남북기본합의서, 1991)는 분단의 아픔을 극복하고 평화와 통일을 추구하는 민족의 염원을 반영한 중요한 문서로 평가받았다. 그러나 합의 이후 북한의 핵 개발 의혹과 같은 안보 문제가 대두되면서 남북 관계는 새로운 도전에 직면했다. 이는 남북 화해와 통일을 향한 과정이 얼마나 복잡하고 험난한지를 상기시킨다.

김영삼 정권은 민주주의 발전과 함께 〈남북기본합의서〉를 기반으로 남북 관계 개선을 시도했다. 특히 전 미국 대통령 지미 카터(James Earl Carter Jr.)의 중재를 통해 남북 정상회담을 제안했다(1994). 이는 7·4남북공동선언과 〈남북기본합의서〉에서 제시된 평화적 통일 방안을 구체화하는 것이었다. 북한 역시 긍정적인 반응을 보이며 정상회담 개최에 합의했으나 김일성의 갑작스러운 사망으로 이 계획은 중단되었다.

김영삼 정부의 김일성 사망 조문 불허 결정은 북한의 강한 반발을 불러일으켰고 이는 남북 관계의 급격한 냉각으로 이어졌다. 북한의 핵무기 개발 논란과 동해에서의 잠수함 사건(1996)은 긴장을 더욱 고조시키며 김영삼 정권의 대북 정책에 커다란 장애물이 되었다. 북한의 도발을 억제하려는 노력, 식량 원조, 그리고 4자 회담 추진에도 불구하고 남북 관계는 개선의 돌파구를 찾지 못했다.

김대중 정권은 남북 관계 개선을 위해 더욱 적극적인 접근 방식을 채택했으며 이른바 '햇볕정책'으로 불리는 대북 화해 협력 정책을 추진했다. 이 정책은 평화적 공존과 협력을 목표로 한 대북 전략의 중심축으로 작용했다.

그러나 북한의 지속적인 무력 도발과 핵 개발에 대한 미온적인 대응은 이 정책이 북한의 변화를 유도하는 데 한계를 드러냈다는 비판을 불러일으켰다. 또한 국내에서는 정치적 갈등이 정책의 추진을 방해했고 경제적 부담에 대한 우려도 제기되었다. '햇볕정책'이라는 명칭이 북한을 비하하거나 일방적 시혜로 인식될 수 있다는 비판이 제기되면서 공식적으로는 대북화해협력정책이라는 명칭이 사용되었다.

이 과정에서 현대그룹 창립자인 정주영의 역할은 특히 주목할 만하다. 북한 출신으로 어린 시절 가출하여 소 한 마리 판 돈을 밑천으로 현대그룹이라는 세계적 기업을 일궈 낸 정주영은 고향에 대한 애정과 북한의 식량난 해소를 돕고자, 소 1,001마리를 북한으로 보내며 민간 차원의 대북 지원과 화해의 메시지를 전달했다. 이는 금강산 관광 사업으로 이어졌으며 국민들이 금강산을 방문할 수 있는 길을 열었다. 금강산 관광은 남북 경제 협력의 대표적인 사례로, 민간 기업이 주도하

정주영의 소떼 방북
1998년 6월, 소 500마리와 함께 북한으로 출발하는 현대그룹 명예회장 정주영을 임진각에서 환송하는 장면이다. 정주영은 1998년 10월, 소 501마리를 다시 북한으로 보내며 남북 민간 교류와 경제 협력의 계기를 마련했다.

는 교류의 새로운 모델을 제시했다.

한편 남북 간의 평화적 교류 분위기 속에서도 긴장은 여전히 해소되지 않았다. 이러한 긴장의 대표적 사건이 제1차 연평해전(1999)으로, 이는 한국전쟁 이후 가장 큰 군사적 충돌로 평가받는다. 북한 함정이 북방한계선(이하 NLL)을 침범하며 한국 해군 함정을 공격하면서 시작된 이 전투는 NLL 문제와 정전 체제를 둘러싼 논란을 다시금 부각시켰다. 이후 북한은 NLL의 무효를 주장하며 자의적으로 서해 해상 군사분계선을 선포했고 이는 남북 간 군사적 긴장을 더욱 고조시켰다. 이 사건은 남북 간 평화와 안정이 결코 쉽게 이루어질 수 없는 과제임을 드러내며 군사적 긴장 완화를 위한 지속적인 노력이 필요하다는 점을 명확히 보여 주었다.

김대중은 한반도의 냉전 체제를 해체하고 지속 가능한 평화를 구축하기 위해 남북 경제공동체 설정을 제안하며 베를린선언(2000)을 통해 남북 간 화해와 협력을 강조했다. 이 선언은 대북 포용 정책의 구체적 실천 방안을 제시하며 남북 관계의 새로운 패러다임을 제시한 것으로 평가받았다. 이러한 노력은 마침내 평양에서의 남북 정상회담이라는 역사적 순간으로 이어졌다.

이 시기 남북 문화 교류의 진전도 두드러졌다. 평양학생소년예술단의 서울 공연은 남북 문화 교류의 새로운 장을 열었으며 김대중과 대표단의 평양 방문은 남북 간 오랜 분열과 갈등을 넘어서려는 중요한 한 걸음으로 기록되었다. 이때 이루어진 제1차 남북정상회담의 결과로 6·15남북공동선언이 공표되었다(2000. 6. 15). 이 선언은 남북한이 무력 통일이나 흡수 통일을 포기하고 상호 존재와 주권을 인정하며 평화적 통일을 추구할 공통 의지를 밝힌 합의였다. 이는 분단 이후 처음으로 남북 정상이 직접 만나 이루어 낸 역사적인 사건으로, 남북 관계의 새로운 이정표를 세웠다.

6·15남북공동선언 이후 이산가족 상봉, 경의선 복구 프로젝트, 개성공단 설립 합의 등 다양한 협력 사업들이 추진되며 남북 간 평화와 통일 분위기가 고조되었다. 이러한 사업들은 남북 간 실질적인 협력을 증진시키면서 한반도 평화 정착의 기반을 다지는 데 중요한 역할을 했다.

김대중의 이러한 노력은 국제적으로도 인정받아 노벨 평화상 수상으로 이어졌다(2000). 이 수상은 한국이 민주주의와 인권, 국제 협력을 중시하는 국가로서 세계적으로 인정받았음을 의미한다. 동시에 한반도 평화 정착이 세계 평화에 기여할 수 있다는 인식을 국제 사회에 확산시키는 계기가 되었다.

제1차 남북정상회담
김대중(오른쪽)이 평양 순안공항에서 김정일(왼쪽)을 만나는 장면이다. 2000년 6월 13일부터 15일까지 평양에서 이루어진 제1차 남북정상회담을 통해 남북 정상은 6·15남북공동선언을 채택했다.

한반도의 평화통일은 한국인들이 오랫동안 품어 온 숭고한 꿈이며 이 꿈의 실현은 민족 간의 깊은 상처와 오해를 치유하고, 역사적 화해를 이루는 소중한 기회를 제공할 것이다. 이는 단순히 하나의 민족이 재결합하는 데 그치지 않고 주변 강대국들의 안보 환경을 긍정적으로 변화시켜 동북아시아 평화와 안정에 기여하는 계기가 될 것이다. 더 나아가 한반도 통일은 세계 평화와 공존의 새로운 장을 여는 역사적 사건으로 자리 잡을 것이다.

따라서 우리는 역사적 상처와 분단의 아픔을 딛고 화합과 평화의 길로 나아가는 중요한 탐험을 해야 한다. 이를 위해 남북 간의 지속적인 대화와 협력은 필수적이며 상호 이해와 신뢰를 구축하는 노력이 중심이 되어야 한다. 또한, 국제사회의 지지와 협조는 이 위대한 과업을 완수하는 데 없어서는 안 될 중요한 요소가 될 것이다.

새로운 탐험을 준비하며

1 세계사의 흐름 속에서 한국사를 바라보는 시야를 넓히다

세계는 끊임없이 변화하는 거대한 무대이며 어느 국가나 민족도 현재의 상태를 영원히 유지할 것이라는 믿음은 고정된 관념에 불과하다. 마찬가지로 어두운 과거를 지닌 지역들이 그 그림자에서 벗어나지 못할 것이라는 생각 또한 잘못된 믿음이다. 역사를 되돌아보면 우리는 역사의 흐름이 예측할 수 없는 방향으로 흘러가는 것을 목격하게 된다. 변화는 피할 수 없는 현실임과 동시에 그 변화에 대한 우리의 이해와 수용 방식은 시대와 문화에 따라 크게 달라진다.

한국인들은 화려했던 과거를 통해 미래의 가능성을 탐구하려는 경향이 강하지만 이는 때로 역사를 고정된 틀 안에서만 평가하려는 위험성을 내포한다. 과거의 영광을 현대와 직접적으로 연결 짓는 시각은 시대적 맥락의 차이를 간과할 수 있다. 따라서 우리는 역사를 통해 교훈을 얻되 현재와 미래를 열어 가는 유연한 태도를 가져야 한다.

역사 속에는 세계 지도에서 이름조차 찾기 어려웠던 국가들이 오늘날 세계의 중심에 서는 사례가 수없이 많다. 한때 약소국이나 식민지였던 나라들이 세계 강대국으로 부상하거나 급격한 경제 성장을 통해 국제적 영향력을 확대하는 사례는 역사의 역동성을 증명한다. 반대로 한때 세계를 지배했던 제국들이 오늘날에는 역사의 기억 속에서조차 희미해진 경우도 존재한다. 또한 국가의 경제 규모나 군사력이 국민 삶의 질과 항상 일치하지 않는다는 점도 역사가 주는 중요한 교훈이다. 경제적 성공이 눈부신 국가가 교육, 의료, 소득 불평등 부문에서 뒤처질 수 있다는 사실은 국력의 본질에 대해 다시 생각하게 만든다.

역사는 또한 우리가 변화의 필연성을 깨닫고 그 변화를 올바르게 수용하는 지혜를 제공한다. 강대국의 지배와 힘에 초점을 맞췄던 과거와 달리 현대 역사학은 인권, 평화, 소수자의 권리와 같은 가치들에 주목한다. 여성, 노동자, 소수 민족 등 과거에 주목받지 못했던 이들의 이야기가 오늘날 역사 연구의 중요한 주제로 부상하고 있다. 이러한 변화는 역사가 단순히 승자의 기록이 아니라, 다양한 목소리를 반영해야 한다는 인식을 확산시켰다.

플라톤(Plato)의 《국가》에 나오는 동굴의 우화처럼 우리는 벽에 비친 그림자를 실체로 착각하는 한계에서 벗어나 실제의 본질을 바라보려는 노력을 해야 한다. 본질을 추구하고자 한다면 변화의 흐름 속에서 다양한 견해가 존재할 수 있음을 인정해야 한다. 한 국가의 역사적 주장은 다른 국가의 입장에서 완전히 다르게 해석될 수 있다. 세상의 모든 이야기는 다양성을 지니며 상대방의 관점을 인정하고 수용하는 노력이야말로 우리가 변화 속에서 성장할 수 있는 길이다.

한국의 역사를 온전히 이해하기 위해서는 그것을 한국만의 독립된 역사로 바라보는 데서 벗어나 인류의 역사 전반과 지구, 나아가 우주의 탄생과 변화라는 거대한 흐름 속에서 함께 이해해야 한다. 이러한 '빅 히스토리(Big History)'적 시각에서 보면 한국의 역사는 광대한 시간 속에서 단 한 순간에 불과하다는 사실을 깨닫게 한다. 그러나 그 짧은 시간 동안 한국이 남긴 문화적 유산과 역사적 사건들의 풍부함과 다양성은 경이로움을 불러일으킨다.

한국사의 독특한 발전 과정에서 외부 문명과의 상호작용은 중요한 역할을 해 왔다. 한국 문화의 여러 요소들은 외부로부터 유입되었지만 그것을 한국 고유의 형태로 변용하고 재창조함으로써 독창성을 발휘했다. 이는 한국 문화의 개방성과 창의성을 보여 주는 중요한 특징이다.

이러한 특성은 비교사적 접근을 통해 더욱 명확히 드러난다. 한국사를 세계적인 맥락에서 재조명함으로써, 우리는 한국 역사 속 사건과 발전 과정을 다른 국가들의 경험과 비교하여 한국사의 특수성과 보편성을 동시에 이해할 수 있다.

따라서 한국사를 세계사와 비교하여 새로운 해석을 모색하는 것이 우리의 다음 과제가 될 것이다. 이 비교사적 접근은 단순히 역사적 사실을 나열하는 것을 넘어 그 안에서 한국사의 독창성과 그것이 세계사의 일부로서 갖는 의미를 깊이 탐구하도록 이끌 것이다.

2 비교사적 접근을 통해 한국사의 해석을 더욱 깊이 탐구하다

20세기 말은 인류 역사에서 커다란 전환기를 이룬 시기였다. 소련과 동유럽 사회주의권의 붕괴는 단순히 지정학적 사건에 그치지 않고, 국제 정치와 경제 체계, 그리고 세계를 바라보는 기존의 관점을 근본적으로 뒤흔들어 놓았다. 이러한 격변은 학문적 연구뿐만 아니라 사회 전반에 새로운 인식을 탐구하도록 자극하며 새로운 역사적 패러다임을 모색하게 만들었다.

이와 같은 변화 속에서 한국사에 비교사적 접근을 도입하는 것은 단순한 학문적 시도를 넘어 역사의 흐름을 깊이 이해하는 데 필수적인 도구가 될 것이다. 한국사를 세계사의 흐름 속에서 바라보고 다양한 문명과 사회와 비교함으로써 우리는 더욱 깊이 있고 포괄적인 이해를 이룰 수 있다.

20세기의 역사 인식은 제국주의 대 반제국주의, 자유주의 대 전체주의, 사회주의 대 자본주의라는 대립적인 패러다임 속에서 형성되었지만 이러한 패러다임은 20세기 말에 이르러 도전을 받기 시작했다. 포스트모더니즘의 확산과 사회주의 진영의 붕괴는 자유민주주의의 승리를 선언하며 신자유주의적 사고를 거의 절대적인 진리로 받아들이는 계기를 만들었다. 그러나 그러한 승리 선언이 시기상조였음이 곧 드러났고 새로운 역사적 패러다임을 모색하는 과정은 혼란을 겪으면서도 계속되고 있다. 민주주의, 평화, 인간 중심적 사고에 기반한 새로운 사고와 인식 틀을 마련하려는 노력은 여전히 희망적이다.

이러한 변화의 물결 속에서 학문적 연구와 사회적 담론은 서로 영향을 주고받으며 발전하고 있다. 한국사 연구도 이러한 흐름에서 자유로울 수 없다. 새로운 역사 인식 틀을 통해 한국사는 세계사와의 상호작용 속에서 풍부하게 이해될 수 있다.

이를 위해 학자들은 다양한 관점과 방법론을 도입하여 보다 다층적인 역사 해석을 시도하고 있다. 특히 비교사적 연구는 시간과 공간을 넘나드는 역사적 사건의 인과 관계를 이해하는 데 매우 유용하다. 이러한 연구는 한국사의 특수성과 보편성을 동시에 조망할 수 있는 통찰력을 제공하며 한국사의 깊이와 폭을 확장하는 데 기여한다.

더 나아가 인접 사회과학 분야와의 상호작용은 역사 이론과 사회 이론을 체계화하는 데에도 도움을 줄 것이다. 이와 같은 노력이 지속될 때, 우리는 한국사의 통합적이고 포괄적인 이해를 달성하며 한국사를 세계사의 중요한 일부로 자리매김할 수 있을 것이다.

비교사는 각국의 역사학자들이 자국 중심의 역사관에서 벗어나 인류 평화에 기여하고자 하는 노력의 산물로 제1차 세계대전 이후 강조되기 시작했다. 특히 벨기에의 역사가 앙리 피렌(Henri Pirenne)은 비교사의 방법을 통해 한 국가의 역사에 국한되지 않는 연구의 중요성을 역설하며 여러 국가와 문화 간의 상호작용을 분석함으로써 더 폭넓은 역사적 이해를 추구했다. 이후 유럽에서는 오토 힌체(Otto Hintze)와 마르크 블로크(Marc Bloch)와 같은 학자들이 비교 분석을 시도하며 비교사 연구의 토대를 더욱 견고히 했다.

비교사 연구는 개인 연구와 공동 연구로 나뉘며 특히 공동 연구는 다양한 국가와 지역 간의 관계를 분석할 때 큰 장점을 발휘한다. 이 과정에서 공동의 연구를 설정하고 상호 학습을 진행하는 것은 필수적이다. 비교사는 단순히 여러 국가의 역사를 나열하는 것이 아니라 공통점과 차이점을 체계적으로 분석하고 그 의미를 해석하는 것을 목표로 한다.

비교사를 통해 민족 중심주의를 넘어서는 객관적인 역사 인식을 구축할 수 있으며 이는 폐쇄적 민족주의를 벗어나 평화로운 공동체를 형성하기 위한 중요한 방법론으로 자리 잡을 수 있다. 역사적 현상들을 비교 분석함으로써 우리는 보다 합리적이고 균형 잡힌 지식을 얻을 수 있고 다양한 문화와 사회의 상호작용을 통해 인류 역사의 복잡성과 다양성을 이해할 수 있다.

이러한 시각을 반영한 한국사 책들이 나온다면 더 많은 이들이 한국사를 세계사와 연결해 이해하며, 이를 바탕으로 평화로운 미래를 위한 방안을 모색할 수 있을 것이다. 이는 단순한 학문의 변화에 머무르지 않고, 한국과 세계가 조화롭게 발전하는 새로운 역사의 장을 여는 중요한 계기가 될 것이다.

이 책을 집필하는 데 영감을 주고 참고할 수 있게 도움을 준 자료들은 다음과 같다. 이 자료들은 집필 과정에서 큰 역할을 했으며, 이에 대해 깊은 감사의 뜻을 표한다.

강만길 외. 《근대 동아시아 역사인식 비교》. 선인, 2004.

______. 《일본과 서구의 식민통치 비교》. 선인, 2004.

강만길. 《고쳐쓴 한국근대사》. 강만길 저작집 8. 창비, 2018.

______. 《고쳐쓴 한국현대사》. 강만길 저작집 9. 창비, 2018.

______. 《역사는 이상의 현실화 과정이다》. 강만길 저작집 14. 창비, 2018.

강진철·강만길·김정배. 《세계사에 비춘 한국의 역사》. 고려대학교 출판부, 1975.

고려대학교 한국사연구소 편. 《한국사》. 수정증보판. 새문사, 2017.

공자. 《논어—인생을 위한 고전》. 김원중 옮김. 개정판. 휴머니스트, 2019.

다윈, 찰스. 《종의 기원》. 박만규 옮김. 삼성출판사, 1990.

다이아몬드, 재레드. 《총, 균, 쇠—무기·병균·금속은 인류의 운명을 어떻게 바꿨는가》. 김진준 옮김. 개정증보판. 문학사상사, 2020.

브라이슨, 빌. 《거의 모든 것의 역사》. 이덕환 옮김. 개역판. 까치, 2020.

사마천. 《사기》. 신동준 옮김. 전 6권. 위즈덤하우스, 2015.

세이건, 칼. 《코스모스》. 홍승수 옮김. 사이언스북스, 2004.

송규진 외. 《동아시아 근대 '네이션' 개념의 수용과 변용—한·중·일 3국의 비교연구》. 고구려연구재단, 2005.
스미스, 안쏘니 D.《세계화 시대의 민족과 민족주의》. 이재석 옮김. 남지, 1997.
앤더슨, 베네딕트.《상상의 공동체—민족주의의 기원과 전파에 대한 성찰》. 윤형숙옮김. 나남, 2002.
이이화.《한국사》. 1~20. 한길사, 1998~2004.
카, E. H.《역사란 무엇인가》. 황문수 옮김. 한림미디어, 2007.
하라리, 유발.《사피엔스》. 조현욱 옮김. 김영사, 2015.

국립국어원표준국어대사전 https://stdict.korean.go.kr
우리역사넷 http://contents.history.go.kr
한국민족문화대백과사전 https://encykorea.aks.ac.kr
한국사데이터베이스 https://db.history.go.kr
한국학통합플랫폼 https://kdp.aks.ac.kr
ChatGPT https://chatgpt.com
perplexity https://www.perplexity.ai

그림 출처

26	알타미라 동굴벽화	스페인, 알타미라 동굴
30	주먹도끼	국가유산청(https://www.heritage.go.kr)
32	농경문 청동기	국립중앙박물관
33	암각화	울산암각화박물관
35	고인돌	국가유산청(https://www.heritage.go.kr)
37	단군	정림사지박물관
38	단군릉	북한, 평안남도 강동군 문흥리 대박산
46	부여 금제 허리띠 장식	중국 지린성박물관
49	〈호작도〉	국립중앙박물관
53	국동대혈	중국 지린성 지안시
55	광개토대왕릉비	국립중앙박물관
61	공주 무령왕릉	국가유산청(https://www.heritage.go.kr)
63	미륵보살 반가사유상	중국 진단예술박물관, 국립중앙박물관, 일본 교토 교류지
66	이차돈 순교비	국립경주박물관
68	금관총 금관	국립중앙박물관
72	김해 양동리 고분군	국가유산청(https://www.heritage.go.kr)
73	고령 지산동 32호분 금동관	국립대구박물관
84	경주 감은사지 동·서 삼층석탑	국가유산청(https://www.heritage.go.kr)
89	청해진	한국학중앙연구원(https://encykorea.aks.ac.kr)
92	〈한산 이씨 호장공 묘도〉	국립민속박물관
95	안성 국사암 석조여래입상	한국관광공사
96	안동 차전놀이	국가유산청(https://www.heritage.go.kr)
101	왕건	개성 왕건왕릉(현릉), 북한 조선중앙역사박물관

104	최승로의 〈시무 28조〉	한국학중앙연구원(https://encykorea.aks.ac.kr)
109	서희	국립외교원
112	〈척경입비도〉	고려대학교박물관
115	수박희	중국 지린성 지안시 고구려 무용총
116	이규보	최광수 그림
121	칭기즈칸	타이완 국립고궁박물관
126	진도 용장성	국가유산청(https://www.heritage.go.kr)
129	〈천산대렵도〉	국립중앙박물관
130	도천서원	한국학중앙연구원(https://encykorea.aks.ac.kr)
131	고려 복식의 원 전파	동북아역사재단
134	주자	국립중앙박물관
137	안향	영주소수박물관
139	현정릉	위키피디아(https://ko.wikipedia.org/wiki)
146	태조	전주어진박물관
147	〈수산전도〉	서울역사박물관
149	장릉 재실	국가유산청(https://www.heritage.go.kr)
153	〈북관별과도〉	국립중앙박물관
157	송시열과 윤증	국립중앙박물관, 국가유산청(https://www.heritage.go.kr)
158	소수서원	국가유산청(https://www.heritage.go.kr)
162	〈부산진순절도〉	육군박물관
163	판옥선	서울대 규장각한국학연구원
165	이순신	장우성 그림
168	귀무덤	저자 제공
170	누르하치	중국 고궁박물관
173	삼전도비	국립중앙박물관
179	〈한강주교환어도〉	삼성문화재단
182	〈옥호정도〉	국립중앙박물관
185	〈홍경래진도〉	국사편찬위원회

189 흥선대원군 국사편찬위원회

191 절두산 순교 성지 절두산순교기념박물관

194 수자기 NARA(National Archives and Records Administration)

196 〈연행도〉 숭실대학교한국기독교박물관

201 〈경직도〉 타이완 국립고궁박물관

202 상평통보 한국은행화폐박물관

203 〈보부상〉 간송미술문화재단

212 연무당 국사편찬위원회

213 별기군 한국문화홍보센터

215 갑신정변의 주도자들 국사편찬위원회

217 최시형 성강현. 〈내 죽은 후 10년 안에 장안에 주문 소리가 진동하리라〉, 《울산저널》(2019. 11. 22)

219 사발통문 동학농민혁명재단

222 전봉준 국가기록원

226 옥호루 Maurice Courant. *Souvenir de Séoul, Corée*(1900).

228 독립문 국사편찬위원회

229 만민공동회 국사편찬위원회

230 고종 국립고궁박물관

232 대한제국 애국가 대한민국역사박물관

236 영일동맹 기념 엽서 第二次日英同盟調印記念絵葉書. 三越百貨店

237 포츠머스조약 P. F. Collier & Son. *Russo-Japanese War: A Photographic and Descriptive Review of the Great Conflict in the Far East*(1905)

240 헤이그 특사 국립대한민국임시정부기념관

243 민영환 Cornell University Library

246 의병 F. A. McKenzie. *Tragedy of Korea*(1908)

247 안중근 위키피디아(https://w.wiki/BDst)

249 국채보상운동 국채보상운동기념사업회

252 허버트 스펜서 위키피디아(https://w.wiki/CVB4)

255 명동성당 서울역사아카이브

257	《대한매일신보》	베셀선생기념사업회
258	전화	Carlo Rossetti. *Corea e Coreani*(1902-1903)
259	철도	코레일
262	러시아 공사관	한국학중앙연구원
265	헌병 경찰	박도.《일제 강점기》. 눈빛출판사(2010)
267	토지조사사업	독립기념관
269	《조선일보》와《동아일보》	《조선일보》,《동아일보》
271	산미증식계획	《조선일보》만평(1926. 6. 22)
273	군산항	조선흥업주식회사 30주년 기념지(1936)
275	진주만공습	위키피디아(https://ko.wikipedia.org/wiki)
278	일본군 '위안부'	서울시
282	3·1혁명	독립기념관
283	유관순	서대문형무소역사관
288	물산장려운동	국사편찬위원회
289	브나로드 운동	국사편찬위원회
290	박헌영	《동아일보》(1927. 11. 24)
292	신간회	《조선일보》(1927. 2. 17)
293	여운형	몽양여운형기념관
299	이봉창과 윤봉길	독립기념관
302	한국광복군	독립기념관
306	조선의용대	독립기념관
311	호머 베잘릴 헐버트	헐버트박사기념사업회
313	38선	NARA(National Archives and Records Administration)
315	《동아일보》의 오보	《동아일보》(1945. 12. 25)
317	유엔위원단	NARA(National Archives and Records Administration)
319	대한민국 정부 수립	국가기록원
324	더글러스 맥아더	NARA(National Archives and Records Administration)
325	부산 피난민수용소	부산임시수도기념관

326	정전회담 반대 시위	NARA(National Archives and Records Administration)
327	정전협정	NARA(National Archives and Records Administration)
330	'발췌개헌안'	국가기록원
332	조봉암	위키피디아(https://ko.wikipedia.org/wiki)
334	김주열	3·15의거기념사업회
335	4·18의거	민주화운동기념사업회
337	장면 내각	국사편찬위원회
339	남북학생회담	국회역사자료
343	박정희	AP통신
347	이후락과 김일성	통일부
349	인혁당사건	《한겨레》 자료 사진
350	김재규	《80보도사진연감》
352	5·18광주민주화운동	5·18기념재단
355	삼청교육대	연합뉴스
357	6월민주화운동	민주화운동기념사업회
362	5공 청문회	연합뉴스
363	북방 정책	국가기록원
366	전두환과 노태우	연합뉴스
367	금융실명제	국가기록원
368	외환 위기	동아디지털아카이브
369	금모으기운동	국가기록원
372	서울올림픽대회	국가기록원
374	〈남북기본합의서〉	연합뉴스
376	정주영의 소떼 방북	연합뉴스
378	제1차 남북정상회담	청와대사진기자단 촬영

인명

ㅈ

ㅊ

ㅋ

사건 및 용어

ㄴ

ㄷ

ㅇ

외국인을 위한 한국사 탐험

초판 발행 2024년 8월 30일
초판 1쇄 2024년 8월 30일

지은이 송규진
펴낸곳 고려대학교출판문화원
www.kupress.com
kupress@korea.ac.kr
(02841) 서울특별시 성북구 안암로 145
Tel 02-3290-4230, 4232
Fax 02-923-6311
찍은곳 (주)대한프린테크

ISBN 979-11-6956-079-5 03910

값 28,000원
※ 잘못 만들어진 책은 바꿔 드립니다.